reinhardt

Dieter-W. Allhoff / Waltraud Allhoff

Rhetorik & Kommunikation

Ein Lehr- und Übungsbuch

14., völlig neu bearbeitete und erweiterte Auflage

Mit Arbeitsblättern und zahlreichen Abbildungen

Thomas Sander

Ernst Reinhardt Verlag München Basel

Dr. phil. *Dieter-W. Allhoff*, Sprechwissenschaftler und Logopäde, Leiter des Lehrgebietes Mündliche Kommunikation und Sprecherziehung an der Universität Regensburg. Gründer des *IRK-Teams Dr. Allhoff, Institut für Rhetorik und Kommunikation.*

Dr. phil. *Waltraud Allhoff*, Logopädin und Dipl.-Sozialpädagogin (FH), eigene Praxis für Logopädie und Sprechpädagogik in Regensburg mit den Schwerpunkten Stimm-, Sprach- und Kommunikationstherapie; Geschäftsführerin des *IRK-Teams Dr. Allhoff.*

www.allhoff.de • www.irk-team.com • info@allhoff.de

Coverbild: Avenue Images / pixtal
Cartoons im Innenteil: Helmut Heimmerl

Bibliografische Information der Deutschen Nationalbibliothek

Die Deutsche Nationalbibliothek verzeichnet diese Publikation in der Deutschen Nationalbibliografie; detaillierte bibliografische Daten sind im Internet über <http://dnb.d-nb.de> abrufbar.

ISBN 10: 3-497-01876-7
ISBN 13: 978-3-497-01876-5
14. Auflage

Printed in Germany
Reihenkonzeption Umschlag: Oliver Linke, Augsburg
Satz: Fotosatz Reinhard Amann, Aichstetten
Druck und Bindung: Friedrich Pustet, Regensburg

Ernst Reinhardt Verlag, Kemnatenstr. 46, D-80639 München
Net: www.reinhardt-verlag.de E-Mail: info@reinhardt-verlag.de

Inhalt

Vorwort

Rhetorische Schulung **will kein uniformes Rede- oder Gesprächsverhalten bewirken, sondern variables, der jeweiligen Situation und der Persönlichkeit des Einzelnen angemessenes Kommunikationsverhalten ermöglichen.**

Rhetorische Schulung hat immer die Verbesserung zwischenmenschlicher Kommunikation zum Ziel. Das gilt für Präsentation wie Moderation, für Rede wie Gespräch.

Deshalb heißt der Titel dieses Buches: „Rhetorik & Kommunikation“.

Ziel angewandter Rhetorik ist es, durch Information und Übung die kommunikative Leistung jedes Einzelnen zu fördern und etwaige Sprechhemmungen abzubauen:

- damit Sie sagen können, was Sie meinen;
- damit Ihre Gesprächspartnerinnen und Gesprächspartner Ihre Gedanken verstehen und mit Ihnen diskutieren können;
- damit Sie Argumente besser erkennen und selbst effektiver argumentieren;
- damit Sie lernen, Ihren Gesprächspartnerinnen und Gesprächspartnern besser zuzuhören;
- damit Rede und Gespräch letztlich zu Verständigung und gegenseitiger Hilfe führen, und das heißt: zu echter Kommunikation.

Dieses Buch gibt in seiner Geschlossenheit eine fundierte Einführung in alle Bereiche angewandter Rhetorik: die Körpersprache, die freie Rede, die Argumentation, die Gesprächsführung.

Dieses Lehr- und Übungsbuch wendet sich an alle, die sich selbst in Rhetorik und Kommunikation fortbilden wollen oder die ein entsprechendes Seminar besuchen oder besucht haben.

Durch die Teilnahme an einem Kommunikationsseminar werden am leichtesten Voraussetzungen geschaffen, das eigene Verhalten in Gesprächs- und Redesituationen bewusst und selbstkritisch zu kontrollieren und – wenn gewünscht – verbessern zu lernen.

Aber auch unabhängig vom Besuch eines Seminars geben die Informationen sowie vor allem die Arbeitsblätter und ausführlichen Literaturhinweise dieses Buches einen grundlegenden Überblick und ermöglichen selbstständige rhetorische Übung.

Ein besonders herzlicher Dank gilt unseren KollegInnen und MitarbeiterInnen, die durch viele Hinweise und kooperative Gespräche an dieser Neuauflage mitgewirkt haben, insbesondere danken wir für ihre aktive Mitarbeit: Dr. Brigitte D. Teuchert, Hannelore R. Philipp M. A. und Nicole Ruby M. A.

Regensburg, im August 2006 — Dieter-W. und Waltraud Allhoff

Im richtigen Ton kann man alles sagen, im falschen Ton nichts. Das einzig Heikle daran ist, den richtigen Ton zu treffen.
(G. B. Shaw)

Sprechen und Zuhören bestimmen unser Leben:

... IN DER FAMILIE ...

... IM BERUF ...

... IM UNTERRICHT ...

... IN DER POLITIK ...

... IN DER BESPRECHUNG ...

... AUF DER STRAẞE ...

Vergiss nicht,
dass Dein Satz eine Tat ist.
(Antoine de Saint-Exupéry)

Wer so spricht,
dass er verstanden wird,
spricht gut.
(Molière)

Einmal entsandt,
fliegt das Wort unwiderruflich dahin.
(Horaz, Episteln I, 18, 71)

1 Die Bedeutung der Rhetorik

Rhetorik – oft missverstanden als „Kunst der Schönrederei“ oder der „manipulativen Überredung“.

Die Kritik an so missverstandener Rhetorik hat Tradition: von Platon über Kant bis heute; und manches populärwissenschaftliche Hand- oder Taschenbuch zur Rhetorik bestätigt dieses Vorurteil.

Dennoch: Rhetorik, wie sie hier verstanden wird, hat

- selten etwas mit „schönem Reden“,
- nicht immer etwas mit „Überreden“ und
- fast nie etwas mit „Kunst“ zu tun.

Zu anderen oder mit anderen überlegt, gezielt und intendiert zu sprechen, zu reden, zu diskutieren, zu debattieren, zu verhandeln ist keine Kunst, sondern die Notwendigkeit, Informationen zu empfangen und weiterzugeben, überzeugend zu präsentieren, Probleme kooperativ zu lösen, Prozesse zielorientiert zu moderieren, sich mit anderen zu verständigen, zwischenmenschliche Beziehungen herzustellen und zu erhalten: genau das sind Inhalte und Ziele einer emanzipatorischen und kooperativen Rhetorik.

!

Unter Rhetorik verstehen wir Theorie und Praxis mündlicher Kommunikation. Unter *angewandter* Rhetorik verstehen wir im engeren Sinn die Rede- und Gesprächs*pädagogik*.

Wir alle haben ein Bildungssystem durchlaufen, das meist großen Wert auf schriftliche Verständigung legte, mündliche Kommunikation aber weitgehend vernachlässigte; in der beruflichen Aus- und Fortbildung fand vor Jahren zuerst ein Prozess des Umdenkens statt.

Aufgrund mangelnder rhetorischer Schulung und oft nur geringer Übung zeigen viele Gespräche erst sehr spät ein Ergebnis (oder auch gar keines), verstehen wir einander häufig nicht, ist die Fähigkeit Einzelner, ihre Gedanken auszudrücken und durchzusetzen, so unterschiedlich, fällt es uns schwer, fundiert zu argumentieren und – last not least – zuzuhören.

Für das Sprechen im größeren Kreis oder mit sog. Autoritäten kommt für die meisten noch etwas erschwerend hinzu: das Phänomen Lampenfieber (siehe Kapitel 3.6), das viele oft erst gar nicht das sagen lässt, was sie sagen möchten und sollten. Unsere sprachlichen Möglichkeiten bestimmen auch unsere privaten, gesellschaftlichen und beruflichen Möglichkeiten; d.h.: sprachliche ist immer auch soziale Kompetenz. Grund genug, Seminare zur Schlüsselkompetenz „Angewandte Rhetorik" anzubieten bzw. zu besuchen.

Vier Erfahrungen führten uns zur Beschäftigung mit angewandter Rhetorik:

1. Wir sind auf das gemeinsame Gespräch angewiesen. Das gilt im Kleinen wie im Großen, in Partnerschaft und Familie ebenso wie in Beruf und Gesellschaft. Gespräche, Verhandlungen, Besprechungen, Telefonate, Konferenzen, der Dialog mit dem Partner etc. machen einen wesentlichen Anteil des täglichen Lebens aus. Darauf wurden die meisten nicht ausreichend vorbereitet.
2. Was man sagt, ist oft nicht identisch mit dem, was man sagen wollte.
3. Was der Gesprächspartner bzw. Zuhörer aufnimmt, ist nicht immer identisch mit dem wirklich Gesagten. Man wählt die Information aus, man hört selektiv.
4. Richtiges setzt sich nicht allein deshalb durch, weil es richtig ist; es muss anderen auch als richtig erklärt werden können. Oder wie es Gerd Otto (1976, 9) ausdrückt:

   „Wahrheit ist nicht zu haben ohne den Prozess der Wahrheitsfindung und der Mitteilung von Wahrheit. Was wahr ist, ist nicht per se wahr, sondern in Auseinandersetzung mit dem, was unwahr ist, und es ist wahr für die, denen ich es mitteilen will. Mit dem Weg, auf dem ich Wahrheit finde, und mit der Weise, sie anderen mitzuteilen, damit es ihre Wahrheit werde, hat es Rhetorik zu tun."

Um das eigene Sprechen im Sinne einer befriedigenderen Kommunikation zu verbessern, muss man rhetorische Prozesse erkennen lernen, muss um die Techniken der Kommunikation wissen und den Transfer in die Praxis geübt haben; *man muss den Schritt wagen vom Wissen zum Können.*

Etwas kann die Rhetorik allerdings nicht lehren, sondern muss es voraussetzen: den Willen zum gemeinsamen Gespräch, die Bereitschaft zum Geben und Nehmen und die Achtung vor der (auch anderen) Meinung und der Persönlichkeit der Gesprächspartnerin, des Gesprächspartners.

Und eine letzte Selbstverständlichkeit: Über das Reden kann man sich nur Gedanken machen, wenn man etwas zu sagen hat.

Poeta nascitur,
orator fit.
Ein Dichter wird geboren,
ein Redner wird gemacht.

2 Körpersprache

Kommunikation ist vielschichtig: Wer spricht, sagt nicht nur, WAS er sagt; durch seine Sprechweise, sein gesamtes sprachliches und nichtsprachliches Verhalten übermittelt er dem Zuhörer bzw. Gesprächspartner zusätzliche (und oft die entscheidenden) Informationen, etwa

- über seine Einstellung zum Thema,
- über seine Gestimmtheit,
- über sein Verhältnis zum Gesprächspartner und vieles mehr.

Der Sprecher sendet neben sprachlichen Zeichen verschiedene nichtsprachliche Signale. Der Zuhörer bzw. Gesprächspartner empfängt diese Signale (wenn auch zumeist nicht bewusst) und wird in seinem Kommunikationsverhalten und seiner weiteren Einstellung zum Sprecher und zu dem, was er sagt, erheblich von diesen nichtsprachlichen Signalen beeinflusst.

Zahlreiche und heute kaum noch zu überblickende wissenschaftliche Arbeiten haben die Bedeutung dieser sog. „nonverbalen" Kommunikationsanteile bestätigt (vor allem Scherer/Wallbott 1984, Argyle/Henderson 2005 und Scherer 1982).

Bevor wir uns deshalb mit speziellen Problemfeldern der Rhetorik beschäftigen – der Rede und Präsentation, der Argumentation, dem Gespräch und der Moderation –, soll zu Beginn dieses Buches all das behandelt werden, was die Ausdrucksmöglichkeiten des Sprechers bzw. der Sprecherin selbst betrifft.

Das folgende Kommunikationsmodell ist von innen nach außen zu lesen:

Immer wenn jemand zu jemandem spricht, erfahren wir neben der Äußerung, also dem *Inhalt* im engeren Sinn, auch etwas über die *Situation,* in der gesprochen wird, über die *Person,* die spricht, über die *Intention,* die sie beim Sprechen verfolgt, und über die *Beziehung* der Partner zueinander. Jede Äußerung schafft wieder eine neue Kommunikationssituation. (Vergleiche auch das Kommunikationsmodell in Kapitel 5.1.)

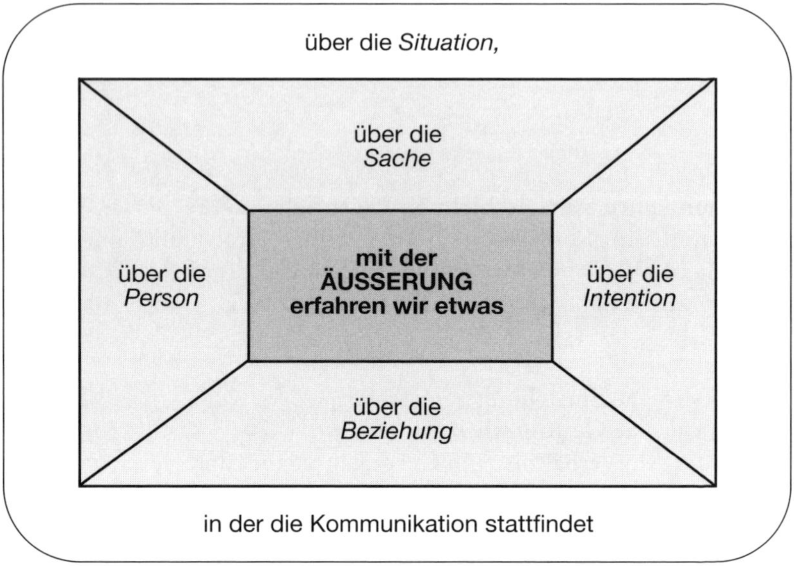

Abbildung 1: Modell der mündlichen Kommunikation

„Wir sprechen mit unseren Stimmorganen, aber wir reden mit unserem ganzen Körper".
(Abercombie)

Bei jedem Zueinander- und Miteinandersprechen lassen sich außer dem gesprochenen Text verschiedene Kommunikationsanteile unterscheiden, die erst gemeinsam die menschliche Kommunikation ausmachen. In gängiger Terminologie kann man zwischen „verbaler" und „nonverbaler" Kommunikation unterscheiden. Der Begriff *nonverbaler Ausdruck* umfasst verschiedene Äußerungsmöglichkeiten des Menschen, die nicht im engen Sinn sprachlich – verbal – sind (siehe Abbildung 2).

Dieser nonverbale Ausdruck umfasst „Sichtbares" wie „Hörbares". (Manche Linguisten unterscheiden deshalb zwischen *verbal*, *extraverbal* und *paraverbal*.) Im Einzelnen verstehen wir darunter:

- Körperhaltung und -bewegung
- Gestik
- Mimik

- Blickkontakt
(häufig zusammengefasst unter den Begriffen *Körpersprache* oder *Kinesik*),

- Distanzverhalten
- Körperorientierung
- Bewegungen im Raum
(häufig zusammengefasst unter den Begriffen *Räumliches Verhalten* oder *Proxemik*),

- aktive und passive körperliche Kontaktaufnahme, hier eingeschränkt: in mündlichen Kommunikationssituationen
(häufig zusammengefasst unter dem Begriff *Taktile Kommunikation*) sowie

- Stimme, Stimmklang
- Aussprache, Dialekt etc.
- Betonung
(häufig zusammengefasst unter den Begriffen *Stimmlicher Ausdruck* oder *Prosodik*).

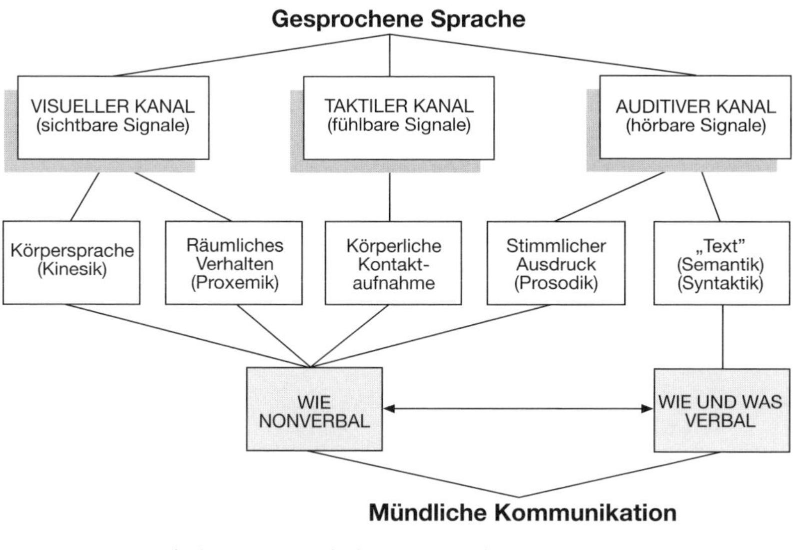

Abbildung 2: Verbale vs. nonverbale Kommunikation

Die im engen Sinn nichtsprachlichen Kommunikationsanteile übermitteln wesentliche Informationen; sprachliche Information (also der eigentliche *Text*) ist oft nur im Zusammenhang mit Nonverbalem richtig zu verstehen. Deshalb muss ein rhetorisches Training, das sich etwa allein auf Redegestaltung, Redeaufbau, Argumentation, Dialektik etc. beschränkt, insgesamt wirkungslos bleiben. Gesprächs- und Redefähigkeit lassen sich nur im Zusammenspiel aller Kommunikationsanteile verbessern.

! **Rhetorische Kommunikation umfasst also immer beides: VERBALES und NONVERBALES.**

Alle Kommunikationskanäle stehen in so engem Zusammenhang, dass Scherer (1982, 167) feststellt, ohne diese nonverbale Information wären „flexible Verhaltensreaktionen und komplexe soziale Interaktionen nicht möglich", das heißt, wir Menschen könnten ohne das Zusammenspiel all dieser Ausdrucksmöglichkeiten gar nicht miteinander umgehen.

2.1 Die Funktion des nonverbalen Ausdrucks

Nonverbale Zeichen erfüllen innerhalb eines Kommunikationsprozesses verschiedene Funktionen (zum Teil beim Sprecher, zum Teil beim Hörer).

Die zehn wichtigsten Funktionen nonverbaler Kommunikation sind:

1. Sie begleitet und unterstützt die sprachliche Äußerung.
(Man spricht von der Kongruenz der einzelnen Kommunikationsebenen.) Z.B. Handbewegungen, die etwas unterstreichen, das Anheben der Stimme bei wichtigen Mitteilungen. Die Worte werden also stimmlich und körpersprachlich unterstrichen, bestätigt.

2. Sie schwächt eine sprachliche Äußerung ab.
Z.B. freundlicher Ton beim Erteilen einer unmissverständlichen Rüge. Durch nonverbale Anteile werden Mitteilungen oft weit feiner differenziert als durch „viele Worte“.

3. Sie verstärkt eine sprachliche Äußerung.
Z.B. kann durch die Sprechweise eine Bitte, eine Aufforderung zum Befehl werden.

4. Sie widerspricht einer sprachlichen Äußerung.
Es kommt zum Widerspruch auf verschiedenen Kommunikationskanälen. (Man spricht auch von Inkongruenz.)

Diese meist nicht bewussten Widersprüche können durchaus im Sinne des Sprechers sein. Ein Beispiel: Einem unerwarteten Besucher wird die Tür geöffnet. Verbale Kommunikation: „Du bist es, komm doch herein.“ Nonverbale Kommunikation: Der Besuchte bleibt für einige Sekunden in der Tür stehen und drückt damit aus: „Eigentlich ist es mir nicht ganz recht ...“ In der Regel wird die nonverbale Botschaft richtig verstanden. (Besucher: „Nein, ich wollte nicht hereinkommen ...“)

Der Widerspruch kann aber auch *nicht* im Sinne des Sprechers sein, wenn sich dadurch Missverständnisse ergeben. Das in der geschichtlichen Entwicklung des Menschen (phylogenetisch) ältere, das nonverbale System ist offensichtlich der Kontrolle stärker entzogen. Es ist nicht immer leicht, die Kontrolle über alle Kommunikationskanäle zu behalten, so dass etwa

- Sympathie/Antipathie
- Interesse/Desinteresse
- Ehrlichkeit/Unehrlichkeit etc.

durch Nonverbales (wie Körperhaltung, Stimmlage, Blickverhalten, Mimik) deutlich werden. Nonverbales Verhalten kann die innere Einstellung „verraten". (Verbales Lügen ist leichter als nonverbales.)

Daneben gibt es für die angewandte Rhetorik bedeutsame Situationen, in denen ein Gesprächspartner bzw. Zuhörer nonverbale Signale *falsch interpretiert* und es zu einer vielleicht nicht angemessenen Reaktion kommt.

So führt z. B. situative Unsicherheit (Lampenfieber) häufig zu widersprüchlichen Signalen (Inkongruenz), die Kommunikationsprozesse erheblich behindern können. Zeichen von Lampenfieber können als Unsicherheit in der Sache interpretiert werden und so (sachlich vielleicht völlig unbegründet!) zu einem Verlust der Glaubwürdigkeit des Sprechers führen; oder umgekehrt: der Sprecher kompensiert seine Unsicherheit durch besonders forsches Auftreten, das für die Zuhörer Überheblichkeit und Arroganz signalisieren kann. In diesen Fällen sprechen wir von einem *falschen rhetorischen Signal;* mit *falsch* ist dabei die Interpretation des Signals, nicht das Signal an sich gemeint.

5. Sie ersetzt eine sprachliche Äußerung.
Z. B. Kopfschütteln statt „Nein". Innerhalb eines Kulturkreises kommt es hier selten zu Missverständnissen.

Beim Telefonieren und im Rundfunk übernehmen die hörbaren (vokalen) Signale verstärkt die ausgefallenen visuellen Signale.

6. Sie drückt engagiertes Zuhören (oder das Gegenteil) *aus*.
Im wechselseitigen Miteinandersprechen, im Gespräch, aber auch in

Redesituationen ist der Kommunizierende stets von der Rückmeldung durch seine Partner (Hörer) abhängig. So finden sich – wechselseitig – in Dialogen stets nonverbale Zeichen, die dem Gesprächspartner größere oder geringere Zuhörbereitschaft signalisieren. Ähnlich ist es in Redesituationen.

7. Sie drückt die Stellungnahme des Kommunikationspartners aus.
Durch sein Verhalten drückt der Hörer bzw. Partner z. B. Verstehen oder Nichtverstehen aus (Kopfnicken oder Hochziehen der Brauen) oder eine Wertung (z. B. Abwenden des Blickkontaktes, Zurücklehnen, Arme-Verschränken, Achselzucken).

8. Sie regelt den reibungslosen Ablauf eines Dialogs.
Nonverbale Signale dienen der Verständigung darüber, wer spricht. Z. B. signalisieren verlangsamtes (retardierendes) Sprechen, das Dehnen von Silben und Wörtern, dass der Sprechende das Wort weitergeben will; zunehmendes gestisches Verhalten oder zunehmende Lautstärke hingegen signalisieren dem Gesprächspartner den Wunsch, jetzt nicht unterbrochen zu werden.

9. Sie drückt die Gestimmtheit aus, das subjektive Befinden der Kommunikationspartner.
Beispiele hierzu sind die vielen sog. körperorientierten Bewegungen wie Händereiben, Spielen mit Gegenständen, Kinnreiben, Korrigieren der Kleidung etc., durch die Unsicherheit, Nachdenklichkeit, Freude, innere Abwesenheit, Engagement u. v. m. ausgedrückt werden können.

10. Sie verdeutlicht die Beziehung zwischen den Partnern.
Durch Körperhaltung, Distanz, Lautstärke, Stimmhöhe, Blickverhal-

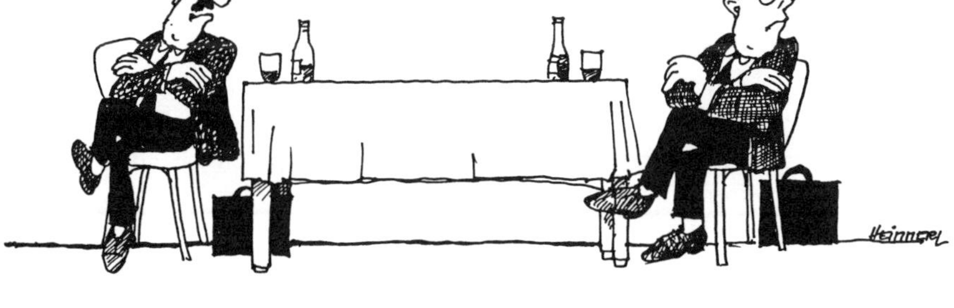

ten, Kontaktaufnahme u. v. m. drückt sich das Verhältnis der Miteinander-Redenden aus – Sympathie oder Vertrautheit (etwa durch geringen Abstand, zugewandte Sitzweise), aber auch Status und Hierarchie (so wird z. B. körperlicher Kontakt, etwa ein „Auf-die-Schulter-Klopfen", fast immer von der höhergestellten Person ausgehen).

Diese Beispiele der zehn hauptsächlichen Funktionen nonverbaler Kommunikationsanteile verdeutlichen zweierlei:

- Viele dieser Signale werden nicht bewusst „gesendet", aber dennoch „empfangen".
- Stimme, Gesichtsausdruck, Gestik, Körperhaltung, räumliche Orientierung u. v. m. haben – zusammen mit den verbalen Äußerungen! – einen nur schwer zu *über*schätzenden Einfluss auf die zwischenmenschliche Kommunikation.

!

Ein rhetorisches Training des nonverbalen Verhaltens soll ...

- ... nonverbale Zeichen bewusst machen; die Wahrnehmungsfähigkeit verbessern; für die nonverbalen Signale der Kommunikationspartner sensibilisieren;
- ... das Beobachten der eigenen Körpersprache ermöglichen, vor allem um sog. falsche rhetorische Signale vermeiden zu lernen;
- ... helfen, nonverbale Signale der Partner nicht vorbewusst falsch zu interpretieren und so soziales Verhalten einzuengen.

Ein rhetorisches Beobachtungs- und Verhaltenstraining zur nonverbalen Kommunikation intensiviert und verbessert Zuhören und Verstehen, Sichverständigen und d. h. auch gegenseitiges Verständnis. Es führt zu gesamtsprachlicher (und damit eben auch körpersprachlicher) Echtheit und Identität des Einzelnen.

Vor weiteren Ausführungen zu einzelnen nonverbalen Verhaltensweisen möchten wir noch einmal betonen:

Rhetorische Schulung hat nichts mit Nachahmung oder dem Erlernen einer bloßen Technik zu tun. Sprech- und Sprachverhalten sind durch die besondere Biographie des Einzelnen geprägt – und werden und müssen auch individuell verschieden bleiben.

> Rhetorische Schulung will kein uniformes Redeverhalten antrainieren. Jede sinnvolle Veränderung von Sozialverhalten ist ein individueller Prozess.
>
> **!**

Bewusstmachung, Beobachtung und Eigenkontrolle mündlicher Kommunikation sind die Lernziele angewandter Rhetorik, Verhaltenssteuerung ist die *mögliche* Konsequenz beim einzelnen Seminarteilnehmer.

Eine große Zahl von Untersuchungen zum Nonverbalen (Scherer/Wallbott 1984, Argyle/Henderson 2005) konnte nachweisen: Wer Personen nur kurz hört und sieht, bildet sich schnell sein Urteil über sie. Dieses schnelle Vor-Urteil stimmt in hohem Maß mit den Persönlichkeitsmerkmalen überein, die ausführliche psychologische Tests dieser Personen ergaben.

Bei längerer bewusster Beobachtung kommt es erstaunlicherweise vermehrt zu Fehlinterpretationen, die Urteilskraft lässt zunächst einmal nach! Offensichtlich haben wir nur einen sehr begrenzten verstandesmäßigen Zugang zu emotionalen Regungen.

Beobachten lässt sich lernen. Dadurch werden Fehlinterpretationen vermieden. Die Urteile, die nach einem sorgfältigen Beobachtungstraining zur nonverbalen Kommunikation gefällt werden, stimmen in hohem Maße überein und sind dann besonders aussagekräftig.

> Der „gesunde Menschenverstand" ist – unreflektiert benutzt – gar nicht so schlecht. Gefährlich ist das wenig qualifizierte „Herumpsychologisieren". Bedenken Sie das bitte bei all Ihren Beobachtungen zur nonverbalen Kommunikation.
>
> Ein Beobachtungstraining ist zunächst noch kein Interpretationstraining.
>
> **!**

Arbeitsblatt

Nonverbale Kommunikation

1. Sammeln Sie nonverbale Verhaltensweisen, die Sie bei prominenten Sprechern und Sprecherinnen (aus Politik, Kunst, Unterhaltung, Fernsehen etc.) beobachtet haben.
2. Versuchen Sie, diese Beobachtungen den genannten zehn Funktionen zuzuordnen, und vermeiden Sie Interpretationen.

Sprecher/ Sprecherin	beobachtetes nonverbales Verhalten	mögliche Funktion

2.2 Sichtbare Signale Der visuelle Kanal

Der visuelle Eindruck ist entscheidend für das Bild (im wörtlichen wie im übertragenen Sinn), das der Hörer vom Sprecher bzw. der Gesprächspartner vom Partner gewinnt.

Körperhaltung, Gestik, Mimik „*sagen*“ dem Hörer etwas, drücken Entscheidendes aus:

- Unsicherheit, Überlegenheit, Lässigkeit;
- Verspannung, Spannung, Gelöstheit;
- Gesprächsbereitschaft, Isolierung, Misstrauen, Zurückhaltung;
- Offenheit, Unehrlichkeit;
- engagiertes Zuhören, gespielte Aufmerksamkeit, Desinteresse und vieles mehr.

Zusammenfassend kann man feststellen: Die sichtbaren Aspekte des Verhaltens übermitteln neben dem gesprochenen Text wesentliche Zusatzinformationen; außerdem steuern sie den Ablauf von Kommunikationssituationen.

!

Zu den sichtbaren Signalen zählen wir

- Haltung und Auftreten,
- Gestik,
- Mimik,
- Blickkontakt,
- räumliches Verhalten (Proxemik).

2.2.1 Haltung und Auftreten

Auf die häufigen Fragen „Wie soll man denn vorne stehen?“, „Wie soll man dasitzen?“, „Was soll man mit den Händen beim Sprechen machen?“ etc. lassen sich keine Antworten im Sinne fester Regeln geben, auch wenn das in manchem populärwissenschaftlichen Rhetorikbuch versucht wird.

Doch insbesondere hier darf rhetorische Schulung kein uniformes Verhalten antrainieren (s. oben).

!

Bei Übungen zur Körpersprache geht es immer:

- erstens um Beobachtung des Verhaltens der Kommunikationspartner,
- zweitens um Selbstwahrnehmung (vor allem auch der eigenen Spannung bzw. Verspannung) und erst
- drittens um eigenverantwortliche Steuerung und evtl. Veränderung des Verhaltens.

Selbstwahrnehmung und Steuerung aber sind erst nach steter bewusster Beobachtung anderer möglich. Das ist ein wichtiger Schritt eines jeden Kommunikationstrainings. Denn gerade Körperhaltung und Körpermotorik geben dem Kommunikationspartner wichtige Zusatzinformationen.

So wurde zum Beispiel festgestellt, dass

> „stehende Personen eher eine Haltung mit verschränkten Armen einnahmen, wenn sich beide Personen nicht mochten, als wenn sie sich mochten. Eine Person, die sich zurücklehnt, ruft bei Männern wie bei Frauen den Eindruck hervor, abgelehnt zu werden, im Gegensatz zu einer Person, die sich vorbeugt ... Jemand, der versucht, die Aufmerksamkeit anderer zu gewinnen und bestätigt zu werden, lächelt öfter, nickt öfter mit dem Kopf und gestikuliert mehr. Eine Person wurde dann als ‚warm' beurteilt, wenn sie lächelte, direkten Blickkontakt zeigte und die Hände stillhielt." (Knapp in Scherer/Walbott 1984, 324)

Außerdem wurden Personen mit ganz oder halb verschränkten Armen als unehrlich, kalt, ablehnend, unnachgiebig oder schüchtern, unsicher und passiv beurteilt.

Auch hier sieht man, dass eindeutige Zuordnungen oder gar Interpretationen falsch, gefährlich und die Kommunikation verzerrend sein können. (Mehrabian/Friar in Scherer/Walbott 1984, 188)

An dieser Stelle sei auch noch einmal das sog. *falsche rhetorische Signal* an dem zuletzt genannten Beispiel erläutert: Häufige Ursache für ein Verschränken der Arme vor der Brust ist situative Unsicherheit (z. B. Lampenfieber) oder bloße Bequemlichkeit. Die – häufig falsche – Interpretation durch die Kommunikationspartner aber ist: Ablehnung, Verschlossenheit, Unehrlichkeit etc. Die Gefahr schneller und voreiliger Interpretation nonverbaler Signale wird hier einmal mehr deutlich.

Um die Zusammenhänge körpersprachlicher Effekte besser begreifen und beherrschen zu lernen, ist eine Erkenntnis besonders wichtig: In allen hier angesprochenen Problemfeldern kommt dem *Muskeltonus,* also dem Grad körperlicher Gespanntheit, die zentrale Rolle zu. Denn intellektuelle wie psychische *Über*spannung führt auch zu Verspannungen in der Körperhaltung. Aber auch das Umgekehrte gilt: Bewusste körperliche Entspannung (die beim Sprechen jedoch noch im Bereich notwendiger physiologischer *An*spannung liegt!), d. h. der Abbau von *Ver*spannung, kann auch innere Überspannung lösen helfen, Ruhe und damit Sicherheit geben (siehe auch Kapitel 3.6).

Mehrabian (1977) stellte übrigens fest, dass dominantes Verhalten durch eine allgemeine körperliche *Entspanntheit* mitgeteilt wird. Menschen gegenüber, die von sog. niedrigerem Status sind, nehmen viele Personen eine entspanntere Körperhaltung ein als in der Kommunikation mit im Status Gleichgestellten (in unserem Kulturkreis übrigens auch noch bis heute Männer Frauen gegenüber!). Dies ist nur ein Beispiel dafür, dass sich gesellschaftliche Strukturen nicht nur im Verbalen, sondern auch im Nonverbalen widerspiegeln.

Wichtige Voraussetzung für die Kontrolle der eigenen Körpersprache ist daher das Erlernen von spannungsregulierenden Techniken, die es ermöglichen, ein Gefühl für den gegenwärtigen Spannungszustand zu bekommen und auf diesen Spannungsgrad bewusst einwirken zu können.

Aus der Vielfalt der Techniken und der Flut von Büchern, DVDs oder CDs zur Selbstentspannung geben wir bewusst keinen Hinweis und auch keine allgemeinen „guten Ratschläge“; denn ein spannungsregulierendes Training ist nur unter fachkundiger Anleitung sinnvoll zu erlernen, z. B. durch SprecherzieherInnen (DGSS), LogopädInnen, PsychologInnen.

Es ist wichtig, beim Reden Körperhaltungen zu *vermeiden,* die eine Verspannung geradezu fördern, z. B.

- Verschränken der Arme vor der Brust,
- Ballen der Hände zur Faust,
- Hochziehen der Schultern,
- Festhalten an Pult, Stuhl oder Tisch,
- Hände auf dem Rücken oder in den Taschen u. v. m.

Auf diese Weise kann man einer weiter zunehmenden Verspannung oft noch rechtzeitig entgegenwirken.

Zum spannungsregulierenden Training noch ein abschließendes Wort. Ein reines Entspannungstraining, meist mit dem Ziel der Tiefenentspannung (z. B. Autogenes Training), bringt rede- und gesprächspädagogisch eher wenig Nutzen. Wirklich spannungslos kann man nicht mehr kommunizieren. Es geht in der Sprechpädagogik vielmehr um den Abbau von Überspannung mit dem Ziel *situationsangemessener Gespanntheit.* Aber auch das von uns entwickelte *Situative tonusregulierende Training (STRT)* ist nur unter Anleitung erlernbar (Anschriften: adressen@irk-team.com).

2.2.2 Gestik

Eng mit dem Grad der Muskelspannung hängt auch die Gestik zusammen, das *Reden mit den Händen.* Die Art der Gestik, vor allem die Größe der Bewegungen ist

- individuell verschieden und offensichtlich abhängig vom Temperament sowie
- von Kulturkreis zu Kulturkreis unterschiedlich.

Hieraus ergibt sich die erste Folgerung:

> **!** Gestik macht man nicht, man hat sie.

Diese Forderung ist allerdings nur in entspannten Redesituationen, z. B. während einer Konversation, im vertrauten Kreis, selbstverständlich. Bei zunehmender Öffentlichkeit und dem subjektiven Gefühl, besonders gefordert zu sein, steigt die Tendenz, eine Haltung einzunehmen, die Gestik unterdrückt, nicht mehr zulässt. Hierdurch werden Sprechen und Sprechdenken erschwert (siehe Kapitel 3.5.4). In Untersuchungen an der Universität Regensburg haben wir festgestellt, dass bei einer – auch absichtlichen – Reduzierung der Gestik

- Versprecher zunehmen;
- der Satzbau komplizierter wird;
- es häufiger zu sog. „Satzbrüchen“ kommt;

- ungewollte, sinnwidrige Pausen zunehmen;
- der gedankliche Faden häufiger abreißt;
- der Sprecher leichter „stecken bleibt".

Der Grund für dieses Phänomen liegt in der Art und Weise, wie sich die menschliche Sprachentwicklung und die jedes Einzelnen vollzogen hat. Auf diese phylogenetischen wie ontogenetischen Ursachen kann an dieser Stelle nur hingewiesen werden.

Aus dem Zusammenhang zwischen Sprechen und Gestik ergibt sich die zweite redepädagogische Folgerung:

Beim Auftreten Gestik-verhindernder Körperhaltung versuche man, diese – zumeist verspannte – Haltung zu ändern.

Es ist – trotz Nervosität und Angespanntheit – z.B. möglich, verschränkte Arme zu lösen; die Hände vom Rücken nach vorne zu nehmen; statt sich am Pult „festzuhalten", fest „mit beiden Beinen auf dem Boden zu stehen".

Im Übrigen wurde (von Baxter u.a. 1968) festgestellt, dass Personen mit größeren verbalen Fähigkeiten auch mehr Gesten verwenden, was die Verbindung von verbaler und nonverbaler Kommunikation einmal mehr verdeutlicht. Gesten sind vornehmlich sprach*begleitend* und nur selten sprach*ersetzend.*

Von der bisher beschriebenen Art der (sprachbegleitenden) Gestik abzuheben sind sog. körpergerichtete Gesten, auch „körperorientierte Bewegungen" genannt, wie Sich-am-Kopf-Kratzen, Händereiben etc., die häufig Zeichen für inhaltliche oder situative Unsicherheit sein können.

2.2.3 Mimik

Der Gesichtsausdruck ist in starkem Maße abhängig von der jeweiligen Emotion, der gefühlsmäßigen oder sachorientierten Einstellung des Sprechers bzw. Zuhörers.

Die meisten typischen Mienen sind interkulturell gleich, d.h. in allen Ländern und bei allen Völkern zeigen die grundlegenden Gefühle wie

Trauer, Freude, Ärger oder Angst den gleichen Gesichtsausdruck, während das übrige mimische Verhalten stark von der Kultur geprägt wird (z. B. Eibl-Eibesfeldt 1998; Birdwhistell 1970).

Kleinste Veränderungen in der augenblicklichen Einstellung verändern unmittelbar den Gesichtsausdruck. Deshalb wurde in der Tradition der Rhetorik neben der Gestik auch der Mimik stets besondere Bedeutung beigemessen. Inzwischen gibt es sogar Trainingsprogramme zur Verbesserung der Fertigkeit, den Gesichtsausdruck zu interpretieren (z. B. von Ekman/Friesen 2003; 1978).

Die Mimik erfüllt vier Funktionen:

- Sie spiegelt persönliche Eigenschaften wider; jeder hat seinen „typischen" Gesichtsausdruck.
- Sie zeigt Emotionen, z. B. Freude, Angst.
- Sie zeigt die innere Stellungnahme des Einzelnen, z. B. Zustimmung, Überraschung.
- Durch Mimik werden Interaktionsabläufe geregelt, z. B. durch Hochziehen der Augenbrauen oder Stirnrunzeln.

Ständige Beobachtung kann den Blick schärfen, lässt etwa Zustimmung oder Ablehnung, Kompromissbereitschaft etc. beim Partner auf dem nonverbalen Kanal schnell erkennen. Nicht selten ist der nonverbale dem verbalen Ausdruck zeitlich voraus.

Mehrabian (1977) stellte für Einwortäußerungen fest, dass die positive emotionale Einstellung zum Gesprächspartner

- zu 7 % vom Verbalen, also vom eigentlichen Inhalt,
- zu 38 % vom Tonfall und
- zu 55 % vom Gesichtsausdruck abhängt.

Auch wenn diese Zahlen immer wieder zitiert werden, verallgemeinert stimmen sie natürlich nicht. Mit diesen und ähnlichen Zahlen muss sehr vorsichtig umgegangen werden, entstammen sie doch immer nur einer ganz bestimmten Versuchsanordnung, hier zum Beispiel bezogen sie sich nur auf Einwortsätze. Es bleibt jedoch – auch aufgrund anderer Untersuchungen – festzuhalten: Das Zusammenspiel aller Kommunikationskanäle muss immer mit bedacht werden.

Für die Mimik gibt es übrigens auch Untersuchungen (z. B. Ekman/Friesen 1978, 2003), die zeigen, dass unser Gesicht am besten lügen kann. Für das *Erkennen* von Lügen kommt offensichtlich dem Tonfall der Stimme eine Schlüsselrolle zu. (Zum *Lügen* siehe auch Berthold 1985 und die umfangreiche Literatur zu den sog. *Lügendetektoren.*)

2.2.4 Blickkontakt

Unter Blickkontakt versteht man das gegenseitige Anblicken von Kommunikationspartnern, d. h. die Kontaktaufnahme zwischen Redner und Zuhörer bzw. zwischen Gesprächspartnern.

Für die Häufigkeit, Länge, den Zeitpunkt des Wechsels des Blickkontaktes etc. gibt es für jede Kultur offenbar feste – ungeschriebene – Regeln. Bereits vier Monate alte Säuglinge zeigen das typische Blickkontakt-Verhalten der Erwachsenen ihrer Kultur. Darüber hinaus hat sich gezeigt, dass Menschen die Intensität ihres Blickkontaktes, die sie als Säuglinge hatten, nicht mehr ändern.

Der Blickkontakt steuert den Gesprächsablauf, signalisiert Gesprächsbereitschaft und Aufmerksamkeit, vermittelt Feedback und kann die emotionale Gestimmtheit signalisieren.

Blickkontakt fällt vor allem da auf, wo er nicht vorhanden ist. !

Wie wirken Personen mit wenig – für ihre Kultur zu wenig – Blickkontakt? Eine Untersuchung von Kleck und Nuessle (1968) ergab: Personen, die zu 80 % der Zeit beim Sprechen ihren Partner anschauten, wurden u. a. als „freundlich“, „selbstbewusst“ und „natürlich“ eingeschätzt. Personen, die nur zu 15 % der Zeit beim Sprechen ihren Partner anschauten, wurden dagegen u. a. als „kalt“, „pessimistisch“, „ausweichend“, „unterwürfig“ und „gleichgültig“ eingeschätzt. Prinzipiell werden Personen mit intensivem Blickkontakt als dominanter, aktiver und selbstbewusster angesehen. Nur bei ungewöhnlich langem Blickkontakt („Anstieren“) wird eine offensichtlich störende, weil zu starke Intimität provoziert.

Für die angewandte Rhetorik ist darüber hinaus wichtig zu wissen:

! Blickkontakt nimmt mit zunehmender Verunsicherung oder auch bei zunehmender Konzentration auf ein zu lösendes Problem immer mehr ab.

Doch auch gerade dann ist das Anschauen der Hörer bzw. Gesprächspartner während des Sprechens notwendig, um

- einen positiven Kontakt aufrechtzuerhalten,
- Hörerreaktionen beobachten zu können (auf die Bedeutung der nonverbalen visuellen Signale der Hörer wurde bereits hingewiesen),
- das eigene Sprechen zu intensivieren,
- von anderen nicht falsch eingeschätzt zu werden.

Ein längeres, unübliches Abwenden des Blickkontaktes beim Sprechen *kann* dem Partner den Eindruck von Kälte, Unsicherheit, Gleichgültigkeit oder Unaufrichtigkeit vermitteln.

! Auch vor einem größeren Publikum ist Blickkontakt eine Kontaktaufnahme zwischen zwei Partnern (man kann nicht mehreren Personen gleichzeitig in die Augen schauen); dabei ist wechselnder, aber intensiver Blickkontakt mit wenigen Hörern günstiger und effektiver als der Versuch eines flüchtigen Kontaktes mit allen (der eben keinen echten Kontakt herstellt).

2.2.5 Räumliches Verhalten (Proxemik)

Räumliches Verhalten drückt sich aus durch die interpersonale Nähe, durch das Maß gegenseitiger Zugewandtheit (sog. Körperorientierung) sowie durch Berührungen (sog. taktile Kommunikation, s. u.).

Für diese Bereiche gibt es natürliche und/oder kulturell übliche Grenzen. Doch innerhalb dieser Grenzen sind Varianten möglich , und diese Varianten signalisieren interpersonale Einstellungen – „wie einer zum anderen steht“: „Veränderungen in der räumlichen Stellung dienen auch als Interaktionssignale.“ (Argyle/Henderson 2005, 281)

Die Körperorientierung kann durchaus einen Einfluss auf mehr als nur die Atmosphäre eines Gespräches haben. Unter Körperorientierung versteht man den Winkel, in dem jemand einem anderen gegenübersteht bzw. -sitzt. Was zufällig erscheint (Sitzposition oder Platzwahl etwa), kann Zufall sein – oder aber auch von Bedeutung.

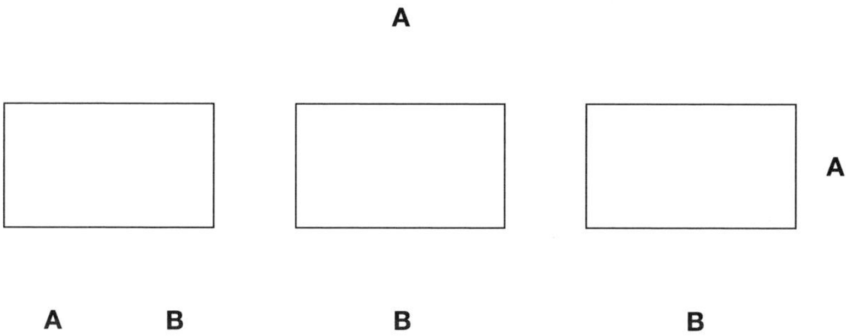

Abbildung 3: Wie würden Sie sich zum Beispiel zu jemandem setzen, wenn Sie ein (Sach-)Problem mit ihm zu besprechen hätten?

Cook (1970) und viele andere haben festgestellt:

- Die Stellung Seite-an-Seite wird in spannungsfreier Situation meistens als kooperativ empfunden; allerdings erzeugt das Nebeneinandersitzen größten Stress, wenn zwischen den Partnern – z. B. auf der Beziehungsebene oder hierarchisch bedingte – Spannungen bestehen.
- Direktes Gegenüberstehen bzw. -sitzen wirkt leicht konkurrierend und hemmend in Sachdiskussionen und Einigungsprozessen; zudem ist die Einsicht in gemeinsame Unterlagen schwieriger.
- 90°-Stellung (Übereck-Sitzen) ist die typische entspannte „Konversations-Stellung", die auch für Problemlösungs-Situationen günstig ist.

Die Übereck-Position ist in nahezu allen Kommunikationssituationen vorteilhaft für eine offene und produktive Gesprächsführung.

Die Wahl des Platzes, des Abstandes zu den anderen, die Orientierung zu den Partnern geben häufig Aufschlüsse über die Beziehung der Partner zueinander, über Dominanzstreben und vieles mehr. Im Rahmen dieses Buches soll nur auf die Bedeutung dieser Variablen aufmerksam gemacht werden. Sensibles Beobachten ermöglicht angemessenes eigenes Verhalten.

Eine besondere Bedeutung kommt Fragen der Sitzordnung auch in größeren Besprechungen und Versammlungen zu. In diesem Zusammenhang sei vor allem auf die Arbeiten von Reichart-Schweinsberg (1974), Kelber (1977) und Mucchielli (1991) hingewiesen, denen viele nützliche Tipps und Anregungen für die Versammlungspraxis zu entnehmen sind.

2.3 Fühlbare Signale Der taktile Kanal

Körperliche Kontaktaufnahme während des Sprechens verrät nicht selten hierarchisches Denken (und Fühlen). Das „Auf-die-Schulter-Klopfen“ oder „Am-Arm-Führen“ etwa geht zumeist von der Person aus, die sich als überlegen, „vorgesetzt“, hierarchisch höher empfindet. Das Gleiche gilt für jedes „Zunahetreten“, d.h. für jedes Durchbrechen der individuellen Distanzzone des Einzelnen.

Jede Kultur hat eigene „Distanz-Gesetze“; für unseren Kulturkreis kann man (nach Hall 1968) vier Zonen unterscheiden:

1. **vertraulich:** 50 cm: in vertrauten Beziehungen; Körperkontakt ist leicht; man kann den anderen riechen und seine Wärme fühlen; man kann ihn sehen, aber nicht in der Gesamtheit; man kann flüsternd reden
2. **persönlich:** 50–120 cm: bei nahen Beziehungen; man kann den anderen noch berühren; man kann ihn besser sehen, aber nicht seinen Atem riechen
3. **sozial-beratend:** 2,5–3,5 m: bei eher unpersönlichen Beziehungen; hinter dem Schreibtisch sowie in vielen anderen Arbeitsbereichen; eine lautere Stimme ist erforderlich
4. **öffentlich:** ab 3,5 m: gegenüber Persönlichkeiten des öffentlichen Lebens und bei öffentlichen Anlässen

Ein Nichtbeachten dieser Zonen löst zumeist unangenehme Reaktionen aus. Ein Einbrechen in den persönlichen Raum wird als störend empfunden. *Was als störend empfunden wird, ist stark von Konvention und Kultur abhängig.* Kommunikationsprozesse können durch Nichtbeachten der individuellen Distanzzonen des Interaktionspartners also erheblich beeinträchtigt werden.

Ein Beispiel: Man untersuchte die körperliche Kontaktaufnahme von Paaren in Cafés verschiedener Länder über den Zeitraum von einer Stunde:

- San Juan/Puerto Rico: 180,
- Paris: 110,
- London: 0 Berührungen pro Stunde.

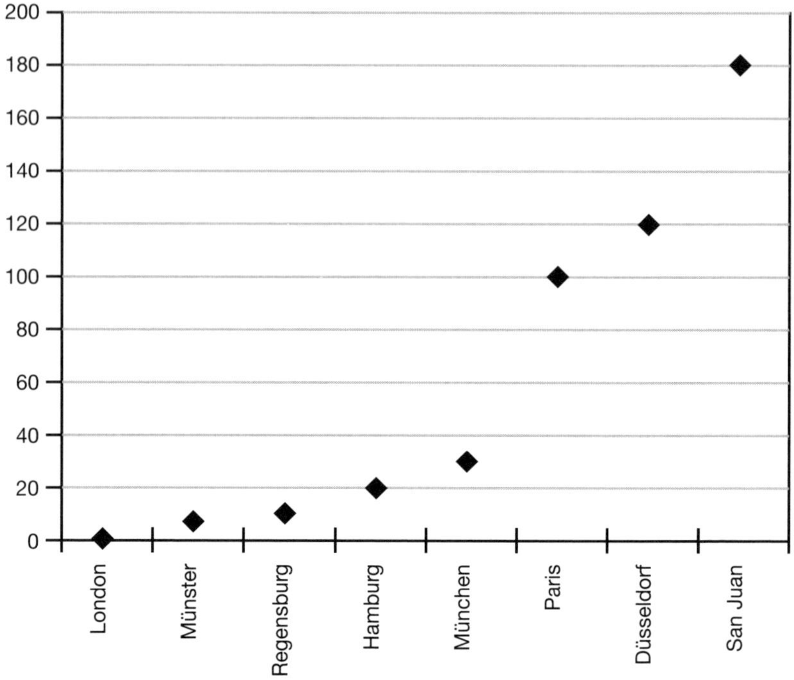

Abbildung 4: Körperliche Kontaktaufnahme von Paaren in Cafés verschiedener Städte

Aber auch innerhalb des gleichen Kulturkreises (etwa dem der Bundesrepublik Deutschland) gibt es hier erhebliche Unterschiede, vor allem im Bereich der sog. taktilen Kommunikation, etwa zwischen Rheinländern und Bayern. Beobachten und zählen Sie einmal in einem Café Ihres Wohnortes.

2.4 Hörbare Signale Der auditive Kanal

Stimme, Aussprache, Betonung

Der Ton macht die Musik, sagt man im Deutschen. Denn erst durch die Sprechweise – Stimme, Aussprache und Betonung – wird sprachliche Information vollständig. Ob mit dem Satz „Das ist ein feiner Kerl!" jemand gelobt oder getadelt wird, entscheidet allein die Sprechweise.

Sprich, damit ich dich sehe – vom auditiven Eindruck des Sprechers bzw. der Sprecherin hängt wesentlich ab,

- wie verständlich der Sprecher ist,
- wie aufmerksam Hörer bzw. Gesprächspartner bleiben,
- wie glaubwürdig der Sprecher wirkt, das heißt auch: ob er überzeugt oder nicht.

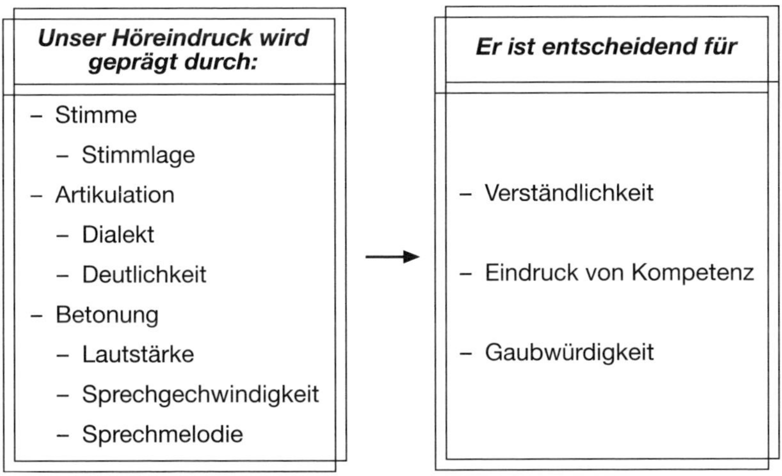

Abbildung 5: Der Ton macht die Musik …

2.4.1 Stimme

Eine gesunde, funktionsfähige Stimme ist Voraussetzung für einwandfreies Sprechen und Reden. Stimmschäden werden leider oft erst sehr spät erkannt und häufig keiner qualifizierten Behandlung zugeführt (und wenn, dann meist zu spät).

Seminare zur prophylaktischen Stimmphysiologie werden aufgrund der geringen Zahl von Sprecherzieherinnen und Sprecherziehern (DGSS) und Planstellen in der Bundesrepublik zu selten angeboten. Auch viele der sog. redenden Berufe (z.B. Lehrer/-innen, Jurist/inn/en u.a.) bleiben während ihrer Ausbildung in mehreren Bundesländern ohne jede Vorbereitung auf die spätere stimmliche Belastung.

NICHT NUR SÄNGER UND SCHAUSPIELER BRAUCHEN EINE STIMMLICHE AUSBILDUNG.

Bei geringsten Anzeichen von Stimmstörungen, auch schon bei längerer oder häufig wiederkehrender Heiserkeit, sollte ein Facharzt für Stimm- und Sprachstörungen (Phoniater) oder ein HNO-Arzt (möglichst mit der Zusatzbezeichnung „Stimm- und Sprachstörungen“) aufgesucht werden.

Wenn Sie Schwierigkeiten mit Ihrer Stimme haben (z.B. wenn Sie öfter heiser werden beim Reden oder glauben, nicht laut genug sprechen zu können etc.), können Sie sich auch an qualifizierte SprecherzieherInnen (DGSS) oder Logopäden in Ihrer Nähe wenden.

Auf eine Hauptursache für spätere erste Stimmschäden kann aber jeder beim Sprechen und Reden selbst achten: *auf die physiologisch richtige Stimmhöhe.* Im oberen Teil des unteren Drittels des Stimmumfangs liegt die Stimmlage, die wir den *Hauptsprechtonbereich* nennen (in vielen Fachbüchern findet sich dafür der Begriff *Indifferenzlage*). In entspannten Situationen spricht man in diesem Tonbereich. *Es ist die Stimmlage, in der wir mit geringem Kraftaufwand und geringem Atemdruck reden können.*

Nur bei überwiegendem Einhalten des Hauptsprechtonbereichs können wir mühelos, ausdauernd und kräftig sprechen, ist die Stimme variabel und modulationsfähig.

In bestimmten Kommunikationssituationen – beim betont lauten Sprechen, beim Vorlesen, Sprechen vor größerem Kreis, vor allem auch bei Aufregung, starken Emotionen, Unsicherheit und Lampenfieber – neigt man dazu, diesen Stimmbereich zu verlassen, die Stimme anzuheben, in einer oft *erheblich höheren* Stimmlage zu reden.

Ständiges gewohnheitsmäßiges Überschreiten des Hauptsprechtonbereiches, das häufig vom Sprecher überhaupt nicht bemerkt wird, führt zumeist zur Schädigung der Stimme (übrigens eine häufige Lehrerkrankheit).

Es kommt noch ein wichtiges Moment hinzu, das in seiner Bedeutung für die Kommunikation nicht genügend betont werden kann: Die überhöhte Stimmlage *kann* zwar Ausdruck von Begeisterung, Engagement, besonderem Eifer sein, aber eben auch durch Erregung, Unbeherrschtheit und Aggressivität hervorgerufen werden. Der Gesprächspartner deutet (nicht bewusst) zu hohes Sprechen häufig in diesem negativen Sinne, erregt sich seinerseits, die Fronten verhärten sich leichter, die Diskussion wird zum Streitgespräch, der Dialog spitzt sich zu, ein Kompromiss wird zumindest schwieriger, eine Verständigung manchmal unmöglich.

Auch bei der Rede ahmt der Zuhörer die Sprechweise des Redners innerlich nach und kommt so möglicherweise zu einer Einstellung, die der Intention des Sprechers zuwiderläuft. Deshalb übrigens strengt das Zuhören bei manchen Rednern besonders an (s. u.).

Darüber hinaus haben Untersuchungen (Scherer 1982) ergeben, dass in unserem Kulturkreis ein enger Zusammenhang zwischen Stimmlage und Glaubwürdigkeit besteht. So sprechen wir im Deutschen vom *Brustton der Überzeugung*. Und für Informations-Reden haben wir in Untersuchungen festgestellt, dass auch hier die richtige Stimmhöhe sehr wichtig ist.

Um Missverständnisse zu vermeiden: Der Hauptsprechtonbereich ist kein fixer Ton, sondern ein Tonbereich, der Variationen nach oben und nach unten kennt, der niemals identisch ist mit monotonem Sprechen. Außerdem gibt es durchaus Situationen, in denen die Gespanntheit und Emotionalität der überhöhten Stimmlage ihre Funktion hat: etwa in der polemischen Rede.

> **!** Gewarnt wird vor stets überhöhter Stimmlage. Vermeiden Sie es, durch zu hohes Sprechen Misstöne in die Rede oder das Gespräch zu bringen.

Übrigens: Spannung/Entspannung etc. steckt an; der Hörer übernimmt Spannungszustände des Sprechers (und umgekehrt). Beispiel: Eine Sprechweise mit Überspannung der Artikulationsorgane führt zum Räusperzwang nicht nur beim Sprecher: Oft räuspern sich Zuhörer noch vor dem Redner.

Wir wissen heute, dass z.B. bei überhöhter Stimmlage des Redners die Hörer mit ihrerseits angespannten Sprechorganen zuhören (deshalb auch die stärkere Anstrengung und frühere Ermüdung beim Zuhörer). Es ist medizinisch sogar möglich, vom Zuhören heiser zu werden.

So muss Stimme immer gesehen werden im Zusammenhang mit der Atmung und dem allgemeinen Tonus. Und vergegenwärtigen wir uns abschließend noch einmal den Zusammenhang zwischen *Stimme* und *Stimmung*!

2.4.2 Aussprache (Artikulation)

Die häufige Frage nach dem Verhältnis von Mundart und Standardsprache („Schriftdeutsch“) beantwortet sich schnell: Mundartliche *Färbung* hat keinen, zumindest keinen negativen, Einfluss auf die Kommunikation.

Unter mundartlichem *Anklang* leidet weder Verständlichkeit noch Glaubwürdigkeit. Ob man – etwa in einer Verhandlungssituation mit Nicht-Mundartsprechern oder bei einer Rede vor großem Auditorium – in der Mundart sprechen kann oder nicht, hängt in sehr starkem Maße vom jeweiligen Redeinhalt und der Situation ab. Dabei spielt die Erwartung der entsprechenden Hörer bzw. Kommunikationspartner die entscheidende Rolle. Und die Einstellung zur eigenen Mundart, das Selbstbewusstsein, Mundart zu sprechen, variiert in den einzelnen Mundartgebieten in Deutschland erheblich (so bewerten z.B. Schwaben den Wert ihrer Mundart völlig anders als etwa Hessen oder Sachsen).

Während die meisten Sprecher ein durchaus sicheres Gefühl für den Wechsel zwischen Mundart und Standardaussprache besitzen, sind nur wenige nicht in der Lage, ihre Artikulation der Sprechsituation anzupassen. In diesen Fällen ist das Training mit einem qualifizierten Sprecherzieher oder einer qualifizierten Sprecherzieherin (DGSS) zu empfehlen.

Prinzipiell kann als Tendenz eine *Wiederentdeckung der Mundart* beobachtet werden, leider allerdings häufig nicht als Selbstverständlichkeit, sondern mit einem folkloristischen Beigeschmack, der in vielen Kommunikationssituationen den Gebrauch von Mundart eher einzuschränken denn zu fördern scheint.

Dennoch: Flüssige Standardaussprache macht noch keinen guten Redner, und echte Zweisprachigkeit (Mundart und Standardaussprache) wird bei Kindern mit Mundartgebrauch in zunehmendem Maße beobachtet. Gerade durch das Fernsehen verlieren allerdings viele Kinder das Gefühl für die Sprache ihrer Region. Das mag man bedauern, mit zunehmender „Berieselung" mit dialektfreier Umgangssprache wird diese Tendenz sicher weiter verstärkt.

Entscheidender für die Effektivität kann die Deutlichkeit der Aussprache, die jeweilige *Artikulationsschärfe,* sein. Auch in der Mundart.

Deutlich und weniger laut ist akustisch immer noch besser zu verstehen als undeutlich und laut. !

Die positive Einschätzung eines Sprechers scheint außerdem nicht unwesentlich von der Genauigkeit seiner Aussprache abzuhängen. Deutliche Aussprache (durch weitere Kieferöffnung z.B.) lässt sich üben.

2.4.3 Betonung (Akzentuierung)

Eintöniges Sprechen

- setzt die Verständlichkeit herab,
- verringert die Glaubwürdigkeit des Sprechers,
- fördert frühzeitiges Abschalten.

Noch wichtiger als die bisher genannten auditiven Merkmale ist die *Variabilität der Betonung,* d.h.

- Wechsel der Lautstärke,
- Wechsel der Sprechgeschwindigkeit (mit Pausen),
- Wechsel der Sprechmelodie.

Sprecher, die von Hörern als „gute Redner“ klassifiziert wurden, zeichneten sich stets durch diese *Variabilität der Betonung* aus. Bei Sprechern mit abwechslungsreicher Betonung werden manche andere sog. Fehler (schlechter Redeaufbau, verkrampfte Haltung, häufiges „Äh“ etc.) eher und zum Teil ganz, übersehen bzw. überhört.

Das hängt zusammen mit dem Eindruck des Engagements. Viele Untersuchungen haben gezeigt, dass der engagierte Sprecher leichter überzeugen und effektiver informieren kann (siehe Kapitel 2.6).

Mehrabian (1977) stellte fest, dass Sprecherinnen und Sprecher weit überzeugender wirken, wenn sie

- etwas schneller,
- etwas lauter,
- mit größerer Variabilität (Abwechslung) insgesamt sprechen.

Eigene Untersuchungen bei deutschen Sprecherinnen und Sprechern stützen diese Ergebnisse.

Lautstärke (dynamischer Akzent)

Durch variierende Lautstärke werden wichtige Redeteile hervorgehoben, die Aufmerksamkeit des Hörers auf bestimmte Wörter, Sätze oder Aussagen gelenkt. Dabei ist es wichtig, dass nur für kurze Zeit lauter oder leiser gesprochen wird; man erreicht sonst das Gegenteil, die Aufmerksamkeit lässt nach.

Zu leises Sprechen kann die Überzeugungskraft negativ beeinflussen, aber auch eine zu große Lautstärke (die man häufig findet, auch im kleineren Gesprächskreis!) kann die Kommunikation blockieren. Sie hindert den Gesprächspartner, aufmerksam zuzuhören, weckt leicht Widerspruch. Besonders in engagierter Rede und heftiger Diskussion ist Eigenkontrolle wichtig.

Abschließend sei noch auf die Gefahr der Verbindung von zunehmender Lautstärke und überhöhter Stimmlage (s.o.) hingewiesen und darauf, dass eine größere Artikulationsschärfe weit mehr als eine zu hohe Lautstärke dazu beiträgt, verständlich zu sein.

WER SCHREIT,
HAT UNRECHT.

Sprechgeschwindigkeit (temporaler Akzent)
Veränderte Sprechgeschwindigkeit kann für den Hörer eine ausgezeichnete Gliederungshilfe sein, von der nicht ausgebildete Sprecher in der Regel zu wenig Gebrauch machen. Generell kann zur Sprechgeschwindigkeit aufgrund mehrerer abgesicherter Untersuchungsergebnisse festgehalten werden: Etwas schnelleres Sprechen

- fördert (bei deutlichen Stimmsenkungen und Pausen!) die Verständlichkeit und
- erhöht die Glaubwürdigkeit.

Die Angst vor zu schnellem Sprechen ist oft unbegründet (es sei denn, man spricht überhastet, mit Zwischenatmungen an falschen, sinnwidrigen Stellen, ohne Pausen, ohne deutlich abzusetzen). Lediglich zu Beginn einer Rede oder eines Gesprächs und in Phasen der Kontaktaufnahme stört schnelles Sprechen.

Wir haben in empirischen Untersuchungen (im Lehrgebiet Mündliche Kommunikation und Sprecherziehung an der Univesrität Regensburg) nachweisen können, dass bei angemessen schnellerem Sprechen die Aufnahme und Behaltensleistung von Fakten signifikant zunimmt.

Der Eindruck schnellen Sprechens wird seltener durch schnelles Sprechen im engeren Sinn hervorgerufen als durch den *Mangel an Sprech-*

pausen und Stimmsenkungen. Oft fehlt der Mut zur Pause, obwohl gerade durch ein kurzes Anhalten des Sprechflusses wichtige Aussagen unterstrichen werden können.

Die bewusst gesetzte Pause steht – als Aufmerksamkeit weckendes Moment – kurz *vor* der hervorzuhebenden Stelle oder *nach* ihr, um dem Hörer die geistige Aufnahme und Verarbeitung zu erleichtern.

Sprechmelodie (melodischer Akzent)
Der melodische Akzent, die Sprechmelodie, dient als Hilfe zur Sinnerfassung. Der Leser hat durch Interpunktion (Komma, Semikolon, Punkt etc.) viele Gliederungshilfen. Er *sieht,* wo ein Gedanke beendet ist und ein neuer anfängt.

Diese zusätzlichen Signale braucht man auch beim Zuhören. Deshalb ist es wichtig, am Ende eines Satzes oder Gedankens die Stimme zu senken, vor allem in informativen Redeteilen. Oft werden viele Gedanken auf einem großen Intonationsbogen gesprochen. Das erschwert die Verständlichkeit enorm. Eigene Untersuchungen haben gezeigt, dass eine Abnahme der Stimmsenkungen mit starkem Informationsverlust einhergeht!

! Häufige Stimmsenkungen sind das wichtigste Merkmal verständlichen Sprechens.

Trotz der Notwendigkeit variabler Betonung, d. h. eines abwechslungsreichen, lebendigen Sprechens, muss vor einer starken Überbetonung gewarnt werden.

In einem Gedanken trägt in der Regel nur ein Begriff die Hauptbetonung. Die anderen Betonungen ordnen sich dieser Hauptbetonung unter. Man spricht auch von *Hauptakzent* und *Nebenakzenten.*

! Ein etwas schnelleres und etwas lauteres Sprechen mit deutlichen Pausen und vielen Stimmsenkungen motiviert zum Zuhören und erhöht die inhaltliche Verständlichkeit.

Stimmlicher Ausdruck

Eine Verbesserung des stimmlichen Ausdrucks ist jedem durch intensives Trainieren mit Tonaufnahmen möglich.

Abwechslungsreiches, ausdrucksstarkes Sprechen ist lernbar. Dazu zwei Übungen als Beispiel.

1. Vorlesen

a) Nehmen Sie einen kurzen Prosatext oder einen Zeitschriftenartikel und überlegen Sie, in welcher Situation Sie diesen Text wem vorlesen könnten.

b) Planen Sie Ihr Sprechen. Machen Sie sich in den Text Zeichen für Ihr Sprechen, z. B. / für eine kurze Pause und // für eine längere Atempause. Notieren Sie, an welchen Stellen Sie schneller, an welchen langsamer, wo lauter und wo leiser sprechen wollen.

c) Sprechen Sie jetzt den Text und nehmen ihn auf; kontrollieren Sie sich, sprechen Sie erneut, bis Sie mit Ihrem Sprechen zufrieden sind.

2. Nacherzählen

a) Lesen Sie eine kurze Geschichte, eine Anekdote, eine Zeitungsmeldung.

b) Geben Sie jetzt den Inhalt mit eigenen Worten wieder.

c) Kontrollieren Sie Ihr Sprechen: Wo liegen Unterschiede zwischen Ihrem Lesen und Ihrem freien Sprechen? Sprechen Sie erneut, bis Sie mit Ihrem Sprechen zufrieden sind.

2.5 Atmung und Sprechen

Ohne Ausatmungsluftstrom gibt es keine Stimme und kein Sprechen. Die Atmung ist somit nicht nur für den Gesamtorganismus lebensnotwendig, sondern auch für das Sprechen von entscheidender Bedeutung.

Atmung, Stimmbildung und Artikulation stehen in so engem physiologischen Zusammenhang, dass die Veränderung eines dieser Vorgänge auch eine Veränderung des anderen bewirkt. Eine gestörte Atemfunktion führt zwangsläufig zu stimmlichen Fehlleistungen.

Darüber hinaus hängt die Atmung eng vom jeweiligen Erregungszustand des Menschen, von seiner psychophysischen Verfassung ab. Denn Sprechsituationen werden subjektiv häufig als Stresssituation empfunden (siehe ausführlich Kapitel 3.6). In vielen Rede- und Gesprächssituationen atmet man deshalb physiologisch falsch. Ein- und Ausatmung kann sich nämlich in zwei Varianten vollziehen, als sog. Ruhe- und als Leistungsatmung, und oft überwiegt beim Sprechen eine physiologisch ungünstige und für das Sprechen unökonomische Atmungsbewegung.

Vor der Beschreibung der richtigen Sprechatmung sollen die beiden grundsätzlich unterschiedlichen Atmungstypen (Ruhe- und Leistungsatmung) kurz erläutert werden.

Ruheatmung, auch: *Zwerchfellatmung, Bauchatmung, Abdominalatmung, Tiefatmung, respiratio muta.*

Diese reflektorisch gesteuerte Grundfunktion der Atmung ist physiologisch richtig in Situationen körperlicher Ruhe.

Ihre Einatmungsphase ist gekennzeichnet durch Kontraktion und Abflachung des kuppelartig nach oben gewölbten Zwerchfells, wodurch sich die Lunge vor allem im unteren Bereich erweitert. Durch das Abflachen des Zwerchfells müssen die Bauchorgane zwangsläufig ausweichen, so dass sich in der Einatmungsphase der Ruheatmung die Bauchdecke wölbt und eine Weitung über die Flanken bis zum Rücken festgestellt werden kann.

Leistungsatmung, auch: *Brustatmung, Costalatmung, Hochatmung, Stressatmung, Pectoralatmung.*

Dieser zweite Atmungstyp ist physiologisch notwendig in Situationen erhöhter körperlicher Leistung.

Seine Einatmungsphase ist gekennzeichnet durch ein Anheben der Rippen, wodurch sich der Brustkorb weitet; die Muskulatur des Schultergürtels fördert und unterstützt die Einatmungsbewegung.

Diese beiden unterschiedlichen Atmungsbewegungen sind allerdings nur selten isoliert zu betrachten, sondern zumeist in Kombination, wobei die *Tendenz zur Ruheatmung* bzw. die *Tendenz zur Leistungsatmung* unbewusst situationsangemessen reguliert wird, je nach der momentanen körperlichen Belastung bzw. der zu erwartenden Belastung. So verändert sich die Atmungsbewegung in psychischen Stresssituationen, noch bevor die körperliche Leistung (genetisch Flucht oder Kampf) eintritt.

Sprechatmung, auch: *kombinierte Atmung, Vollatmung, Costo-Abdominal-Atmung, respiratio phonatoria.*

Die physiologisch richtige Sprechatmung ist mit keiner der oben beschriebenen „reinen" Atmungsarten identisch, sie tendiert aber in ihrer Atmungsbewegung zur Ruheatmung: Beim Einatmen flacht sich das Zwerchfell ab, die Bauchdecke wölbt sich, und der untere Brustkorb weitet sich, während seine oberen Bereiche und die Muskulatur des Schultergürtels unbeteiligt bleiben. Während aber Ein- und Ausatmungsphase in der Ruheatmung etwa gleich lang dauern, ist die Sprechatmung durch eine kürzere Einatmungsphase und eine deutlich verlängerte Ausatmungsphase charakterisiert. Zudem ist das Einatmungsvolumen größer.

- Die beschriebene Sprechatmung ist notwendig und in Sprechsituationen physiologisch allein richtig,
- weil durch die Zwerchfellbewegung ca. zwei Drittel des Atemvolumens gefördert werden und deshalb nur so die für das Sprechen notwendige Atemmenge zur Verfügung steht;
- weil es sonst häufig zu Zwischenatmungen und Unterbrechungen von Sinneinheiten kommt,
- weil nur durch ein Wechselspiel zwischen Zwerchfell und Bauchdeckenspannung die für die Lautgebung notwendigen feinen Abstufungen möglich sind und
- weil nur so viele andere, mit der Leistungsatmung z. T. physiologisch gekoppelte Stressfaktoren verhindert werden können (s. o.).

Denn die Atmung ist der einzige biologische Funktionsablauf des Körpers, der sowohl unwillkürlich abläuft als auch willkürlich gesteuert werden kann. (Die Atmung geschieht völlig unbewusst, z. B. während der Ohnmacht, sie kann aber auch sehr bewusst beeinflusst werden, etwa beim Sprechen oder Singen.)

Deshalb ist über die Atmung eine unmittelbare Einflussnahme auf

Spannungsverhältnisse und auf – das Sprechen behindernde – Stressfaktoren sowie andere vegetative Funktionen wie etwa Blutdruck und Herzrhythmus möglich. Wie sich vegetative Störungen auch im Sprechen auswirken können (z.B. Verspannung der Sprechmuskulatur, Verlassen des Hauptsprechtonbereichs, Resonanzverlust der Stimme, Konzentrationsmangel), so lassen sich umgekehrt durch richtige Sprechatmung vegetative Funktionen günstig beeinflussen, Verspannungen abbauen, Nervosität und Lampenfieber bekämpfen.

Grundsätze der Sprechatmung sind:

- Achten Sie stets auf die richtige Atmungsbewegung: beim Einatmen Wölben der Bauchdecke, Weitung des unteren Brustkorbs, Ruhestellung des Schultergürtels.
- Bei richtiger Einatmung reicht die Atemmenge zum Sprechen aus. Deshalb vor dem Sprechen *niemals absichtlich* tief einatmen.
- Kein „Luftschnappen" oder „Vollpumpen" vor dem Sprechen; das wirkt nur belastend. Sinnvoller ist das entspannte Ausatmen. Das Gefühl, nicht genug Luft zu haben, hat seinen Ursprung zumeist nicht in einer schlechten *Ein*atmung, sondern in einer mangelhaften *Aus*atmung.
- Lassen Sie sich Zeit zum Ein- und Ausatmen, sinnvolle Sprechpausen fördern auch die richtige Sprechatmung.
- Sprechatmung ist kombinierte Mund-Nasen-Atmung. Während großer Sprechpausen, z.B. zwischen Sinneinheiten, Redeabschnitten etc., atme man durch die Nase ein. Bei der Nasenatmung wird die Luft gereinigt, gewärmt und angefeuchtet.
- Der Weg von chronischer Fehlatmung zur physiologisch richtigen Sprechatmung geht nur über ein systematisches Training unter fachkundiger Anleitung.

Wenn Sie allein Übungen zur Atmung machen, denken Sie besonders an diese drei Grundsätze:

1. Vor jeder bewussten Kontrolle der Atmungsbewegung zunächst entspannt und tief ausatmen.
2. Nichts erzwingen, weder in der Zeit noch in der Intensität; spüren Sie Ihren natürlichen, individuellen Atemrhythmus. Beachten Sie dabei Ihre körperliche Spannung, denn ein erhöhter Tonus erschwert eine optimale Sprechatmung.
3. Versuchen Sie, in entsprechenden Übungen Ihr Sprechen mit Ihrem individuellen Atemrhythmus in Einklang zu bringen.

!

Das ist besonders wichtig, wenn Sie Atmungsübungen aus dem Gesangsunterricht kennen (mit der sog. „Atemstütze“ etc.); was für das Singen richtig ist, kann für das Sprechen problematisch sein.

2.6 Engagement

Neben aller rhetorischer Strategie kommt die entscheidende Bedeutung für das Gelingen oder Misslingen von Rede wie Gespräch oft dem *spürbaren Engagement* des Sprechers zu. Der Sprecher, der Engagement, persönlichen Einsatz, seine innere Beteiligung zeigt, kann in der Regel davon ausgehen, dass eigenes Engagement, diese spürbare Begeisterung sich auf den Hörerkreis bzw. den Gesprächspartner überträgt.

Untersuchungen ergaben, dass sich Hörer von überzeugt wirkenden und in der Sache engagierten Sprecherinnen und Sprechern leichter informieren, beeinflussen und überzeugen lassen (Argyle/Henderson 2005; Scherer/Wallbott 1984).

Engagiertes Sprechen ist hörergerichtet und charakterisiert durch

- variable Betonung
- Blickkontakt
- lebhafte Körpersprache etc.

! Engagement allerdings kann man nicht lernen. Aber man kann sehr wohl lernen, vorhandenes Engagement nicht durch bewusste Zurücknahme oder durch Verspannung zu verbergen.

Wir wollen das Kapitel 2 „Körpersprache" abschließen mit einem Arbeitsblatt in Form eines Beobachtungsbogens. Denn wer lernt, nonverbalen Signalen nachzuspüren, für ihren Empfang sensibel zu werden, der kann rhetorische Prozesse leichter erfassen.

Äußerlichkeiten *allein* sollte man allerdings nie ein zu großes Gewicht geben; durch die Art und Weise, *wie* man etwas sagt, wird das, *was* man sagt, bestimmt. Das Wissen um und das Registrieren von nonverbalen Verhaltensweisen lässt Sprachliches – das „Gemeinte" – oft erst verständlich werden; die Gefahr, durch das unbewusste Aufnehmen nonverbaler Signale zu Fehlinterpretationen zu kommen oder selbst missverständliche Signale auszusenden, wird geringer.

Ein vertieftes Wissen um das Nonverbale macht frei für den Inhalt, lässt die Gewichtigkeit der Argumente besser zur Geltung kommen. Der nächste Lernschritt dient daher der gezielten Beobachtung nonverbalen Verhaltens. Das kann in einer Gruppe geschehen, aber auch allein, etwa vor dem Fernsehgerät. **Die Beobachtung fremden Verhaltens ist die Vorstufe für die spätere Selbstkontrolle.**

Durch den Beobachtungsbogen können Sie lernen, möglichst viele nonverbale Signale bewusst wahrzunehmen und zu gewichten, d. h. von einem bloß intuitiven Eindruck zu einer fundierten Beurteilung einer Sprechleistung zu kommen.

Auch an dieser Stelle sei noch einmal gewarnt: *Vorsicht vor simplen und vorschnellen Interpretationen! Ihre Beobachtungen und Bewertungen sind zuallererst* **Ihre** *Beobachtungen und subjektiven Bewertungen.*

Arbeitsblatt

Beobachtungsbogen Körpersprache

SprecherIn: ______________________

Thema: ______________________

Datum: ______________________

Sprechsituation: ______________________

Nonverbaler Gesamteindruck

Sicherheit: ______________________

Kontakt: ______________________

Verständlichkeit: ______________________

Überzeugung/Glaubwürdigkeit: ______________________

Engagement: ______________________

Visueller Eindruck

Haltung und Auftreten: ______________________

Gestik: ______________________

Mimik: ______________________

Blickkontakt: ______________________

Sonstiges: ______________________

Auditiver Eindruck

Stimme und Stimmlage: ______________________

Aussprache (Mundart, Deutlichkeit): ______________________

Lautstärke: ______________________

Sprechgeschwindigkeit, Pausen: ______________________

Sprechmelodie: ______________________

Variation in der Betonung: ______________________

Sonstiges: ______________________

Eine gute Rede ist eine Ansprache, die das Thema erschöpft, aber keinesfalls die Zuhörer.
(W. Churchill)

Es ist schon alles gesagt, aber noch nicht von allen.
(K. Valentin)

Tritt fest auf,
machs Maul auf,
hör bald auf.
(Luther)

Pectus est, quod disertos facit,
et vis mentis.
Gefühl und Geisteskraft sind es,
die den Redner machen.
(Quintilian)

Gute Redner müssen Köpfe sein,
nicht nur Kehlköpfe.
(Französisches Sprichwort)

3 Präsentation – Vortrag – Rede

Die Situationen, in denen wir vor anderen reden, sind sehr unterschiedlich: Sie reichen von der beruflichen Präsentation von Arbeitsergebnissen über den Lehrvortrag bis zur Ansprache bei Feiern. Jede Rede ist anders, dennoch wollen wir versuchen, drei typische Redearten zu unterscheiden:

a) die informative Rede
b) die persuasive Rede
c) die situative Rede

a) Die *informative Rede* umfasst all jene Redesituationen, bei denen die Vermittlung von Fakten, von Wissen, von Informationen im Vordergrund steht (z.B. *Präsentation*, *Sach-Vortrag*, *Referat*, *Vorlesung* etc.).

b) In der *persuasiven Rede* versucht die Rednerin/der Redner, Meinung zu bilden, d.h. bestehende Meinungen zu bekräftigen oder von neuen Meinungen zu überzeugen (z.B. *politische Rede*, *Kommentare* etc.).

c) Unter *situativer Rede* subsumieren wir alle Reden und Ansprachen, die zu bestimmten Anlässen gehalten werden (z.B. *Trauerrede*, *Jubiläumsansprache*, *Festrede* etc.). Häufig spricht man auch von Gelegenheitsreden. Jede Rede steht in einer bestimmten „Sprechsituation". Mit der Bezeichnung „situative Rede" betonen wir, dass in dieser Redegattung weder Information noch Meinungsbildung eine besondere Rolle spielen. Sie richtet sich in Inhalt, Form und Vortragsweise ganz an der jeweiligen Situation, ihrem Anlass, aus.

In der Praxis vermischen sich diese reinen Formen häufig, so dass nur noch von der Prädominanz einer der drei Arten gesprochen werden kann: Entweder steht das informierende, das persuasive oder das situative Element im Vordergrund.

Bei der Rede eines Vorgesetzten in einer Jahresabschlussfeier beispielsweise deutet der Anlass auf eine situative Rede; dennoch werden vielleicht Informationen an die Mitarbeiterinnen und Mitarbeiter weitergegeben, etwa zur geschäftlichen Entwicklung im vergangenen Jahr;

sicher wird auch vom Notwendigen des neuen Jahres zu sprechen sein, werden alle gemeinsam zu neuen Unternehmungen aufgefordert etc. Die obige Einteilung lässt sich somit häufig nur auf bestimmte Redeteile beziehen.

Dennoch ist diese Einteilung wichtig. Der Versuch einer Abgrenzung bringt redepädagogisch den Vorteil, sich über den genauen Redezweck seines geplanten Vortrages klar zu werden, ihn genau zu bestimmen.

3.1 Verständlichkeit

Die Wirkung des gesprochenen Wortes hängt wesentlich davon ab, inwieweit der Hörer in der Lage ist, den Text zu *verstehen.* Unabhängig davon, ob man informieren oder überzeugen will, nützen Fakten und Argumente nur, wenn sie verstanden und behalten werden können. Jeder, der vor anderen spricht, hat die Verpflichtung, sich um ein hohes Maß an Verständlichkeit während des Sprechens zu bemühen.

„Verständlichkeit hat eigene sittliche Qualitäten: Sie bewahrt die Mitmenschen vor ungerechtfertigtem Zeit- und Energieverlust und vor durch Missverständnisse hervorgerufenen sozialen Konflikten." (Siegwart Berthold 1979, 45)

!

Das gilt für die verschiedensten Bereiche: für die Präsentation in beruflichen Situationen ebenso wie für die Information im Verein, in der Partei oder ganz besonders in der Schule. Wie viele zigtausend Stunden überflüssigen Lernens müssen in Schulen, Hochschulen und Betrieben aufgebracht werden, weil die Unterrichtenden sich zu wenig Gedanken darüber machen, wie *verständlich* sie informieren.

Aber über die genannten Beispiele hinaus: Jeder hat ein „Recht" darauf, wirklich informiert zu werden, und d.h., ohne besondere Anstrengung verstehen zu können: in einem Vortrag ebenso wie in einer Präsentation oder einer betrieblichen Anweisung.

Daher kam und kommt in der Rhetorik dem sprachlichen Ausdruck und der Verständlichkeit zentrale Bedeutung zu.

!

Beim geschriebenen Text hat der Leser zumeist die Möglichkeit,

- die Lesegeschwindigkeit selbst zu bestimmen,
- durch das Inhaltsverzeichnis den Überblick zu behalten,
- schwierige Passagen mehrmals zu lesen,
- unbekannte Fachbegriffe und Fremdwörter nachzuschlagen.

Außerdem kann durch die typographische Gestaltung (Groß- und Kleindruck, Kursivsatz, Unterstreichungen, Einrückungen etc.) Wesentliches hervorgehoben, die innere Gliederung eines Textes unterstützt, optisch sichtbar gemacht werden. All diese Möglichkeiten entfallen beim *gesprochenen* Text. Umso mehr ist es notwendig, sich über die eigene Verständlichkeit Gedanken zu machen, gesprochene Texte aufzunehmen und anschließend noch einmal zu analysieren.

Für schriftliche Texte haben Langer, Schulz von Thun und Tausch (2006) ein ausgezeichnetes Trainingsprogramm zusammengestellt; die folgenden Überlegungen gehen von den wissenschaftlichen Ergebnissen dieser Autoren sowie vor allem den Arbeiten von Groeben (z.B. 1998) aus und erweitern sie in den Bereichen, die für die gesprochene Sprache zusätzlich wichtig sind, um eigene Untersuchungsergebnisse.

Nach dem heutigen Stand rhetorischer Forschung sind für die Verständlichkeit gesprochener Texte zu beachten:

- Struktur und Ordnung
- Einfachheit des Ausdrucks
- Auswahl der Information
- Anregung und Interesse
- visuelle Hilfsmittel
- Hörergerechte Darbietung
- Sprechweise

3.1.1 Struktur und Ordnung

Das mit Abstand wichtigste Merkmal eines verständlichen Textes ist das *Prinzip von Struktur und Ordnung.* Hierzu zählen wir

a) den Überblick am Anfang,
b) die innere Gliederung, den Gedankengang,
c) die äußere Ordnung, d.h. die für den Hörer erkennbare Gliederung,
d) die Zusammenfassungen.

a) Der Überblick am Anfang

Ein gesprochener Text gewinnt erheblich an Verständlichkeit, wenn der Zuhörer stets weiß, welche Gedanken ihn als Nächstes erwarten. Deshalb ist es bei *informativen* Reden empfehlenswert und bei komplexen Inhalten sogar notwendig, zu Beginn eine Grobgliederung vorauszuschicken. Der satirisch gemeinte Tucholsky-Ratschlag (1965, 187) für den schlechten Redner „du musst dir nicht nur eine Disposition machen, du musst sie den Leuten auch vortragen – das würzt die Rede“, dieser Vorwurf richtet sich an jenen typisch deutschen Wesenszug, eine Sache um ihrer selbst willen zu tun, wie es Heinrich Mann einmal formulierte; am Anfang stehe also keine Gliederung mit Gliederungspunkten und -unterpunkten – das würde nicht nur die Würze nehmen, sondern auch die Aufnahmefähigkeit des Hörers übersteigen.

Gemeint ist der *Überblick*, der am Anfang steht; nicht unbedingt am absoluten Anfang einer Rede, sondern dem eigentlichen Informations- oder Argumentationsteil vorangestellt. Das könnte etwa so klingen: „Heute geht es vor allem um vier Fragen ...“ Quintilian verglich die Ankündigung der Gliederung mit Meilensteinen, die dem Wanderer einen Teil der Mühe abnehmen, weil er immer weiß, was er noch vor sich hat!

b) Innere Gliederung – Gedankengang

Gemeint ist hier der Aufbau, die Redegliederung. Seit der Antike haben sich Rhetoriker wie Rhetoren (also Redelehrer wie Redner) Gedanken über den wirksamsten Redeaufbau gemacht. Wir werden in einem eigenen Kapitel (3.2) auf diese Frage zurückkommen. Im Zusammenhang mit der Verständlichkeit sei lediglich darauf hingewiesen, dass im mündlichen Vortrag

- ein deduktiver Argumentationsaufbau – vom Grundsätzlichen in die Einzelprobleme – prinzipiell leichter nachzuvollziehen ist als ein induktiver (anstatt also aus vielen Einzelfakten ein Gesamtergebnis entstehen zu lassen);
- die reihende Disposition (z. B. sechs Gesichtspunkte: 1., 2., 3., 4., 5., 6.) der unterordnenden (z. B. zwei Hauptgesichtspunkte mit je drei Unterpunkten: 1 a, b, c; 2 a, b, c) aus Gründen der Verständlichkeit vorzuziehen ist.

c) Äußere Ordnung

Von ebenso großer Bedeutung bei mündlicher Informationsweitergabe ist neben der inneren Gliederung die äußere Ordnung, d. h. die *für den Hörer erkennbare Gliederung*: Der rote Faden muss nicht nur inhaltlich gegeben sein, er muss auch beim Sprechen deutlich bleiben.

Je klarer die Strukturierung erkennbar ist, umso mehr Einzelfakten können verstanden und behalten werden.

Man vergegenwärtige sich, welche Mühe der Setzer einer (auch dieser) Informationsschrift darauf verwendet, die Gliederung sichtbar zu machen:

- durch Fett- und Kursivdruck
- durch Einrücken
- durch Leerzeilen zwischen den Absätzen
- durch Unterstreichungen verschiedenster Art
- durch unterschiedlichste Nummerierungen
- durch das Beginnen einer neuen Seite etc.

All das muss im mündlichen Vortrag durch anderes verdeutlicht werden. Auch hier muss Wesentliches vom Unwesentlichen unterschieden werden, muss ein neuer Redeabschnitt als solcher erkennbar sein, muss die gedankliche Gliederung für den Hörer erhalten bleiben. Dazu sind viele inhaltlich redundante (überflüssige), also nicht informationstragende Einschübe, nötig wie z. B.

- „*Ich fasse jetzt die Gedanken des ersten Problemkreises noch einmal zusammen:...*"
- „*Ich werde jetzt drei Fragen beantworten:...*"
- „*So viel zu den Voraussetzungen. Was bedeutet das aber für uns?...*"

d) Zusammenfassungen

Bleibt als letztes wichtiges Kriterium der Struktur und Ordnung die Zusammenfassung: nicht nur am Ende der Rede, der Präsentation bzw. des Vortrages, sondern oft auch während der Rede – am Ende einzelner Abschnitte. Das Wesentliche wird noch einmal klar hervorgehoben. Konnte der Überblick am Anfang den Text *vor*strukturieren, so kann die Zusammenfassung *nach*strukturieren und so die Verständlichkeit einer Rede erheblich erhöhen.

3.1.2 Einfachheit des Ausdrucks

Zur *Einfachheit des Ausdrucks* rechnen wir

a) Satzlänge und Satzbau,
b) Fremd- und Fachwortgebrauch,
c) Konkretheit der Sprache.

Alle drei Kriterien sind auf der stilistischen Seite dafür verantwortlich, wie leicht oder schwer ein Text für den Hörer verständlich ist.

Im Folgenden nennen wir Hinweise und Grundsätze, die helfen können, den eigenen Stil zu verbessern.

a) Satzlänge und Satzbau

F. Th. Vischer traf die Unterscheidung zwischen einer *Rede* und einer *Schreibe.* Diese Unterscheidung gilt vor allem für die Syntax, also den Satzbau. *Was sich gut liest, hört sich schlecht* – nach wie vor ein gültiger Grundsatz, auch hinsichtlich der Verständlichkeit. Dies ist auch bei den unterschiedlichen journalistischen Medien zu beachten: Ein gut geschriebener Zeitungstext muss für den Hörfunk immer überarbeitet werden, um dort überhaupt eingesetzt werden zu können.

Für den gesprochenen Text gilt: Er ist umso verständlicher,

- je kürzer die Sätze sind,
- je mehr Hauptsätze er enthält,
- je weniger Schachtelsätze und lange Satzperioden verwendet werden,
- je weniger Passivsätze darin vorkommen.

Für die Satzlänge lassen sich schwerlich absolute Zahlen angeben, obwohl dies oft in der Literatur geschieht Redethema, Hörerschaft, Schwierigkeit der jeweiligen Textstelle etc. lassen absolute Angaben nicht zu. Bei der Bemühung um einen leicht verständlichen Sprechstil ist deshalb die *Tendenz* wichtig. Klassifizierungen wie die von Haseloff (1968) – kurze Sätze: bis 8, mittellange: 9 bis 22 und lange Sätze: 23 und mehr Wörter – sind bestenfalls Richtwerte und Anhaltspunkte, wenn die *durchschnittliche Länge* der Sätze im Gesamttext errechnet werden soll. Denn wer *nur* kurze Sätze verwendet, dessen Sprache wird schnell langweilig und uninteressant; in der Folge sinkt die Verständlichkeit und die Zuhörenden schalten ab.

Dennoch: Oft ist der Stil weit komplizierter, als man denkt und in der Tat erschwerend für das Verstehen. Eigene Untersuchungen an der

Universität Regensburg haben gezeigt, dass die Werte für Satzlänge und Satzbau bei Teilnehmern zu Beginn eines Rhetorikseminars ganz erheblich ungünstiger liegen als etwa die Werte bei professionellen Sprecherinnen und Sprechern (Politikern, TV-Moderatoren etc.). Gerade der Stil ist aber durch Übung und Training gut zu verbessern.

b) Fremd- und Fachwortgebrauch

Dem Hörer unbekannte Fremdwörter und Fachtermini erschweren die Verständlichkeit. Dennoch kann nicht immer auf das häufig treffendere Fach- oder Fremdwort verzichtet werden. In diesen Fällen gilt:

- Zuerst gebe man eine Umschreibung, eine Erklärung, dann das Fremdwort. Sonst besteht die Gefahr, dass der Hörer bei einem ihm unbekannten Begriff über dessen Bedeutung nachdenkt oder ihn falsch „übersetzt". In beiden Fällen verpasst er möglicherweise die spätere Erklärung des Fremdwortes.
- Unbekannte Fremd- und Fachwörter werden meist nur für kurze Zeit behalten. Deshalb: Bei erneutem Auftauchen des Begriffes erneut die Erklärung mitgeben (jetzt kann i. d. R. ohne Informationsverlust die Reihenfolge erst Fremdwort, dann Erklärung gewählt werden).
- Schwierige Begriffe prägen sich leichter ein, wenn man sie zusätzlich liest. Wenn möglich Tafel, Flip-Chart, Overheadprojektor, Beamer etc. benutzen.

c) Konkretheit der Sprache

Das Maß dafür, wie konkret oder abstrakt ein Text ist, lässt sich nach Groeben/Günther (1978) leicht errechnen: Man zählt alle Hauptwörter, die in einem Text vorkommen. Dann werden gesondert die Hauptwörter gezählt, die eine der folgenden Endungen besitzen: **-enz, -heit, -ie, -ik, -ion, -ismus, -ität, -keit, -tur, -ung.** Jetzt bilde man folgenden Quotienten:

$$\frac{\text{Sa}}{\text{N}} = \text{Maß der Konkretheit des Textes}$$

Dabei heißt Sa: *Anzahl der Hauptwörter mit einer der zehn abstrakten Endungen* und N: *Anzahl aller Hauptwörter im untersuchten Text.* Sie erhalten so ein Ergebnis zwischen 0.00 und 1.00. Die Werte bedeuten:

- 0.00–0.05 sehr konkret
- 0.06–0.15 konkret
- 0.16–0.25 mittelmäßig
- 0.26–0.30 abstrakt
- 0.31–1.00 sehr abstrakt

Wenn Sie dieses Kapitel einschließlich der Überschrift, dieses Satzes und des Schlusssatzes auszählen, erhalten Sie: Sa = 4; N = 27:

$$\frac{Sa}{N} = \frac{4}{27} = 0.15$$

Die Sprache dieses Abschnittes ist also noch konkret, trotz des recht abstrakten Inhaltes.

3.1.3 Auswahl der Information

Durch das Kriterium „*Auswahl der Information*“ soll unangemessene Weitschweifigkeit vermieden werden.

Gesamtlänge
Die Gesamtlänge darf die Erwartung der Hörer in der speziellen Situation nicht überschreiten. Wird die erwartete oder die in dieser Situation übliche Gesamtlänge überschritten, schaltet der Hörer frühzeitig ab.

Länge einzelner Teile
Die Länge einzelner Teile soll ihrer Bedeutung in der Gesamtaussage entsprechen. Von der Länge eines Redeteiles schließt der Hörer häufig auf dessen Gewichtung. Bei Überlänge nicht wesentlicher Teile besteht die Gefahr der Unverständlichkeit der Gesamtaussage.

Details
Einzelheiten, Beispiele, Vergleiche, eingeschobene Erzählungen, Argumente etc. sind auf ihre Funktion im Gesamtzusammenhang zu prüfen. Vieles fällt dann wegen einer besseren Verständlichkeit des Gesamttextes weg.

Beste Übung: Erklären Sie ein komplexeres Spiel (Schafkopf, Skat, Bridge, Schach etc.). Hier lernen Sie, Wichtiges von Unwichtigerem zu unterscheiden, die wichtige und notwendige Information auszuwählen (siehe Arbeitsblatt *Verständlich sprechen*).

3.1.4 Anregung und Interesse

Unter *Anregung und Interesse* fassen wir alle Stilmittel zusammen, die motivieren können, weiter zuzuhören, die Aufmerksamkeit wecken und erhalten.

Hierzu gehören Ausrufe, wörtliche Rede, rhetorische Fragen zum Mitdenken, lebensnahe Beispiele aus der Erlebniswelt der Hörer, direktes Ansprechen des Hörers, Reizworte, witzige Formulierungen und vieles mehr.

! Die Bereitschaft zuzuhören und die Behaltensleistung eines Hörers hängen sehr eng zusammen; insofern kommen anregenden und interesseweckenden Inhalten und Stilmitteln erhebliche Bedeutung zu.

Auf drei Möglichkeiten, Interesse zu wecken, soll im Zusammenhang mit gesprochenen Texten besonders hingewiesen werden.

1. Hörer- und Situationsbezug
Damit ist gemeint, dass jedes Eingehen auf Probleme, Motive, Gefühle (und vielleicht auch Vorurteile) der jeweiligen Hörer, Berichte und Beispiele aus ihrem Kreis und das Aufzeigen der Bedeutung der besprochenen Sache Aufmerksamkeit wecken.

Hörerbezug heißt auch, auf der Sprach- und Sprechebene den Erwartungen und Befürchtungen der Hörer gerecht zu werden. In gleicher Weise ist es notwendig, die jeweilige Kommunikationssituation zu berücksichtigen. Jeder verbal hergestellte Bezug zur augenblicklichen Situation weckt zusätzliches Interesse.

2. Beispiele und Vergleiche
Anschauliche Beispiele und Vergleiche gestalten den Vortrag nicht nur abwechslungsreich, sondern sind auch wesentliche Hilfen zur Inhaltserfassung. Auf die Gefahr nicht passender Beispiele und schiefer Vergleiche sei nur hingewiesen.

Beispiele und Vergleiche sollten nicht der spontanen Eingebung überlassen werden, sondern genauso vorbereitet sein wie andere Inhaltsaspekte (und womöglich auch im Stichwortkonzept stehen, vgl. Kapitel 3.5).

3. Sprachliche Gestaltung
Zur sprachlichen Gestaltung gehören neben den unter Kapitel 3.1.2 genannten Merkmalen auch bewusst eingesetzte Stilmittel: sog. rhetorische Fragen, Ausrufe, direkte Rede u. v. m. Man erinnere sich an das bekannte Nietzsche-Wort: *Den Stil verbessern heißt auch, den Gedanken verbessern.* (Vgl. Kapitel 3.2.7)

3.1.5 Visuelle Hilfsmittel

In Sachvorträgen und Präsentationen kann die Verständlichkeit erheblich erhöht werden durch den sinnvollen Einsatz visueller Hilfsmittel. Hierzu zählen (neben der altbewährten Tafel, der Flip-Chart und Dias) der Overheadprojektor und heute vor allem der Beamer. Der Overheadprojektor bietet drei wesentliche Vorteile:

- Er ist ohne Vorbereitung einsatzbereit; die Folien werden einfach aufgelegt.
- Der Vortragsraum kann hell bleiben.
- Der Vortragende bleibt immer in Blickkontakt mit seinen Hörern.

Außerdem können auf den Overheadprojektor sowohl vorbereitete Folien aufgelegt werden als auch neue während des Vortrages (z. B. bei einer Verständnisfrage durch den Hörer) geschrieben werden.

Heute hat sich allerdings zumeist die PC-unterstützte Präsentation mit dem Beamer durchgesetzt. Das Ausdrucken von Folien entfällt, Präsentationen können schnell verändert und angepasst werden, Farben können zusätzlich die Verständlichkeit erhöhen (siehe auch Kapitel 3.3).

Diese Praktikabilität des Overheadprojektors und vor allem der Beamer-Präsentation mit den unendlichen Möglichkeiten der Animation ist auch eine Verführung und hat in vielen Fällen die Verständlichkeit nicht erhöht, sondern im Gegenteil herabgesetzt. Denn nicht alles Visuelle muss das Gesprochene sinnvoll unterstützen. Und jetzt werden schon die ersten Seminare nachgefragt mit dem Titel „Präsentieren ohne PowerPoint“. Für den Einsatz visueller Hilfsmittel sind die folgenden fünf Grundsätze zu beachten:

1. Jedes Umschalten zwischen auditiver und visueller Informationsaufnahme kostet Aufmerksamkeit. *Folgerung:*

> **!** Zeit lassen beim Umschalten, den neuen Informationskanal ankündigen etc.

2. Slides, Folien, Dias etc. dürfen nur das enthalten, was der Hörer auch lesen kann – und soll. *Folgerung:*

> **!** Weniger Visualisierung ist zumeist mehr.

3. Jedes Bild muss eine bestimmte Funktion haben. *Folgerung:*

> **!** Man frage sich, warum gerade jetzt dieses Bild, diese Folie gezeigt werden soll.

4. Was sich mühelos verbal ausdrücken und verstehen lässt, braucht nicht zusätzlich visuell dargeboten zu werden. *Folgerung:*

> **!** Folien sind kein Ersatz für ein Stichwortkonzept.

5. Viele Bilder sind erst interessant, wenn es mindestens 18 Stück pro Sekunde sind (dann ist es ein Film!). *Folgerung:*

> **!** Gerade für die Arbeit mit Overhead-Projektor und Beamer gilt: Vorsicht vor zu viel.

Zur Präsentationstechnik siehe Kapitel 3.3.

3.1.6 Hörergerechte Darbietung

Inwieweit ein Sprecher in seiner Darbietung eines Stoffes verständlich ist, hängt natürlich auch ganz wesentlich vom jeweiligen Hörer, dem Empfänger seiner Informationen, ab. Bedeutsame Variablen auf Hörerseite sind

- dessen soziale Schicht (d. h. inwieweit ist es der Hörer gewohnt, selbst in der Weise zu reden wie der Sprecher),
- sein Bildungsniveau,
- Vorinformationen (und Vorwissen über den Inhalt, der gerade vorgetragen wird) sowie
- die jeweilige (Zu-)Hörersituation.

Daneben gibt es aber auch weitere affektive, gefühlsmäßige, Einflussgrößen auf Seiten des Hörers:

- Einstellung zum Sprecher (das kann vom Aussehen bis zur politischen Richtung reichen),
- Einstellung zum Gesagten (ist man anderer Meinung, hört man oft gar nicht hin – und kann folglich auch nichts verstehen und behalten),
- Motivation (z. B. etwas – für eine Prüfung – behalten zu müssen),
- das allgemeine Interesse am Thema sowie
- die selektive (unbewusst auswählende) Wahrnehmung.

All das beeinflusst die Verständlichkeit auf Seiten des Hörers. Der Redner kann nicht all diese Faktoren beeinflussen; aber er muss sie überdenken und berücksichtigen, wenn er spricht. Nur dann kann er davon ausgehen, bei den Hörern auch „anzukommen“, und das heißt in diesem Zusammenhang: verstanden zu werden.

3.1.7 Sprechweise

In Kapitel 2.4 wurde bereits ausführlich auf die Sprechweise eingegangen. Unsere Untersuchungen haben ergeben, dass auch schwierige Texte noch recht gut zu verstehen sind, wenn sie *verständlich vorgetragen* werden – und umgekehrt: Der beste *Text* nützt nichts, wenn der Sprecher gegen die wichtigsten Grundsätze verständlichen Sprechens verstößt. Sie seien deshalb hier noch einmal zusammengefasst:

1. Viele Stimmsenkungen

Am Ende eines Gedankens ist es notwendig, mit der Stimme deutlich herunterzugehen. So signalisiert man dem Hörer: „Gedankenende!“; er kann sich auf den nächsten Gedanken einstellen. Die Verständlichkeit eines Sprechers, einer Sprecherin hängt wesentlich von der Zahl der Stimmsenkungen ab! Hier kann nur die häufige Überprüfung helfen.

2. Keine überhöhte Stimmlage

Wir sprachen bereits vom „Brustton der Überzeugung“. Dieser Brustton, wie man in der Umgangssprache sagt, also die nicht verspannte, natürliche Sprechstimmlage, ist auch für das informierende Sprechen von großer Bedeutung. Ein *stetes* Überschreiten des Hauptsprechtonbereiches, also ein zu hohes Sprechen über einen längeren Zeitraum, beeinträchtigt die Verständnisfähigkeit des Hörers. Deshalb ist ein Achten auf die Stimmlage besonders wichtig – auch wenn man informieren will. Der *Brustton der Überzeugung* ist also auch der *Brustton der Information*!

3. Sinnvolle Betonung

Ein häufiger Fehler ist, zu deutlich sprechen zu wollen – und d. h. oft: zu viel zu betonen. Man merke sich eine Faustregel: In einem Satz hat immer nur *ein Wort* den Hauptakzent. Zu viele Betonungen lassen das Wesentliche nicht mehr erkennen – die aufgenommene Information ist willkürlich, die Verständlichkeit eines Textes sinkt!

4. Angemessene Sprechgeschwindigkeit

Wir hörten schon: das heißt nicht einfach „sprich langsam“. Angemessene Sprechgeschwindigkeit heißt: Sprich nicht so schnell, dass alles ineinander geht, aber auch nicht so langsam, dass die einzelnen Sätze ‚auseinander fallen‘. Stattdessen sind deutliche und ausreichend lange Pausen notwendig! Unter dem Gesichtspunkt der Verständlichkeit ist ein eher etwas schnelleres Sprechen – mit Stimmsenkungen – günstig (s. o.).

5. Deutliche Artikulation

Das heißt: deutliche Aussprache statt „laut und undeutlich“. Das hat mit der Frage nach dem Dialekt noch nicht einmal etwas zu tun: Man kann im Dialekt wie in der Standardaussprache deutlicher und undeutlicher sprechen. Das Maß der Deutlichkeit hängt von der Situation und der Größe sowie der Akustik des Raumes ab.

6. Abwechslungsreiches Sprechen

Das Beachten der ersten fünf Punkte gewährleistet ein abwechslungsreiches Sprechen. Langweiliges, monotones Sprechen zwingt zum Abschalten. Darüber hinaus ist der Hörer auch gar nicht in der Lage, Wichtiges von Unwichtigem zu unterscheiden.

Wichtiges Merkmal des verständlichen Sprechers ist deshalb: variationsreich sprechen zu können.

Verständlich Sprechen

Verständliches Sprechen muss trainiert werden. Hier einige Trainingshinweise:

- Übersetzen Sie Zeitungsartikel in mündliche Sprache.
- Erklären Sie einen Begriff aus dem eigenen Arbeitsfeld für Laien.
- Erklären Sie ein Spiel.
- Geben Sie eine mündliche Gebrauchsanleitung (z. B. zu einem Gerät, einer Maschine etc.).

Diese Übungen nach Möglichkeit aufnehmen oder einem Hörerkreis vortragen und nach den Gesichtspunkten des vergangenen Kapitels analysieren.

Übung

Übersetzen Sie den folgenden Paragraphen des BGB in verständliche und ansprechende Sprache. Definieren Sie vorher genau die Zielgruppe (Jugendliche, Kollegen etc.), vor der Sie sprechen wollen.

§ 839 Amtsverpflichtung

„Verletzt ein Beamter vorsätzlich oder fahrlässig die ihm einem Dritten gegenüber obliegende Amtspflicht, so hat er dem Dritten den daraus entstehenden Schaden zu ersetzen. Fällt dem Beamten nur Fahrlässigkeit zur Last, so kann er nur dann in Anspruch genommen werden, wenn der Verletzte nicht auf andere Weise Ersatz zu erlangen vermag. [...]“

Alle Fehler verzeihe ich gern,
nur nicht Fehler in der Disposition.
(Herder)

3.2 Gliederung

Seit der antiken Rhetorik nehmen Fragen der Redegliederung in allen Lehrbüchern einen breiten Raum ein.

Redethema, Zielgruppe, Redeabsicht und Redesituation bedingen eine jeweils eigene Gliederung, die gut durchdacht sein will. Nicht einmal die Binsenweisheit, eine Rede bestehe immer aus Einleitung, Hauptteil und Schluss, stimmt für alle Fälle.

In diesem Kapitel finden Sie Grundsätze zum Rede*einstieg*, zum Rede*schluss* und Beispiele und Hinweise für die „Informative Kurzrede", den Sachvortrag, die Präsentation, die Meinungs- und Verhandlungsrede.

Alle diese Beispiele für den möglichen Redeaufbau sollen zum Nachdenken anregen und können helfen, die für die jeweilige Redesituation und das jeweilige Redethema günstigste (und das heißt eben: immer wieder neu zu findende) Gliederung zu erstellen.

Auf die Bedeutung gegliederten Sprechens wurde bereits in Kapitel 3.1.1 ausführlich hingewiesen. Die Verständlichkeit eines Textes hängt primär von einer sachlogischen und zielgruppenbezogenen Gliederung ab, die der Hörer während des Vortrages nachvollziehen kann.

Bleibt zu betonen: Gliederungen ersetzen keine Argumente. So musste auch der häufig kopierte Versuch, Sprechdenken und Reden in sog. 5-Sätze zu pressen, scheitern.

Gliederungen dienen im positiven Sinne als „Verständlich-Macher": sowohl für das eigene Sprechdenken als auch für den Verstehensprozess der Zuhörenden – und damit letztlich der gegenseitigen Verständigung.

Und alles effektive und verständliche Reden beginnt mit dem Einstieg: „Wer das erste Knopfloch verfehlt, kommt mit dem Zuknöpfen nicht zu Rande." (Goethe, Maximen und Reflexionen)

3.2.1 Einstieg und Schluss

Redeeinstieg

Die Bedeutung des Redeeinstiegs, der sog. Einleitung, erkannte nicht erst die moderne Rhetorik. Bereits Cicero schreibt:

> „Die Eingänge der Reden aber müssen mit Sorgfalt und Scharfsinn ausgearbeitet, reich an Gedanken, treffend im Ausdruck und ganz besonders den Gegenständen der Verhandlungen angemessen sein. Denn die erste Beurteilung und Empfehlung des Redners liegt gewissermaßen im Eingang, und dieser muss den Zuhörer sofort einnehmen und anziehen." (Cicero, De oratore, 2, 375; vgl. auch Aristoteles, Rhetorik, 3, 14, 1414 b)

! **Aufmerksamkeit, Interesse für die Sache, innere Einstellung des Hörers zum Sprecher und zum Inhalt entscheiden sich zu Beginn der Rede.**

Untersuchungen haben gezeigt, dass Zuhörer sehr schnell ein Urteil über den Redenden fällen und im Folgenden nicht mehr vorurteilsfrei zuhören. So entscheiden sich Zuhörbereitschaft und Überzeugungsbereitschaft etwa in den ersten drei Minuten, manche Untersuchungen geben noch kürzere Zeiträume an, am Anfang von Fernsehsendungen scheint dieser Prozess bereits nach ca. 45 Sekunden abgeschlossen zu sein.

Hieraus folgt, dass dem Einstieg in allen Präsentations- und Redesituationen eine besondere Bedeutung zukommt.

Man kann ohne Einschränkung feststellen:

> Ein missglückter Präsentationsbeginn kann nur schwer wieder korrigiert werden.
>
> In den ersten Minuten entscheidet der Hörer intuitiv und pauschal über
>
> - Fachkompetenz und Sicherheit des Sprechers,
> - Kommunikationsfähigkeit und -willigkeit des Sprechers,
> - (zu erwartende) Qualität des Inhalts,
> - (zu erwartende) Nützlichkeit des Inhalts für ihn selbst.
>
> Gerade am Anfang einer Rede gilt: Hohe Konzentration auf das, was man sagt und wie man es sagt – und eine gute Vorbereitung gerade der Einstiegsphase.

Nun müsste man annehmen, wenn der Einstieg für die Zuhörenden so wichtig ist, dann hören sie auch aufmerksam zu und können sich von dem, was gesagt wird, auch viel merken.

Und genau das ist nicht der Fall. Heute weiß man:

> Der Inhalt eines Präsentationsbeginns wird zu einem großen Teil vergessen.

Denn in den ersten Minuten ist die Aufnahmekapazität des Hörers sehr gering. Der muss sich ja erst mal gewöhnen u. a. an

- die Situation,
- die Persönlichkeit des Sprechers, der Sprecherin
- Stimme und Sprechweise,
- die Qualität des Inhalts und nicht zuletzt an
- Terminologie und Syntax.

> Kurze Sätze, Zusammenfassung und Nachstrukturierung (z. B. durch die Agenda) nach ca. drei Minuten!

Interesse und Behaltensleistung stimmen also nicht überein. Abbildung 6 kann das – aufgrund eigener Untersuchungen an der Universität Regensburg – am Beispiel einer Präsentation von 30 Minuten mit drei Hauptteilen exemplarisch darstellen.

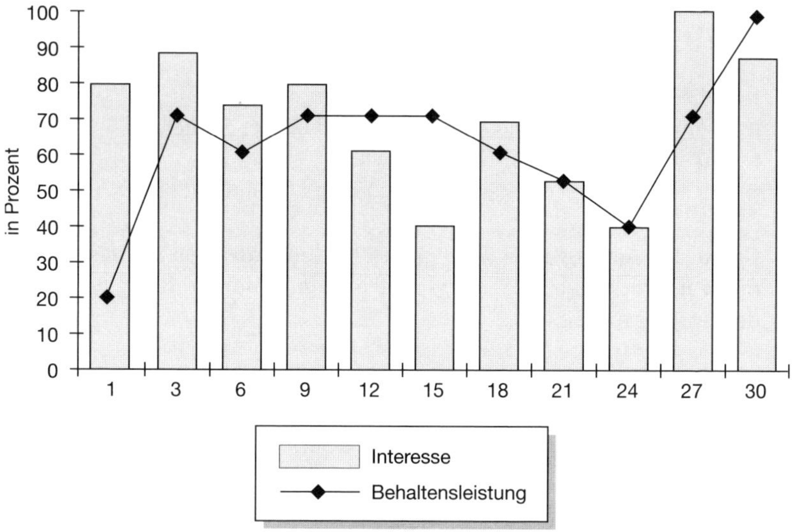

Abbildung 6: Interesse und Behaltensleistung stimmen nicht immer überein.

1. Min.: Das Wichtigste
3. Min.: Vorstrukturierung
9. Min.: 1. Zusammenfassung
18. Min.: 2. Zusammenfassung
27. Min.: 3. Zusammenfassung
30. Min.: Die Botschaft

Fassen wir also noch einmal zusammen: Womit sollten man also eine Präsentation, eine Rede, einen Vortrag beginnen?

!

Man beginne immer mit dem, was den Hörer im Augenblick am meisten interessiert, was er erwartet, was für ihn am stärksten zeigt, dass der Redende ihn verständlich und kompetent informieren will. Gerade für Präsentationen heißt das: Man suche nichts, was nicht mit der Sache zu tun hat.

In unserem Kulturkreis heißt das häufig, dass auflockernde Bemerkungen, Kontakt herstellende Äußerungen erst an zweiter Stelle kommen. (Zum notwendigen „Überblick am Anfang“ siehe oben, Kapitel 3.1.1) In der Tat ist gerade der Redeanfang interkulturell sehr unterschiedlich, die „sich entschuldigende Höflichkeit“ vieler asiatischer Kulturen oder der „Gag am Anfang“ in vielen amerikanischen Vorträgen stehen hier nur beispielhaft (vgl. Kapitel 7).

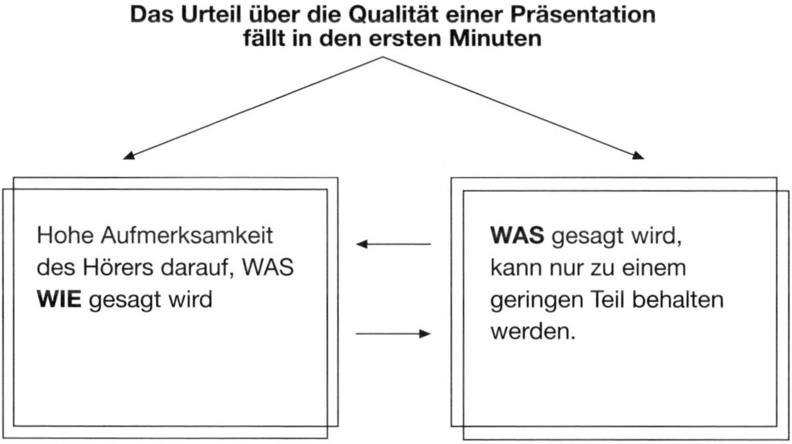

Abbildung 7: Der Präsentationsbeginn

Für sog. situative Reden – zu Feiern, Festen, bestimmten Anlässen – gelten andere Regeln. Hier wird häufig einer der folgenden Einstiegsmöglichkeiten gewählt, die u. a. Lemmermann (2000) sehr anschaulich darstellt:

1. Vorspanntechnik
Sie dient der Auflockerung der Atmosphäre, z. B. durch

- eine heitere Einstiegsbemerkung,
- persönliche Ansprache,
- Hörerbezug,
- Situationsbezug etc.

2. Aufhängertechnik
Sie gibt bereits eine erste „schlaglichtartige Erhellung“ der zu behandelnden Inhalte, z. B.:

- zeit- oder ortsnaher Anlass, Aktualität
- kurze Beispiele
- parallele Fälle etc.

3. Denkreiztechnik
Sie dient der Aufmerksamkeitsweckung, oft aber auch der manipulativen Vorinformation z. B. durch ganze Bündel

- unkommentierter Fragen,
- unkommentierter Fakten,
- unkommentierter Meinungen.

Allgemeine Hinweise zum Redebeginn

- Interesse an der eigenen Person nicht überschätzen;
- Komplimente nicht unterschätzen (– mit Vorsicht!);
- Informationsdichte besonders beachten, die Verständlichkeit steigt deutlich mit der Zeit, s. o.;
- Kontrolle der nonverbalen Ausdrucksmittel, vor allem: Sprechtempo, Lautstärke, Sprechgeschwindigkeit, Blickkontakt, Haltung;
- genaue Ankündigung und eventuelle Einschränkung des Redethemas;
- Überblick, Disposition, Agenda, s. o.

Vermeiden Sie am Anfang Hinweise

- darauf, dass Sie unvorbereitet sprechen o. Ä.,
- darauf, die zur Verfügung stehende Zeit reiche nicht aus,
- auf Indisposition (z. B. Erkältung etc.),
- auf die (vor allem zu geringe) Zahl der Zuhörer,
- auf ein unangenehmes Befinden in dieser Situation (Ausnahme: Hörer haben gleiche Empfindungen).

Alle diese Hinweise am Anfang senken den sog. Erwartungshorizont der Hörer, bestimmen sein selektives Hören.

Ein Teil der oben angeführten Einschränkungen kann zwar im Verlauf einer Rede durchaus notwendig sein (vielleicht sogar unbedingt notwendig), aber eben nicht am unmittelbaren Redeanfang. Auch hier sei noch einmal auf interkulturelle Unterschiede hingewiesen (siehe Kapitel 7).

Ende gut,
alles gut.
(Redewendung)

Das Geheimnis zu langweilen
besteht darin, alles zu sagen.
(Voltaire)

Redeschluss

Auch dem Schluss einer Rede kommt eine besondere Bedeutung zu. Prägt der Redebeginn die Einstellung des Hörers, seinen Erwartungshorizont, innerhalb dessen er den gesamten Vortrag aufnimmt – oder nicht oder nur teilweise oder falsch! –, so trägt der Redeschluss entscheidend dazu bei, was behalten wird und ob – falls gewünscht – eine Reaktion eintritt, eine Meinungsänderung erfolgt, ob den Worten „auch Taten folgen".

Der Redeschluss bringt den Inhalt der Rede noch einmal verdichtet zum Ausdruck; oder wie es vor fast 2.500 Jahren im Dialog zwischen Sokrates und Phaidros heißt:

> S.: „Alle sind sich über den Schluss der Rede wohl einig; nur dass einige ihn ‚zusammenfassende Wiederholung' nennen, andere anders." Ph.: „Dass man die Zuhörer also zum Schluss an das Gesagte in einem kurzen Überblick noch einmal erinnern soll, meinst Du das?" S.: „Das meine ich."

Diese *zusammenfassende Wiederholung* soll im Sachvortrag die letzte Klarheit bringen und die wichtigsten Ergebnisse in ihrem Kern noch einmal verdeutlichen. In der Meinungsrede münden abschließend die wichtigsten Gedanken in einem klar formulierten, verstehbaren „Zielsatz", der die Intention der Rede prägnant zum Ausdruck bringt und dem Hörer somit die Möglichkeit eröffnet, der Einstellung des Redners zu folgen.

Viele Reden „versanden“ einfach, der Schluss wird zerredet, das Ende hinausgezögert. Schon so mancher scheint das Goethewort „Dass du nicht enden kannst, das macht dich groß“ irrtümlich auf Redesituationen bezogen zu haben. Doch für die Rede gilt schon eher, dass „ein Ende mit Schrecken“ immer noch besser ist als „ein Schrecken ohne Ende“.

Auf die Gefahr, die Redezeit zu überziehen, wird in der Rhetorik oft hingewiesen. Wenn aber der Schluss von besonderer rhetorischer Bedeutung ist und gerade die Schlussworte gut in Erinnerung bleiben, dann ist es besonders wichtig, dass der Redner auch rechtzeitig zu dem von ihm vorbereiteten Schlussteil kommt, um nicht gerade hier in Zeitnot zu geraten oder den wichtigsten, den Schlussteil seiner Rede zu einer Zeit vorzutragen, in der die Zuhörer bereits nicht mehr zuhörbereit sind.

Ankündigungen wie *„Zum Schluss …“* oder *„Abschließend …“* oder *„Am Ende meiner Ausführungen …“* erhöhen noch einmal für kurze Zeit die Aufmerksamkeit des Hörers und können daher bewusst vor die Zusammenfassung der wichtigsten Gedanken oder den Schlussappell gesetzt werden. Nur: Sie müssen dann auch schnell zum Schluss kommen.

Sonst folgen Sie der ironisch gemeinten Aufforderung Tucholskys (in seinen „Ratschlägen für einen schlechten Redner“): „Kündige den Schluss deiner Rede lange vorher an, damit die Hörer vor Freude nicht einen Schlaganfall bekommen. Kündige den Schluss an, und dann beginne deine Rede von vorn und rede noch eine halbe Stunde. Dies kann man mehrere Male wiederholen.“

Und ein wichtiger Hinweis für Einstieg und Schluss zugleich:

!

Für wichtige Redesituationen ist empfehlenswert, den Redebeginn und -schluss vorher schriftlich zu notieren. Das gibt die Sicherheit, dass gerade diese wichtigen Redeteile trotz eventueller Nervosität in der vorbereiteten und gewünschten Weise dem Hörer optimal vermittelt werden.

3.2.2 Informative Gliederungen

Die informative Kurzrede

Oft ist es notwendig, in kurzer Zeit prägnant und gezielt zu informieren. Der Journalismus kennt für die schriftliche Nachricht einen Aufbau, bei dem das Wichtigste an den Anfang gehört; die Nachricht wird insgesamt nach abnehmender Wichtigkeit gegliedert. Auf diese Weise kann die Nachricht von hinten her beschnitten werden, die Hauptinformation bleibt erhalten (vgl. u.a. La Roche 2006).

Dieses Prinzip findet sich nicht nur in nahezu allen Zeitungsnachrichten; der Aufbau gilt auch für die mündliche Kurzinformation. Als Hilfestellung kann das Schema in Abbildung 8 nützlich und einprägsam sein (nach Bartsch 1985).

Abbildung 8: Gliederungsaufbau nach Bartsch 1985

Zu „*Gegenwart im Überblick*“
Das Wichtigste wird am Anfang zusammengefasst – hier steht die notwendige Information. Schnell, knapp und klar ist der Hörer über das Wesentliche in ein oder zwei Sätzen informiert. (Im Journalismus heißt diese umfassende Kurzinformation am Anfang „Lead“.) Der erste

Schritt antwortet auf eine der für *diese* Nachricht wichtigsten sechs *W*s: Wer, Was, Wo, Wann, Wie, Warum?

Zu „*Gegenwart im Einzelnen*"

Der zweite Schritt präzisiert, nennt Einzelheiten, beantwortet weitere *W*s. Es schließen sich möglicherweise viele weitere *W*s an („welche ...", „was für ein ..." etc.).

Zu „*Vergangenheit*"

Erst nach dieser Information folgen die Hintergründe, geht der Sprecher auf die Frage ein: „Wie kam es dazu?" Die informative Kurzrede geht also in der Regel *nicht chronologisch* vor.

Zu „*Zukunft im Einzelnen*"

Ereignisse haben Folgen. Ein neuer Wissensstand fordert vielleicht bestimmte Schritte etc. Die Auswirkungen der Hauptinformation (Teil 1) werden jetzt genannt.

Zu „*Zukunft im Überblick*"

Abschließend stehen weitere Entwicklungen, ein Blick in die „fernere Zukunft", generelle Bemerkungen etc. Hier findet sich auch häufig die Stellungnahme, die Bewertung der Information.

Dieser Aufbau gilt für alle Nachrichten, die *nicht* vornehmlich der Unterhaltung dienen. Man unterscheidet im Journalismus zwischen sog. harten und weichen Nachrichten („hard news" und „soft news"). Letztere werden nach ihrer bestmöglichen Wirksamkeit (etwa auf die Pointe hin) aufgebaut. Sie haben eben nicht die primäre Aufgabe des Informierens.

! Die „harte Nachricht" geht immer vom Wichtigsten am Anfang aus; die weitere Gliederung gehorcht dann dem Prinzip abnehmender Wichtigkeit: in der schriftlichen wie vor allem auch in der mündlichen Information.

Sachvortrag, Referat, Präsentation

Die eigentliche Gliederung des Stoffes ergibt sich aus der jeweiligen Thematik, Redesituation und Redeabsicht. Darüber hinaus aber lassen sich für Sachvorträge, Referate und Präsentationen einige allgemeingültige Grundsätze für die Gliederung angeben.

Wir unterscheiden fünf Redeschritte:

1. **Genaue Nennung des Themas und seiner Bedeutung**
   Die folgenden Informationen können umso besser verstanden werden, je deutlicher der Hörer weiß, worum es geht – und warum sich das Zuhören für ihn gerade jetzt bei gerade diesem Vortragenden lohnt. Deshalb stehen am Anfang das exakte Umreißen des Themas und die Hervorhebung der besonderen Bedeutung dieses Vortrags, dieses Referates bzw. dieser Präsentation.

2. **Kurzer Überblick über die wesentlichsten Ergebnisse der folgenden Präsentation („summary")**
   Spätere Details können leichter aufgenommen werden und – wenn nötig – behalten werden, wenn den eigentlichen Ausführungen ein kurzer Überblick über die wichtigsten Ergebnisse vorangestellt wird. Außerdem weckt das Summary das Interesse für die anschließenden Details.

3. **Grobgliederung, Vorstrukturierung, Agenda**
   In diesem Redeschritt werden die späteren Ausführungen vorstrukturiert, der spätere Gedankengang verdeutlicht und evtl. Themaeinschränkungen und Ausklammerungen begründet. Vorsicht: Übergenaue Detailgliederungen, die ohnehin nicht aufgenommen und behalten werden können, sind langweilig und fördern das Abschalten der Hörer. Dennoch: Vor der Sachinformation steht immer die Grobgliederung der Schwerpunkte in verständlicher, hörergerechter Form (s. o., Kapitel 3.1.6). In Präsentationen wird diese zumeist visualisiert, s. u.

4. **Sachinformation**
   Zur Gliederung der eigentlichen Sachinformation lassen sich keine allgemeinen Regeln aufstellen. Wichtig ist aber, dass die einzelnen Teile des Vortrags deutlich voneinander abgesetzt werden; das gilt besonders auch dann, wenn auf die Information die

eigene Meinung folgt. Günstig ist es zumeist, einen Redeteil durch eine kurze Zwischenzusammenfassung abzuschließen und den neuen Teil deutlich zu beginnen: durch eine Frage zum Beispiel oder durch sog. „Zwischenüberschriften“ bzw. durch das deutliche Hinweisen auf den nächsten Agenda-Punkt.

5. **Ergebnis**
   Ein Sachvortrag endet i.d.R. mit einer abschließenden Zusammenfassung der wichtigsten Ergebnisse und eventuell mit einem Ausblick auf weitere Ausführungen, spätere Arbeiten, vielleicht noch offene, unbeantwortete Fragen, den Übergang zur Diskussion etc. Sollen die wesentlichen Gedanken behalten werden, ist es empfehlenswert, den Schlussteil der Präsentation deutlich anzukündigen. Zum Referieren und Präsentieren mit Medien siehe Kapitel 3.3.

Bleibt abschließend zu bemerken:

Hörer bleiben höchstens über die Zeitspanne hinweg aufmerksam, die vorher für den Vortrag angekündigt wurde bzw. die in der jeweiligen Situation üblich ist. Damit beantwortet sich auch die Frage: Wie lange darf ein Vortrag dauern? – Haben sich Hörer auf ein zweistündiges Grundsatzreferat in einer wichtigen Situation eingestellt, ist es durchaus möglich, auch so lange zu sprechen. Sind sie aber auf einen 30-minütigen Vortrag eingestellt, ist die Aufmerksamkeit nach einer halben Stunde eben vorbei, Nervosität macht sich breit.

! Gerade auch bei Sachvorträgen und Präsentationen immer die Redezeit kontrollieren, auch schon bei der Vorbereitung! Vielen geht es so, dass sie am Ende der geplanten Zeit das Wichtigste noch nicht untergebracht haben, und es ist zumeist schade, dass gerade die vielleicht wichtigsten Passagen des Vortrages gekürzt werden müssen. Hilfe vieler professioneller Redner und Rednerinnen: Im Stichwortkonzept bereits „Zwischenzeiten“ vermerken. Man sieht mit einem Blick, ob der Zeitplan noch stimmt, und kann rechtzeitig reagieren und die noch offenen Inhalte dem zeitlichen Rahmen anpassen.

3.2.3 Argumentative Gliederungen

Argumentative Kurzrede: Argumentationsstrukturen

Die folgenden Argumentationsstrukturen helfen beim logischen Aufbau einer Rede oder eines Diskussionsbeitrages. Ziel ist, in minimaler Vorbereitungszeit maximal verständlich sprechen zu lernen, in Rede- und Diskussionssituationen; das erfordert intensive Übung.

Darüber hinaus ist es für die angewandte Rhetorik von grundsätzlicher Bedeutung, über das logische Verhältnis einzelner Argumentations- und Redeteile bei der Konzeption einer Rede wie eines Diskussionsbeitrages nachzudenken.

Wer argumentiert, will seine Meinung begründen oder andere Meinungen berichtigen oder verschiedene Meinungen vergleichen. !

Je nach Absicht des Sprechers muss sich auch der Aufbau der Argumentation unterscheiden – ganz unabhängig von Qualität, Quantität und Art der Argumente. Nur eine klare Gliederung gewährleistet eine verständliche und nachvollziehbare Argumentation. Diese Gliederung nennen wir *Argumentationsstruktur*. Das Erarbeiten dieser Strukturen dient der besseren Anordnung von Argumenten. Diese Strukturen haben nicht Manipulation zum Ziel, sondern dienen der Klarheit des Ausdrucks, erleichtern den Zuhörenden das Verstehen.

Die einzelnen Argumentationsstrukturen lassen sich drei verschiedenen Klassen zuordnen:

a) Begründen
b) Berichtigen
c) Vergleichen

Allen Argumentationsstrukturen gemeinsam ist ihr Situationsbezug am Anfang (die Argumentation steht nie im „luftleeren Raum“) und die aus der Argumentation folgende Konsequenz (ohne die jede Argumentation zwecklos wäre):

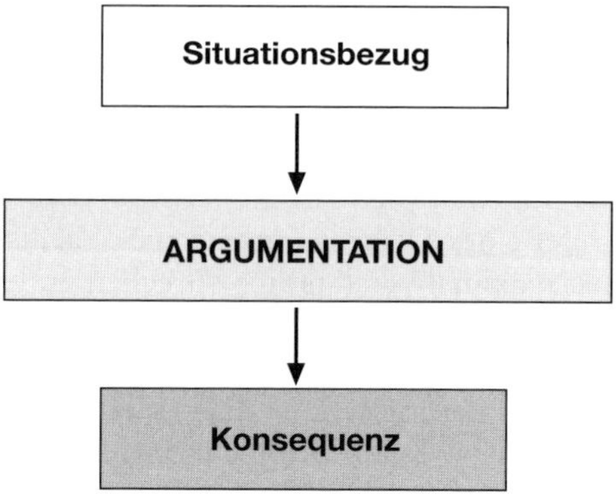

Abbildung 9: Argumentationsstruktur

Während sich der Situationsbezug jeweils neu ergibt und den kommunikativen Zusammenhang (z. B. durch Anknüpfen an frühere Äußerungen anderer) herstellt, führt die eigentliche Argumentation zu einer logischen Konsequenz, der Kernaussage dieser Argumentation. Diese Aussage fasst der Sprecher gedanklich zuerst – noch vor der „Planung“, vor dem Aufbau der Argumentation also. Die gesamte Argumentationsstruktur ist so aufzubauen, dass der angesprochene Partner die Gedanken nachvollziehen und so auch neue oder andere Sichtweisen leichter akzeptieren kann.

Die Argumentationsstrukturen sind als Grundmuster argumentativen Sprechens in Rede und Gespräch zu verstehen. Sie können erweitert und untereinander vielfältig kombiniert werden.

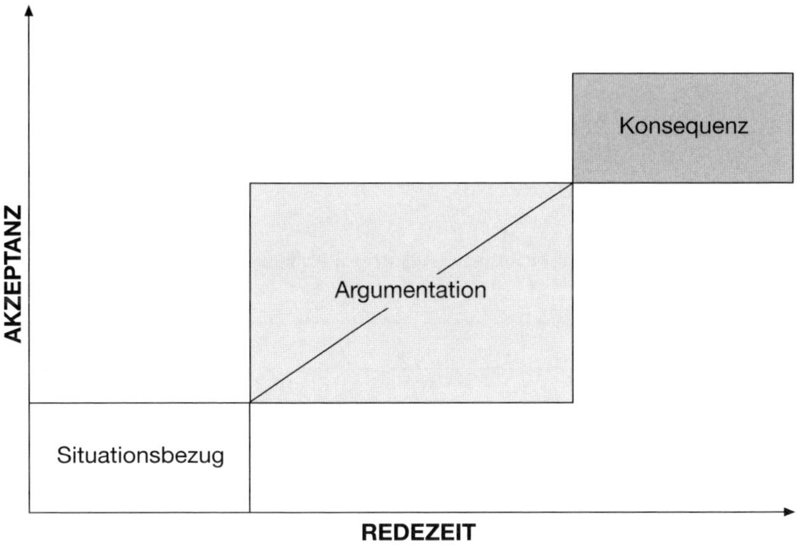

Abbildung 10: Vom Zuhören zum Handeln

Die im Folgenden vorgestellten Modelle verdeutlichen unterschiedliche Gliederungen der Argumentation. Ein konsequentes Trainieren dieser Argumentationsstrukturen verbessert rhetorisch-sprachliche Leistung erheblich.

a) Begründen

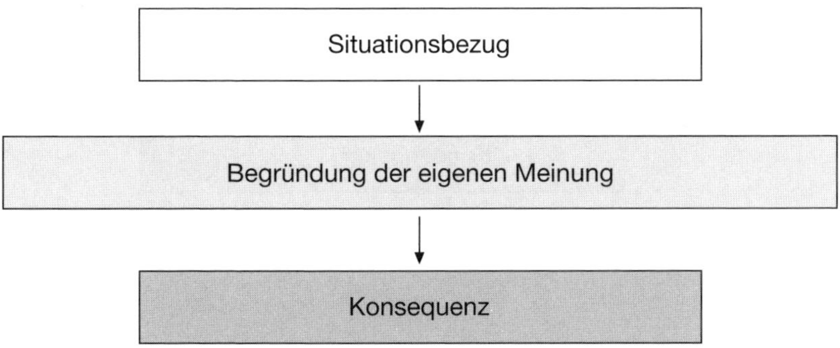

Abbildung 11: Allgemeines Modell *Begründen*

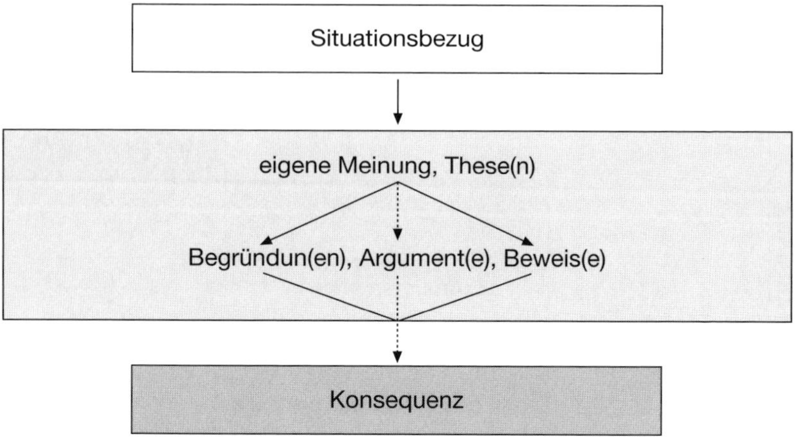

Abbildung 12: Argumentationsstruktur *Beweisführung*

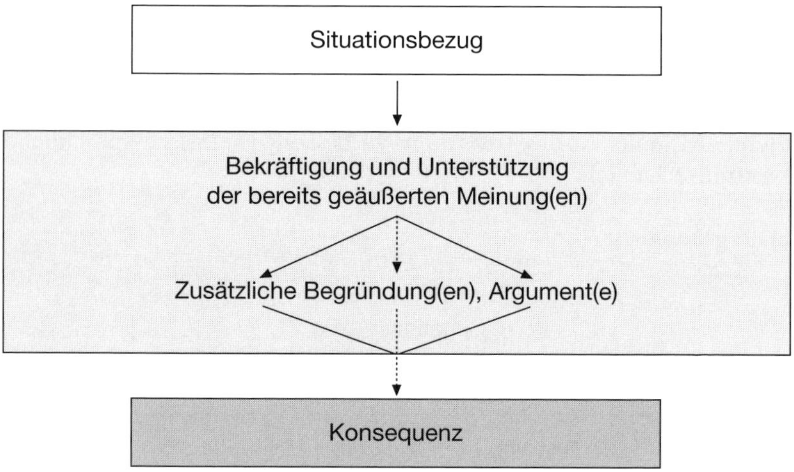

Abbildung 13: Argumentationsstruktur *Zustimmung*

b) Berichtigen

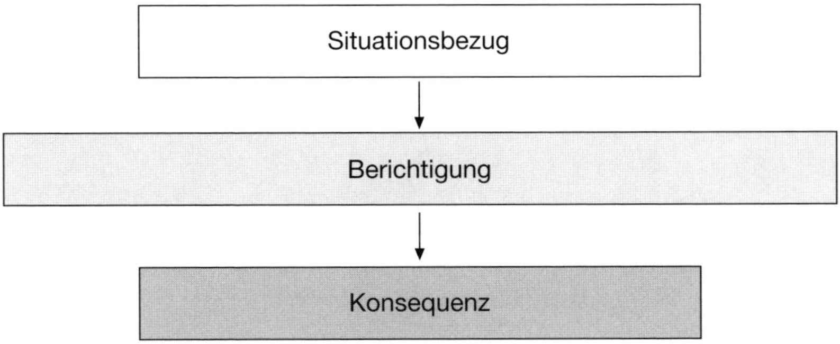

Abbildung 14: Allgemeines Modell *Berichtigen*

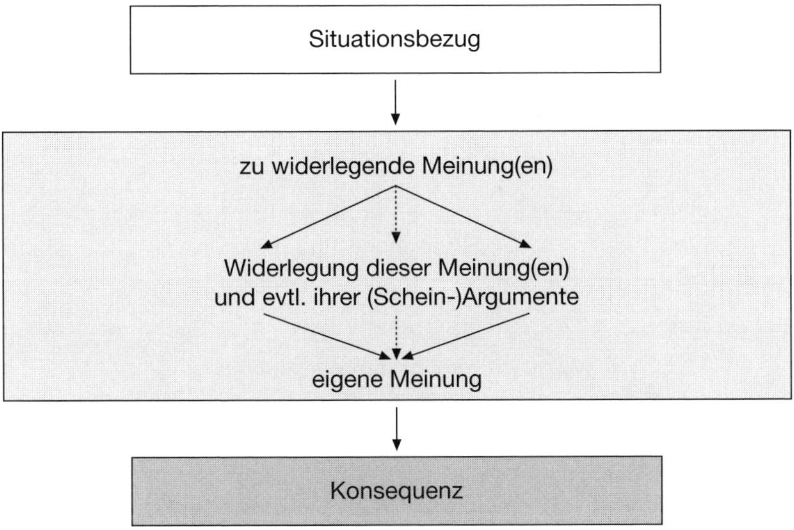

Abbildung 15: Argumentationsstruktur *Widerlegung*

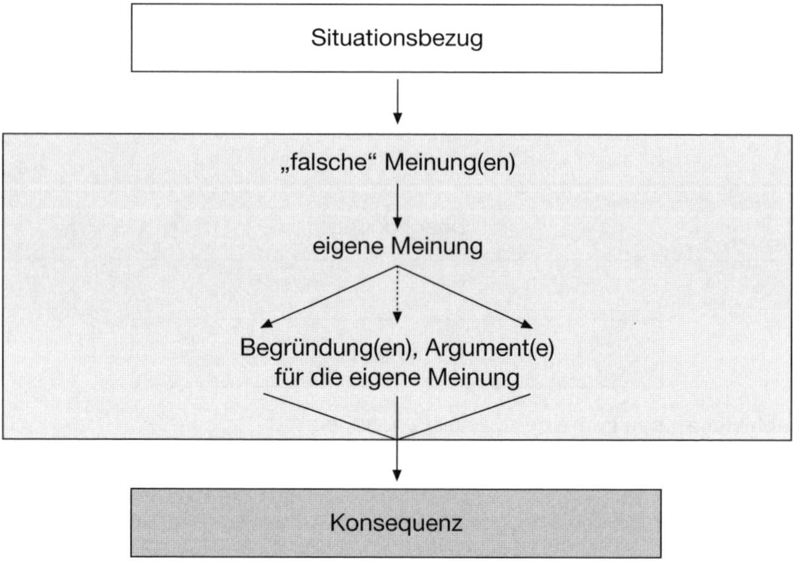

Abbildung 16: Argumentationsstruktur *Widerspruch*

c) Vergleichen

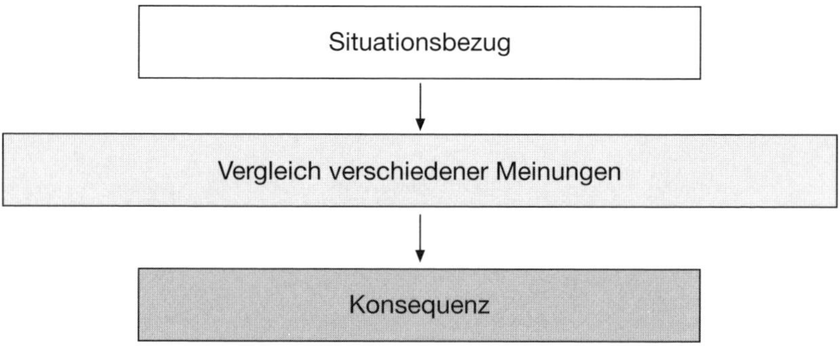

Abbildung 17: Allgemeines Modell *Vergleichen*

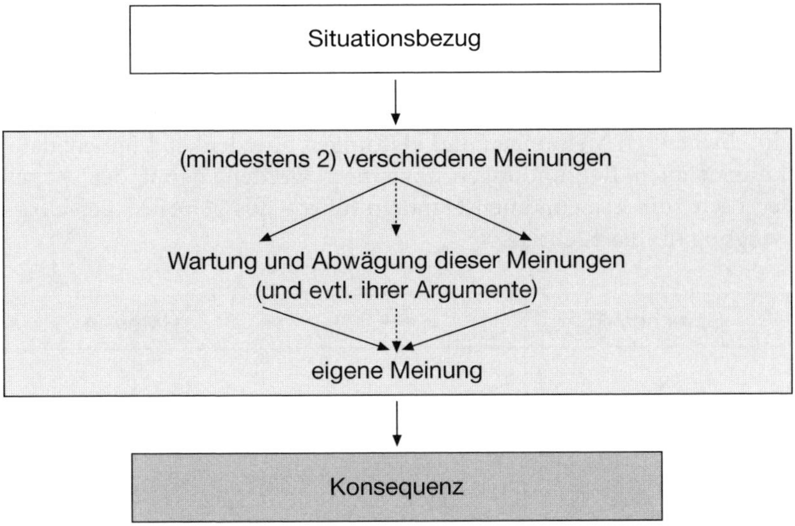

Abbildung 18: Argumentationsstruktur *Wertung*

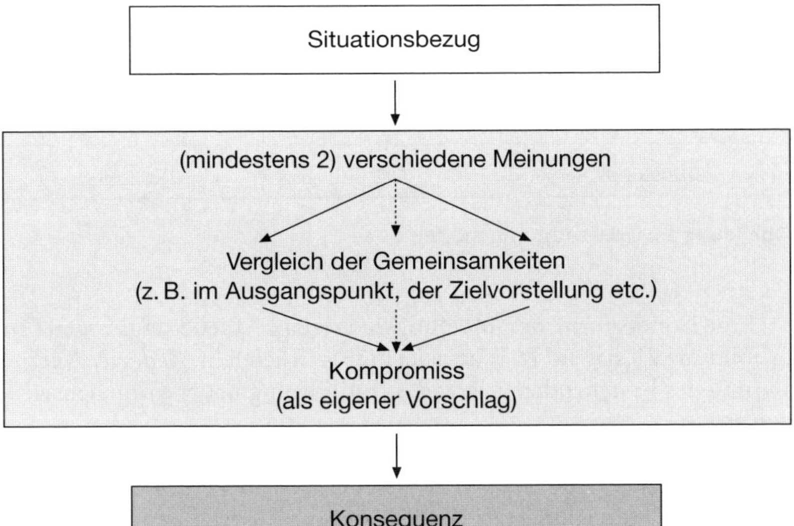

Abbildung 19: Argumentationsstruktur *Kompromiss*

Meinungsrede: das klassische „Statement“

Wer überzeugen will, muss so motivieren, dass andere ihm zuhören; er muss verständlich informieren und so Stellung beziehen, dass andere ihre bisherigen Meinungen und Haltungen überdenken können; dann können auch Begründungen akzeptiert werden, damit der Appell letztlich zum gemeinsamen Handeln führt – aus gemeinsamer Überzeugung für das Richtige.

Sprecher/-in	↔	Hörer/-in
↓		↓
motivieren	→	zuhören
↓		↓
informieren	→	verstehen
↓		↓
Stellung nehmen	→	nachdenken
↓		↓
begründen	→	akzeptieren
↓		↓
appellieren	→	handeln

Abbildung 20: Überzeugungsmodell

Eine Sonderform der Meinungsrede zeigt Gliederungsschema in Abbildung 21, das auf R. Wittsack (1935) zurückgeht. *Redeziel:* Veränderung des bestehenden Zustandes, Einführung neuer Vorgehensweisen etc.

Die Reihenfolge in Abbildung 21 ist immer dann richtig, wenn die angesprochenen Zuhörenden wahrscheinlich nicht der eigenen Ansicht sind. Dann sollte stets der Schritt Soll-Zustand dem Schritt Ist-Zustand vorausgehen. Das Überzeugen ist leichter und der Prozess durchschaubarer, also letztlich ehrlicher, wenn die gewünschte Richtung von Anfang an klar ist.

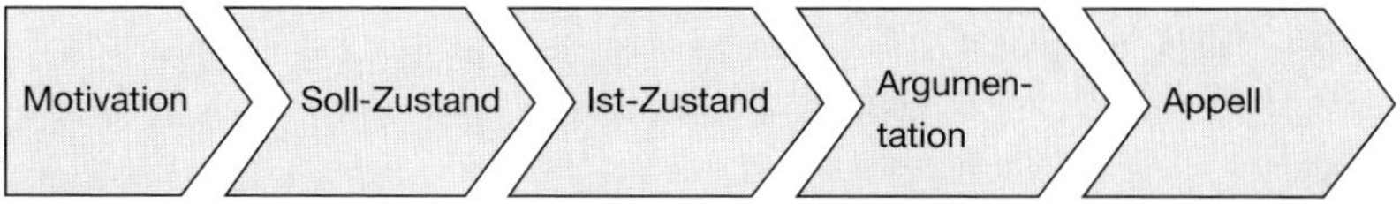

Warum spreche ich?	**Was sollte sein?**	**Wie ist es jetzt?**	**Wie könnte man jetzt vorgehen?**	**Was muss getan werden?**
Was interessiert am meisten?	Wo liegen die größten Vorteile?	Welche Verbesserungen sind möglich?	Welche Wege versprechen Erfolg?	Welche Maßnahmen sind jetzt notwendig?

Abbildung 21: Gliederungsschema der Meinungsrede nach Wittsack

Besteht allerdings zwischen dem Redenden und den Zuhörenden Übereinstimmung in der Bewertung des Ist-Zustandes, wird dieser Redeschritt häufig vorgezogen: der Motivationsphase folgt also die Darstellung des (zu verändernden) Ist-Zustandes, dann folgt der Soll-Zustand mit der anschließenden Argumentation und dem Appell.

Verhandlungsrede (Persuasive Disposition)

1. *Sagen, was man hören will:*
   Motivation
   Captatio Benevolentiae
   Aufmerksamkeit
   Hörerbezug
   Gemeinsamkeiten

2. *Sagen, was ich nicht sagen will:*
   Thema-Hinführung
   Einschränkungen
   Ausklammerungen

3. *Sagen, was ich sagen will:*
   Argumentation bzw. Beweise

4. *Sagen, was man entgegnen könnte:*
   Gegenargumentation bzw. Widerlegungen

5. *Sagen, was ich sagen will:*
   Argumentation bzw. Beweise

6. *Sagen, was man hören will:*
   Verstärkung

7. *Sagen, was man behalten soll:*
   Appell
   Zielsatz

Zu 1.
Meinungsänderung durch Argumentation ist nur erreichbar auf der Grundlage des Wissens, der Urteile und manchmal auch der Vorurteile, der bisherigen Einstellung der Zuhörer bzw. Verhandlungspartner. Das bedeutet auch, das bisherige Verhalten des anderen zu akzeptieren! Das ist eine Frage der *Einstellung,* nicht der Taktik oder Strategie. Deshalb muss am Anfang vermieden werden, einen Widerspruch herzustellen zwischen dem Wissen und Verhalten des Hörers auf der einen Seite und der neuen (vom Redner gelieferten) Information auf der anderen. Denn dieser führt zu einer inneren Spannung, der sog. *kognitiven Dissonanz* (Festinger 1957), die der Hörer nicht immer im Sinne der neuen Information zu lösen bereit ist.

Hinzu kommt, dass der Hörer (bzw. Verhandlungspartner) Meinungen des Redners, die von seiner eigenen abweichen, leichter assimiliert, d.h. der eigenen ähnlich findet, und damit annehmen kann, wenn der Redner von gleichen Grundüberlegungen, Zielrichtungen etc. ausgeht. (Es kommt zum sog. *Assimilations- bzw. Kontrasteffekt.*) Überzeugen setzt immer die Achtung vor der Meinung des anderen voraus.

Zu 2.
Bei der Hinführung zum Thema ist es notwendig, kurz die Punkte zu erwähnen, über die *nicht* gesprochen werden soll. Die Thema-Einschränkung ist gegebenenfalls zu begründen; der Hörer ist dann aufgeschlossener für das, was gesagt wird.

An dieser Stelle muss vor einer manipulativen Technik gewarnt werden: Dinge, die ein Verhandlungspartner *nicht* angesprochen haben möchte, werden zu Beginn als besonders wichtig betont; dadurch tritt häufig ein sog. Beruhigungseffekt ein – *„Der andere findet das Problem gleich wichtig wie ich!“* – oder der sog. Abhakeffekt (die besonders betonte Problematik wird unbewusst *abgehakt*, vergessen).

Zu 3. bis 5.
Gegenargumente, Einschränkungen, andere Beurteilungen des Problems können in die eigene Argumentation aufgenommen werden. Dabei genügt häufig eine bloße Thematisierung dieser Gegenargumente, eine Widerlegung bleibt überflüssig. Das Nennen von Gegenargumenten erzeugt zumeist eine Immunisierung gegenüber einer etwaigen späteren Gegenkommunikation.

Es wird ohnehin zu oft und zu viel widerlegt und zu selten und zu wenig akzeptiert. Trotz Akzeptieren anderer Argumente können die Meinungen oder Schlussfolgerungen differieren.

Zu 6. und 7.
Vor dem Appell, der Zielaussage, der abschließenden Zusammenfassung der Kerngedanken ist noch einmal auf Gemeinsames hinzuweisen, eine Verknüpfung zwischen dem neu Vermittelten und dem Vorwissen, zwischen neuer und alter Meinung herzustellen.

AIDA–Formel

Diese Formel aus der amerikanischen Werbepsychologie hat Eingang in viele Rhetorikbücher gefunden:

A = Attention (Aufmerksamkeit)
Aufmerksamkeitsweckung: Die Angesprochenen sollen bewusst zuhören, „herhören".

I = Interest (Interesse)
Interesseweckung für die zu behandelnde Sache: Das Thema wird den jetzt Zuhörenden als interessant und für sie wichtig präsentiert.

D = Desire (Wunsch)
Wunsch nach dem Sollzustand: Hier werden jetzt die Vorteile für die Zuhörer hervorgehoben, ihre Wünsche und Ziele angesprochen.

A = Action (Handlungsauslösung)
Aufforderung zum Handeln: In der Appellphase werden die Wünsche der Hörer ganz bestimmten konkreten, erfüllbaren Lösungen zugeführt, die in die gewünschte Handlung münden.

Kurzfassung: „Hey – You – Why – What“. Vergleichen Sie diese Formel mit dem Redeschema einer Meinungsrede (nach Wittsack):

Attention: Aufmerksamkeit durch den Schritt: „Warum spreche ich?

Interest: Interesse für das Neue durch den Schritt: „Was ist, wie kam es dazu?“

Desire: Wunsch nach dem Soll-Zustand durch den Schritt: „Was sollte sein?“

Action: Auslösung durch die Schritte: „Wie könnte man das erreichen?“ und „Was können Sie/wir dazu beitragen?

Antike Redegliederungen

Aus der Fülle antiker Dispositionsschemata seien die von Aristoteles und Cicero als typisch herausgestellt.

Aristoteles (Rhetorik 3, 13, 1414 b)

1. Eingang
2. Darlegung des Sachverhaltes
3. Glaubhaftmachung
4. Redeschluss

Aristoteles wendet sich in seiner Rhetorik (ca. 350 v. Chr.) gegen eine weitere Unterteilung, weil damit die Gliederung nicht mehr für alle Redegattungen passend sei.

Cicero (De oratore 2, 315–332)

1. Eingang
2. Erzählungen
3. Feststellungen der Streitfrage
4. Beweis und Widerlegung
5. Schluss

Die Erzählung schränkt Cicero ein auf solche Situationen, in denen die Schilderung des Sachverhaltes nötig ist. Er fordert für sie Kürze und Klarheit.

Zusammenfassend lässt sich in den bekanntesten antiken Dispositionen folgendes Grundschema wiederfinden:

Erster Redeschritt: Einleitung – *exordium*
Ziel: Aufmerksamkeit, Aufnahmewilligkeit, Wohlwollen

Zweiter Redeschritt: Vorstellen des Problems, des Themas – *propositio, narratio*
Ziel: „parteiliche" Schilderung der Sachlage

Dritter Redeschritt: Argumentation – *argumentatio*
– häufig aufgeteilt in: Darstellung des eigenen Standpunktes (probatio) und Widerlegung des gegnerischen Standpunktes (refutatio);
Ziel: die eigene Problemsicht glaubhaft zu machen, zu überzeugen

Vierter Redeschritt: Redeschluss – *peroratio, conclusio*
Ziel: das Bewiesene soll noch einmal „sicher" (*certum*) gemacht werden.

Strukturiertes Sprechen

Übung 1:

1. Nehmen Sie die heutige Tageszeitung, lesen Sie Schilderungen oder Kommentare.
2. Inhalte, von denen Sie sich angesprochen fühlen, lesen Sie noch einmal.
3. Nun überlegen Sie sich *Ihre* Stellungnahme – zu den Ereignissen, die Sie gelesen haben, oder zu den Kommentaren.
4. Machen Sie sich Notizen.
5. Jetzt blättern Sie noch einmal in den Kapiteln 3.2.1 bis 3.2.3 und überlegen, welche der hier beispielhaft aufgeführten Gliederungen Ihnen aufgrund Ihrer Notizen helfen kann, diese Gedanken zu ordnen.
6. Sprechen Sie Ihre Stellungnahme nach den soeben geordneten Notizen.

Übung 2:

1. Überlegen Sie sich ein Thema, das zur Zeit heftig mit Pro- und Contra-Argumenten diskutiert wird.
2. Legen Sie nun *Ihren eigenen* Standpunkt fest.
3. Überlegen Sie sich eine für Sie mögliche Redesituation und Sie formulieren für diese Situation (und für die vorgestellte Zielgruppe) Ihr Redeziel, Ihren Zwecksatz.
4. Versuchen Sie nun, durch unterschiedliche argumentative Vorgehensweise und eine klare, deutliche Gliederung Ihren Standpunkt plausibel und überzeugend darzustellen. Machen Sie sich auch hierfür Notizen.
5. Sprechen Sie Ihre Stellungnahme nach diesen Notizen.

„INNERER FÜNFSATZ“ (FREI NACH ERICH DRACH)

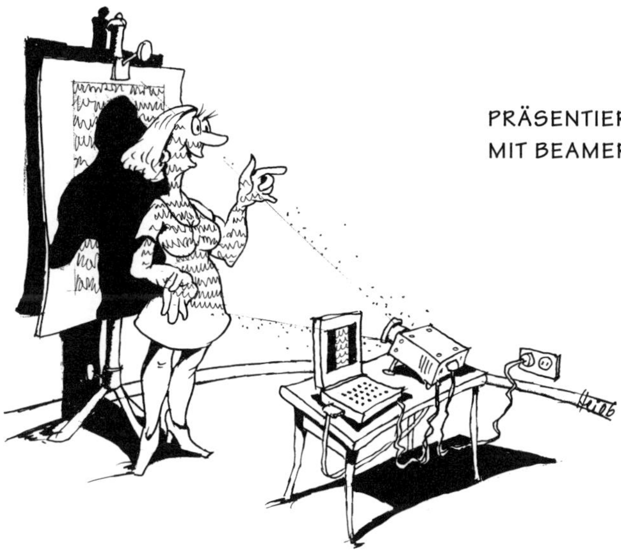

PRÄSENTIEREN
MIT BEAMER

3.3 Präsentationstechniken Visualisieren mit Beamer und Overheadprojektor

An Bilder kann man sich doppelt so gut erinnern wie an Worte (Paivio 1971). Präsentationen leben von Bild und Text. Deshalb ist Visualisieren in Wirtschaft wie Wissenschaft und Lehre zur Selbstverständlichkeit geworden.

Der Vortrag mit sog. Overheadfolien (Charts, Slides) ist heute weitgehend abgelöst durch PC-unterstützte Visualisierung mit dem Beamer. Die folgenden Grundsätze gelten für beide Präsentationsformen, auf Besonderheiten der einzelnen Medien wird dann im Einzelnen hingewiesen.

Eine verständliche und überzeugende Präsentation ergibt sich aus dem gelungenen Zusammenspiel vieler Details. Deshalb sei zu Beginn dieses Abschnitts ganz besonders hingewiesen auf die Wichtigkeit der Kapitel zur Körpersprache (2.1–2.4), zur Verständlichkeit (3.1), zur Gliederung (3.2) sowie zum Umgang mit kritischen Fragen (3.4).

!

Jede Visualisierung soll der Verbesserung der Verständlichkeit dienen. Damit das auch wirklich gelingt, muss darauf geachtet werden, dass das Lesen die Aufmerksamkeit vom gesprochenen Wort nicht ablenkt; die Folien/Slides müssen schnell und gut zu lesen sein, gesprochenes Wort und Bild übereinstimmen.

! Besonders wichtig ist die Gestaltung des Übergangs zwischen den gezeigten Bildern.

Hier dürfen keine Pausen entstehen, die den Gedankengang nicht erkennen und den Eindruck entstehen lassen, „ein Bild nach dem anderen" werde einzeln erklärt; der logische Zusammenhang muss erkennbar bleiben. Und ein letzter wichtiger Hinweis: der Kontakt zu den Zuhörenden muss gehalten werden, der Blick geht nur kurz zur Leinwand, zum Notebook oder auf ausgedrucktes Material und hauptsächlich zu den Zuhörenden.

Fünf Grundsätze machen aus vielen Details eine überzeugende Präsentation:

1. Visualisieren dient vornehmlich der Verständlichkeit.
2. Botschaften statt Überschriften.
3. Der gesprochene Text geht dem Bild voraus.
4. Weniger zeigen ist mehr.
5. Visualisiertes muss gut lesbar sein.

1. Visualisieren dient vornehmlich der Verständlichkeit
Überlegen Sie (schon bei der Konzeption) für jede Folie, welche Funktion sie gerade an dieser Stelle Ihrer Präsentation hat – und wie Sie diese Folie erklären werden, was über den Inhalt der Folie hinaus wichtig ist zu sagen. Wer schon bei der Konzeption der Folie an die spätere Präsentations-Situation denkt, wird manche Folie bereits anders gestalten.

Präsentieren bedeutet nicht, einzelne Folien bzw. Slides zu erklären, sondern genau das Gegenteil: Präsentieren heißt, Inhalte verständlich zu vermitteln – und dazu wird das gesprochene Wort durch Folien bzw. Slides verdeutlicht und unterstützt. Diese Unterscheidung verändert den Charakter der Präsentation.

!

Zur Erklärung der Folien gilt grundsätzlich

Erklären Sie stets erst die ganze Folie im Überblick, dann die Details. Bei graphischen Darstellungen folgende Reihenfolge einhalten:

- die Kernaussage dessen, was die Grafik verdeutlicht
- „technische" Erklärungen (Bedeutung der Achsen etc.)
- Detailerklärungen
- Zusammenfassung der Aussage/Konsequenz etc.

Bei der Präsentation mit dem Beamer stellt sich die Frage nach der sog. Animation. Programme wie PowerPoint machen es sehr einfach, einzelne Textpassagen nacheinander erscheinen zu lassen, Grafiken sich langsam aufbauen zu lassen, Farben zu verändern – und das alles mit unzähligen Möglichkeiten und Variationen. Werden Slides schrittweise eingeblendet, kann es sehr hilfreich sein, wenn sich die Grafik schon beim Erscheinen des Bildes vollständig aufbaut. Doch zurück zu den grundsätzlichen Überlegungen:

Situation, Hörerkreis und der eigene Stil bestimmen letztlich über den Grad der Animation. Wer auf der „sicheren Seite" sein möchte: Animation ist immer dann gut, wenn sie der Verständlichkeit dient und das Erklären wie das Verstehen eines Bildes erleichtert, und nur dann.

2. Botschaften statt Überschriften

Jedes Bild hat eine eindeutige und klare Aussage. Wo immer es geht, steht als Titel eine prägnant formulierte „Botschaft", ein „action title", nur in seltenen Fällen eine sog. Überschrift, z. B.: „Die Ölpreisentwicklung führte im letzten Jahr zu einem Kostenanstieg von 7 %" statt „Kostenentwicklung". Im Idealfall müsste das Lesen der Titel die Gesamtaussage der Präsentation verständlich machen.

Kommt dem Titel also eine besondere Bedeutung zu, dann wird er auch mit besonderer Sorgfalt formuliert, drückt die Botschaft dieses Slides prägnant und präzise aus.

Und was so wohlüberlegt und gut formuliert auf der Folie steht, wird häufig im Vortrag umformuliert, verwässert, übergangen, missverständlich ausgedrückt. Im Zweifelsfall ist es kein schlechter Rat, sich auch im freien Vortrag am visualisierten Titel zu orientieren.

3. Der gesprochene Text geht dem Bild voraus

Auf die Bedeutung der Übergänge zwischen den einzelnen Bildern wurde bereits hingewiesen. Dieser Übergang entscheidet über den Eindruck von Sicherheit und Kompetenz der Vortragenden und die Schlüssigkeit der Aussage.

> **!** Das Grundprinzip heißt: Bevor eine Folie aufgelegt wird, kennt der Hörer die wesentliche Aussage dieser Folie.

Und diese Aussage ist häufig identisch mit der Botschaft der neuen Folie.

Das bedeutet aber auch, dass der Präsentierende den Inhalt des nächsten Bildes kennt. Im „Folien- und Overheadzeitalter" war das leichter zu bewerkstelligen. Der Präsentierende legte seine Folien so neben den Projektor, dass er stets die nächste Folie sehen konnte – und fand so leicht den Übergang. Wird mit dem Beamer präsentiert, entfällt diese Möglichkeit und es bleibt nur der Weg über einen zusätzlichen Ausdruck. PowerPoint z. B. bietet den Ausdruck von 1, 2, 3, 4, 6 oder 9 Slides auf einer Seite an. Eine andere Möglichkeit ist, nur die jeweiligen Titel der einzelnen Slides auszudrucken – mit Seitenzahl. Vorteil: Bei späteren Nachfragen kann die jeweilige Seite (in PowerPoint) durch bloßes Eingeben der Seitenzahl und „return" aufgerufen werden.

4. Weniger zeigen ist mehr

Die früher häufig gestellte Frage „Wo zeigt der Präsentierende?" hat sich bei der Beamer-Präsentation von allein beantwortet: auf der Projektionswand. Doch wie? Mit der Hand geht es nur bei entsprechender Körpergröße des Präsentierenden und geringer Höhe der Projektionsfläche. Beim Zeigen aus der Ferne ergibt sich das Problem, dass die eine Seite die Verlängerung der Hand sieht, die andere den Schatten. Bleiben nur Laserpointer oder Ausziehstab. Beide allerdings geben der Präsentation etwas Belehrendes (vor allem der Ausziehstab) und sind deshalb in Präsentationen mit beratendem oder informierendem Charakter (außer in der Lehre) verpönt. Und für das Zeigen mit dem Trackball der Funkmaus benötigt es schon ein ausgesprochen feines Fingerspitzengefühl.

Aus all den Überlegungen folgt: *Weniger zeigen ist mehr.* Man zeige nur, wenn es Missverständnisse geben könnte – wenn Begriffe wie „oben“, „unten“, „links“ oder „rechts“ nicht greifen –, denn es gibt keine wirklich perfekte Methode des Zeigens, jede hat ihre Nachteile.

Wollen Sie aber etwas zeigen (und die Größe der Leinwand lässt es zu), dann achten Sie besonders darauf, dass möglichst oft alle Hörer alles lesen können. Lassen Sie dem Auditorium dann auch die Zeit zum Lesen und lenken Sie gezielt dessen Aufmerksamkeit.

5. Visualisiertes muss gut lesbar sein

Fast alle Präsentationsprogramme verwenden Querformat. Auch Folien sollten immer in diesem Format geschrieben werden: Sie sind leichter zu lesen, Zeilenumbrüche sind seltener, Grafiken leichter einzubauen.

Die jeweilige Schriftgröße ergibt sich aus dem obigen Grundsatz, Visualisiertes muss gut lesbar sein. In einer Präsentation verwende man nicht mehr als drei Schriftgrößen. Für die meisten Präsentationssituationen gilt: Titel 22–24, Untertitel 18–20, Text 16–18 und Anmerkungen 12 pt.

Neben diesen fünf Grundsätzen gilt

In fast allen Präsentationen empfiehlt es sich, mit ausgeschaltetem Projektor bzw. Beamer zu beginnen: allein mit dem gesprochenen Wort und einem intensiven Blickkontakt. In den ersten Minuten wird die Einstellung der Zuhörenden zum Präsentierenden geprägt (siehe Kapitel 3.2.1). Der erste Kontakt sollte nicht durch eine „Aufmerksamkeitsspaltung“ zwischen Bild und Wort erschwert werden. Bei Beamer-Präsentationen empfiehlt es sich, das erste Bild, das man zeigen möchte, im Notebook aufzurufen und dann die Taste B zu drücken. Wenn dann dieses erste Bild gezeigt werden soll, reicht das erneute Drücken derselben Taste zum Erscheinen des Bildes. Übrigens kann diese Taste auch während einer Präsentation hilfreich sein, wenn man – zum Beispiel während einer etwas längeren Beantwortung einer Zwischenfrage – das Bild ausblenden möchte. In diesem Zusammenhang sei auch auf die Taste „Freeze“ auf den meisten Beamer-Fernbedienungen hingewiesen, die das augenblickliche Bild „einfriert“ und dem Präsentierenden die Möglichkeit gibt, z. B. in der Folienansicht ein Slide herauszusuchen, ohne dass das Auditorium beim Suchen zusehen muss.

Abschließend sei noch darauf hingewiesen, dass es neben Overhead und Beamer weitere Möglichkeiten der Visualisierung gibt, vor allem für die Moderation (siehe Kapitel 5.1.2).

!

Und der simpelste Ratschlag kann oft der entscheidende für eine gelingende Präsentation sein: dass nicht nur die Folien bzw. Slides, sondern auch das Präsentieren gut vorbereitet sein will.

3.4 Zum Umgang mit kritischen Fragen

Eine gute Vorbereitung ist auch die beste Waffe gegen kritische, unsachliche, persönlich angreifende Zwischenfragen oder Unterbrechungen. Bereits in der Vorbereitung eines Vortrages, einer Präsentation ist zu überlegen, mit welchen „Ohren“ (siehe Kapitel 5.1) die anderen meine Gedanken aufnehmen werden, wo sich innere Widerstände aufbauen können, entweder aus grundsätzlich anderer Überzeugung oder aus emotionalen Gründen. Vielleicht wird dann die Präsentation bereits anders aufgebaut, die Wortwahl besonders bedacht – oder es werden bestimmte Dinge zu diesem Zeitpunkt (noch) nicht gesagt.

Vor allem aber gibt es einen Grundsatz, der leicht zu befolgen ist und enorm hilfreich sein kann, in gespannten Rede- und Gesprächssituationen wieder in ein sachliches und konstruktives Gespräch zurückzufinden:

Jede Zwischenfrage ist berechtigt und jede Antwort bezieht sich positiv auf den Inhalt. !

Was bedeutet das? Auch wenn der Präsentierende genau wahrnimmt, mit welcher Unsachlichkeit oder mit welchem (offenen oder versteckten) Angriff eine Frage gestellt wird: Er spricht dem Fragenden das Recht zu, genau jetzt genau diese Frage zu stellen, und geht davon aus, dass diese Frage, dieser Zwischenruf sich sachlich auf den Inhalt bezieht.

Und damit kann sich auch die eigene Reaktion oder Antwort sachlich und positiv auf die Sache beziehen und einen neuen – sachlichen – Dialog eröffnen.

Vier Antwortstrategien können wir in diesem Zusammenhang unterscheiden:

Bei Widerspruch

Bevor man antwortet, bittet man den anderen um nähere Erläuterungen und Begründungen, bittet ihn, die Frage doch ausführlicher zu stellen, weitere Aspekte aus seiner Sicht zu nennen etc. In der Folge wird eine emotionale oder aggressive Frage oft erheblich sachlicher – oder die Unsachlichkeit wird für alle offensichtlich.

Um einen Entscheidungsprozess offen zu halten, neue Gesprächsbereitschaft zu ermöglichen, festgefahrene Meinungen aufzubrechen,

Dialoge wieder zu eröffnen, gibt es eine zweite Strategie bei Widerspruch. Der (deutlich formulierte) Widerspruch wird als offene Frage umformuliert und diese Frage wird dann beantwortet oder weitergegeben. Dies kann die entscheidende Strategie sein, andere wieder „ins Boot“ zu bekommen. Beispiel: „*Das schaffen wir bis zum nächsten Freitag unter keinen Umständen.*“ Reaktion ist jetzt nicht: „*Warum sollten wir das nicht schaffen?*“ Denn wir erfahren dann nur, warum es angeblich **nicht** geht. Bessere Reaktion: „*Sie fragen, ob es denn überhaupt möglich ist, das alles bis zum nächsten Freitag zu schaffen, ob dieser Termin realistisch ist.*“ Und häufig entwickelt sich jetzt ein neuer Gesprächsprozess, der klären kann, ob es möglich ist oder eben nicht.

Bei unsachlichen Fragen

Manchmal ist es möglich, über die gestellte unsachliche Frage hinaus zu wissen, welche Hintergründe letztlich zu genau dieser Reaktion des anderen geführt haben. Das Ansprechen dieses Hintergrundes kann ebenfalls Prozesse erheblich versachlichen.

Und die zweite und einfachste Reaktion bei unsachlichen Fragen: Man formuliere den inhaltlichen Teil der Frage sachlich um und beantworte ihn dann – sachlich. Man entscheide also selbst, auf welche Emotionalität man sich einlässt und auf welche nicht.

!

Oder: „Stell dir vor, es ist Krieg – und keiner geht hin.“

3.5 Sprechen mit und ohne Konzept

3.5.1 Stichwortkonzept

Erleichtert wird freies Sprechen durch ein gutes, klares Stichwortkonzept, das den Sprechdenk-Vorgang (s. unten) unterstützt und dem Sprecher Sicherheit und gedankliche Klarheit bringt. Eine wörtlich abgelesene Rede ist keine Rede, das weiß man. Das Eingehen auf den Hörerkreis wird durch Ablesen fast unmöglich, der Blickkontakt wird erschwert, man erinnert sich an Tucholskys (1965, 187) ironischen Ratschlag:

> „Sprich nicht frei – das macht einen so unruhigen Eindruck. Am besten ist es: du liest deine Rede ab. Das ist sicher, zuverlässig, auch freut es jedermann, wenn der lesende Redner nach jedem viertel Satz misstrauisch hochblickt, ob auch noch alle da sind."

Jede Anweisung (die sich auch heute noch in manchem Lehrbuch zur Rhetorik findet), eine Rede vorher wörtlich aufzuschreiben und anschließend wichtige Schlüsselwörter zu unterstreichen, um dann leichter „frei" sprechen zu können, ist falsch und gefährlich. Überblick und Zurechtfinden im Text werden dadurch erschwert, Schreib- und Sprechstil des Redners geraten in Konflikt, Versprecher und sinnwidrige Pausen sind die Folge.

> **Nur was wortwörtlich vorgetragen werden soll, wird vorher schriftlich fixiert, z. B. Redeeinstieg und Redeschluss (s. o.). Alle frei vorzutragenden Redepassagen werden lediglich stichwortartig festgelegt.**

Ausnahme: wichtige Stellungnahmen, komplizierte Darstellungen, bei denen es auf jedes Wort ankommt. Diese werden vollständig schriftlich fixiert, dann aber auch vorgelesen.

Für die informative Rede hat sich eine Zwei- oder Dreiteilung des Stichwortkonzepts bewährt.

Hauptgedanke (Überschrift)	**Stichwort** (Unterpunkte, Erinnerungshilfen)	**evtl. genauere Angaben** wie: Beispiele, Fakten, Zahlen, Daten,
	nächstes Stichwort	Belege, Quellen etc.
nächster Hauptgedanke	etc.	etc.

Abbildung 22: Beispiel einer Dreiteilung im DIN-A5-Querformat

Die mittlere Rubrik enthält die eigentlichen Stichwörter, nach denen gesprochen wird. Die übergeordneten Begriffe links zeigen stets, in welchem größeren Zusammenhang die Gedanken stehen; in der rechten Spalte finden sich zusätzliche Informationen, falls dem Redner – etwa durch Nervosität oder Ablenkung – ein Gedanke entfällt, wenn zusätzliche Angaben benötigt werden oder die Zuhörer weitere Informationen oder Beispiele erwarten etc. Durch die Dreiteilung ist gewährleistet:

- schnellste Orientierung;
- Möglichkeit einer Verkürzung oder Verlängerung der Rede je nach augenblicklicher Situation;
- Sicherheit des Redners: ohne aus einer Fülle von Stichwörtern die wesentlichen Gedanken suchen zu müssen (sie stehen übersichtlich in der Mitte), verfügt er jederzeit über viele zusätzliche Gedankenstützen.

Diese Konzeptgestaltung erleichtert das Sprechdenken, ein intensiverer Blickkontakt kann hergestellt, auf Reaktionen der Zuhörer kann leichter eingegangen werden.

Die Dreiteilung ist jedoch nur eine Form des Stichwortkonzeptes. Oft reicht auch schon eine Zweiteilung. In manchen Fällen bietet sich eine graphische Form an (s. Abb. 23) oder die Mind-Map-Methode (s. Abb. 24). Häufig wird auch mit verschiedenen Farben gearbeitet etc. Grundsätzlich gilt: *Nicht zu viel auf einer Seite, kein Format unter DIN A5, in der Regel DIN A4.*

Spricht man im Stehen und ohne Pult, haben sich DIN-A5-Karteikarten im Querformat bestens bewährt: Sie „zittern“ und knistern nicht, sind nicht so groß, dass sie die Gestik behindern, und nicht so klein, dass sie wie ein Spickzettel aussehen. Prinzipiell empfiehlt es sich, die Karten nur einseitig zu beschreiben und durchzunummerieren, um eine einfache Orientierung zu gewährleisten.

Die erste und wichtigste Übung für die freie Rede ist das möglichst mehrmalige Sprechen – nicht stumme Lesen! – nach dem Stichwortkonzept. Hier werden auch etwaige Mängel des Konzeptes rechtzeitig sichtbar und korrigierbar.

!

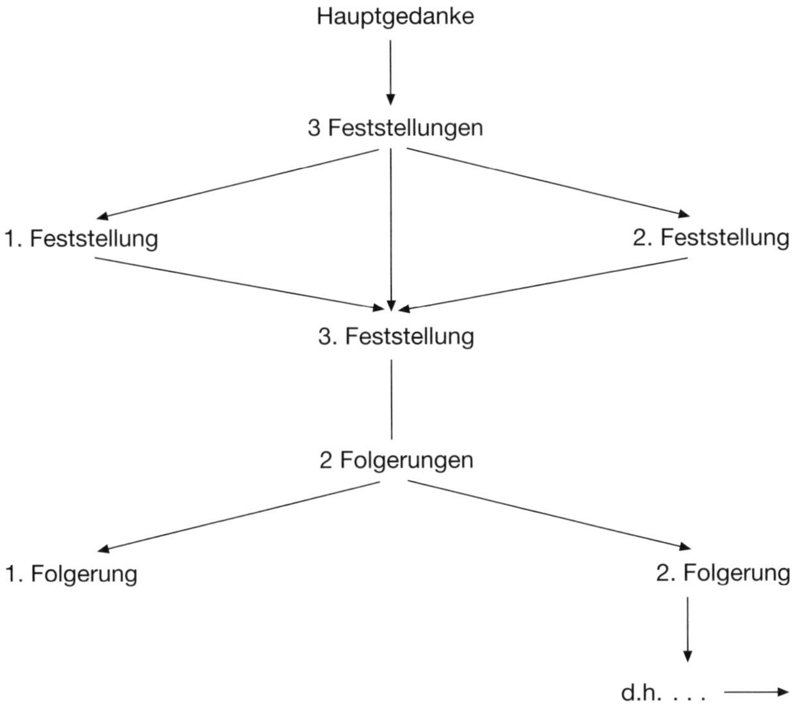

Abbildung 23: Beispiel eines graphisch gestalteten Stichwortkonzeptes

3.5.2 MMM – Die Mind-Map-Methode

Eine besondere Methode, Erinnerungshilfen (von oder für eine Rede oder Besprechung) festzuhalten, sind die sog. Mind-Map-Aufzeichnungen. Sie dienen als Konzept für die spätere mündliche Darstellung ebenso wie für das Festhalten von Gesprächsergebnissen oder das kreative Planen im Team, für die Niederschrift von Meetings wie für das individuelle logische Herangehen an ein Problem. Wer gelernt hat, damit zu arbeiten, wird diese Darstellungsform in bestimmten Situationen und für bestimmte Aufgaben allen anderen vorziehen. Die MMM versteht sich als Ergänzung zu den oben beschriebenen Methoden, sich Notizen zu machen (ausführlich und anschaulich erklärt bei Buzan 1998).

Statt linearer Aufzeichnungen werden Schlüsselwörter, von einem zentralen Begriff ausgehend, nach logischen Zusammenhängen geordnet und miteinander durch Striche verbunden. Statt also oben auf einer Seite zu beginnen und sich in Sätzen oder mit vielen Stichwörtern vertikal nach unten vorzuarbeiten, beginnt man in der Mitte des Blattes mit der Zentralidee und entwickelt vom Zentrum ausgehend Äste und Zweige mit den Einzelideen.

Die graphische Anordnung von Schlüsselwörtern hat der üblichen „Standardnotiz" gegenüber oft erhebliche Vorteile (nach Buzan 1998):

- Es wird weniger Zeit vergeudet, Wörter niederzuschreiben (und später wieder lesen zu müssen), die keinen Wert für das Gedächtnis haben. Diese machen in der üblichen Notiz bis zu 90 % aus!
- Die Sinn tragenden und entscheidenden Wörter müssen nicht aus der großen Zahl von Wörtern herausgesucht werden. Auch das spart Zeit.
- Die logische Verbindung der Schlüsselwörter wird nicht immer wieder unterbrochen durch (für die Erinnerung nicht notwendige) Wörter – eine Erleichterung für das Gedächtnis.
- Der logische Zusammenhang bleibt immer unmittelbar sichtbar.

In Abbildung 24 finden Sie eine Mind Map, die eine Studentin als Zusammenfassung des Stoffes des zweiten Kapitels (über Körpersprache) angefertigt hat. Eine solche Mind Map bietet gegenüber einer linearen Aufzeichnung viele Vorteile. So wird z. B. die relative Bedeutung eines Begriffes immer unmittelbar deutlich: Mal befindet er sich näher am Zentrum, mal weiter entfernt. Außerdem wird jede Mind Map anders aussehen. Auch hierdurch ergibt sich eine zusätzliche Erinnerungshilfe.

Abschließend noch einige Grundregeln für das Anfertigen von Mind Maps (nach Buzan 1998):

- Scheuen Sie sich nicht, auch Bilder oder Zeichnungen und Symbole in Ihre Mind Map aufzunehmen.
- Schreiben Sie die Wörter in Druckschrift mit Großbuchstaben.
- Die Wörter sind immer auf Linien geschrieben, die untereinander verbunden sind. So bleibt immer die Grundstruktur deutlich.
- Im Prinzip gilt: eine Linie = eine Begrifflichkeit (aus einem, höchstens zwei Wörtern).
- Wenn möglich, verwenden Sie auch Farben.

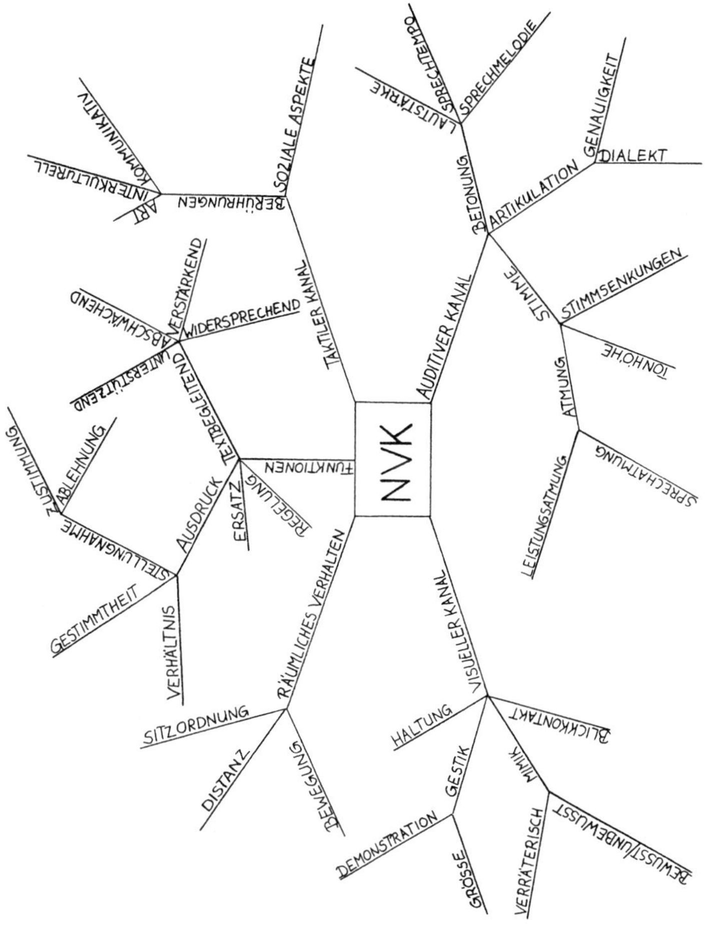

Abbildung 24: Mind Map für einen ausführlichen Vortrag über Körpersprache

Arbeitsblatt

Stichwortkonzept

Nehmen Sie einen Zeitungsartikel (z. B. Kommentar) und stellen Sie sich vor, dieser Text sei der Inhalt Ihrer Rede.
Nun erstellen Sie ein für Sie ausreichend ausführliches Stichwortkonzept, nach dem Sie den vorgegebenen Inhalt (nicht den Wortlaut!) mündlich wiedergeben können.

Welche Art von Stichwortkonzept haben Sie gewählt? Die mit Spalten – oder mit graphischer Darstellung – oder mit Farben?

Versuchen Sie jetzt, mit den gleichen Stichwörtern, aber nach einem anderen Prinzip einen neuen Stichwortzettel anzufertigen, und sprechen Sie jetzt Ihre Rede noch einmal.

Nur so können Sie herausfinden, welche Art von Stichwortkonzept für Sie die richtige ist!

3.5.3 Schlagfertigkeit

Die in Kommunikationsseminaren oft gestellten Fragen „*Wie wird man schlagfertig?*“, „*Wie machen das andere, die so schlagfertig sind und auf alles eine Antwort haben?*“ sind nicht leicht zu beantworten. Das beginnt schon mit der Definition des Begriffes *schlagfertig*.

Wer ist schlagfertig?

- Jemand, der zu allem und jedem in jeder Situation immer eine (lustige?) Bemerkung parat hat? *oder*
- Jemand, dem im richtigen Augenblick das Richtige einfällt – und nicht immer erst hinterher – und der es dann auch noch in Worte fassen kann? *oder*
- Gehört beides zusammen?

!

Ein beliebter Moderator des deutschen Fernsehens gab auf die Frage eines Journalisten, woher seine sprichwörtliche Schlagfertigkeit (übrigens von der ersten wie von der zweiten der oben beschriebenen Arten) komme, eine etwas boshafte Antwort mit einem Körnchen Wahrheit dahinter: Er lese jeden Tag fünf Tageszeitungen aus drei verschiedenen Ländern und ganztags laufen bei ihm drei Fernsehapparate mit verschiedenen Programmen gleichzeitig – und außerdem könne er gut zuhören.

Und ein nicht minder bewunderter Fernsehstar sagte in einem Interview, die meiste Arbeit bei der Vorbereitung seiner Shows machten seine *spontanen* Einwürfe und Reaktionen. Bleibt festzuhalten:

Schlagfertigkeit erfordert Wissen, gute Vorbereitung, gutes Zuhören und die Fähigkeit, Gedanken schnell in Worte umzusetzen.

!

Letzteres kann man gut üben, zum Beispiel mit dem nächsten Arbeitsblatt *Schlagfertigkeit*. Und dann trifft einen auch das böse, Karl Krauss zugeschriebene Wort nicht mehr: „Es genügt nicht, keine Gedanken zu haben. Man muss auch unfähig sein, diese auszudrücken.“

Arbeitsblatt

Schlagfertigkeit

Zwei Übungen haben sich zur Verbesserung der Schlagfertigkeit bewährt. Mit ihnen kann die Fähigkeit trainiert werden, auf Unerwartetes schnell und sinnvoll – schlagfertig – zu antworten.

1\.
Man notiere sich viele Begriffe, zu denen man etwas zu sagen hat, auf je eine Karte. Nach einigen Tagen mische man die Karten verdeckt, decke dann die oberste auf – und beginne noch in derselben Sekunde zu sprechen. Und danach kommt die zweite usw., das heißt: man weiß nie, wozu man als Nächstes zu sprechen hat.

Variante: Man ziehe zwei Karten und stelle zwischen den Begriffen (die wahrscheinlich nichts miteinander zu tun haben) einen sinnvollen Zusammenhang her.

2\.
Sie nehmen eine Talkshow auf und beim Abspielen stoppen Sie die Aufnahme, wenn einer der Teilnehmer gesprochen hat – um sogleich Ihre Meinung zu äußern. Dann hören Sie sich an, wie die Gesprächsrunde weitergeht – und stoppen wieder etc.

Die beste Übung, Schlagfertigkeit zu üben.

3.5.4 Sprechdenken

Unter Sprechdenken verstehen wir jenen komplexen Vorgang des Denkens beim Sprechen bzw. des Sprechens während des Denkens. Denn während wir einen Gedanken aussprechen, ist der nächste bereits in Planung. Sprechplanung und das eigentliche Reden laufen zeitversetzt ab.

Dieser Sprechdenk-Vorgang ist Voraussetzung jedes freien Sprechens. Er ist besonders gefährdet bei Verspannung, Lampenfieber, Konzentrationsmangel (s. Kapitel 3.6) und kann durch spezielle Redeübungen trainiert werden. Häufige Sprechdenk-Übungen fördern

- sprachliche Spontaneität,
- Konzentrationsfähigkeit,
- Schlagfertigkeit und
- Selbstvertrauen.

Sprechdenken

1. **Gemeinsames – Trennendes:**
   Man sucht Begriffe, die sinnverwandt sind, um diese dann mündlich zu beschreiben, indem man zum einen das Gemeinsame sucht und zum anderen das Trennende herausstellt, z. B.:

   - Sitzung, Tagung, Besprechung, Konferenz;
   - Bank, Schemel, Sessel, Couch, Stuhl;
   - Eisenbahn, S-Bahn, U-Bahn, Straßenbahn;
   - Beamter, Arbeiter, Angestellter etc.

2. **Beschreiben eines Gegenstandes, einer Person:**
   Man versucht, einen imaginären fremden Gegenstand exakt zu beschreiben, z. B. einen Schrank, ein Bild, einen Teppich; oder auch Personen: das Kind, Partner, Kollegen, Freunde etc.

3. **Beschreiben eines Vorgangs:**
   In dieser – schon schwierigeren – Übung gilt es, einen Vorgang in seinem zeitlichen Ablauf genau zu schildern, z. B. Schwimmen, Autofahren; das Zubereiten einer Mahlzeit; wie man von A nach B kommt etc.

4. **Nacherzählen:**
   Lesen Sie eine kurze Geschichte, einen Artikel oder Ähnliches und erzählen Sie ihn in Ihren eigenen Worten nach. Hierzu eignen sich auch kurze Zeitungsberichte (z. B. über einen Prozess, einen Unfall etc.).

5. **Zeitkontrolle:**
   Lesen Sie einen Artikel und legen Sie vorher eine genaue Zeit für die Wiedergabe fest – z. B. eine oder fünf Minuten etc. Halten Sie diese Zeit exakt ein.

3.6 Lampenfieber und Sprechhemmungen

Lampenfieber ist die Unsicherheit, die uns beim Reden – vor allem vor größerem Auditorium – oder in wichtigen Gesprächssituationen am flüssigen Sprechen hindern kann. Lampenfieber ist für viele eines der Hauptprobleme der Rhetorik überhaupt.

In Redesituationen stellt sich der Redner mit jedem Satz der Kritik seiner Hörer. „Denn sooft wir reden, sooft wird über uns gerichtet." (Cicero, De oratore I, 123)

Wenn man das Wissen und die Urteilsfähigkeit seiner Zuhörer bzw. Gesprächspartner anerkennt und sich selbst gegenüber kritisch geblieben ist, führt das unweigerlich zu Lampenfieber.

Vor über 2000 Jahren schrieb Cicero: „Auf mich wirken auch die, die sehr gut reden und es am leichtesten und wirkungsvollsten können, trotzdem beinahe unverschämt, wenn sie nicht mit einer gewissen Verlegenheit auftreten und zu Beginn ihrer Rede Zeichen der Unsicherheit verraten. Doch dieser Fall kann ja eigentlich gar nicht eintreten. Denn je besser einer spricht, umso mehr befürchtet er die Schwierigkeiten des Sprechens und kennt den wechselnden Erfolg der Rede und die Erwartungen seiner Zuhörer." (De oratore I, 119f)

Nun ist aber zugleich dieses Lampenfieber der Grund dafür, warum viele Redner mit sich nicht zufrieden sind – oder aber ganz bestimmte, vielleicht für sie besonders wichtige Rede- oder Gesprächssituationen meiden. Das geht vielen so.

In einer Untersuchung (Allhoff/Berner 1983) gaben nur 8,8 % der Befragten an, keine Schwierigkeiten zu haben, wenn sie vor einem großen Kreis sprechen müssen.

Diese Angst, vor vielen sprechen zu müssen, ist offensichtlich uralt: Vor über 3000 Jahren wollte sich Moses seiner Berufung durch Gott mit dem Hinweis entziehen, er sei ein schlechter Redner: „Bitte, Herr, ich kann nicht gut reden, weder vorgestern, noch gestern, noch jetzt ... ich bin unbeholfen mit Mund und Zunge.“ (Ex. 4, 10)

Nahezu jeder kennt das Gefühl der Sprechangst: aus einer Rede vor vielen oder einer mündlichen Prüfung oder einem unangenehmen Gespräch mit Vorgesetzten. Dem einen „schlägt es auf den Magen“, der andere bekommt „weiche Knie“, ein dritter hat „einen Kloß im Hals“, das Herz schlägt zu fest und zu schnell, die Hände werden feucht, der „Atem bleibt weg“ – und vieles mehr. Alles Symptome, die eigentlich für das Sprechen nicht günstig sind.

Wie kommt es dazu?

! Lampenfieber ist die Folge davon, dass man Sprechsituationen als Stresssituationen empfindet. Sie unterliegen damit ähnlichen psychosomatischen Gesetzmäßigkeiten wie andere Stresssituationen (Gefahren, Konflikte etc.) auch.

Angstauslösende Reize – ein unbekanntes Publikum ebenso wie ein zähnefletschender Hund – mobilisieren in Sekundenschnelle den ganzen Körper und bereiten ihn vor auf körperliche Höchstleistungen (entwicklungsgeschichtlich hieß das: auf Kampf oder auf Flucht). Das hat viele (für Kampf oder Flucht sinnvolle!) physiologische Folgen, z. B.:

- Veränderungen der Herz- und Pulsfrequenz
- Schweißausbruch
- Umstellung auf Leistungsatmung („Hochatmung“)
- Freisetzung von Zucker aus der Leber in die Muskulatur
- Zunahme der Gerinnungsfähigkeit des Blutes
- erhöhter Blutdruck
- Zunahme der gesamten Muskelspannung
- Erhöhung der Blutfette (durch Cortisol-Ausstoß) und (dafür z. T. notwendige) hormonelle Veränderungen

Im Hinblick auf das Sprechen muss auf hormonelle Veränderungen, vor allem auf den in Stresssituationen erhöhten Ausstoß der Hormone Adrenalin und Noradrenalin hingewiesen werden. Dieser soll u. a. für die in Stresssituationen häufig auftretenden Konzentrations- und Gedächtnisstörungen verantwortlich sein. Dadurch kann Sprechen erheblich erschwert werden, wichtige Redeteile entgleiten der Erinnerung (der gefürchtete Blackout bei Prüfungen!), der Faden reißt plötzlich ab, der Sprecher bleibt stecken etc.

Unser Körper differenziert zu wenig zwischen verschiedenen angstauslösenden Situationen; er reagiert immer so, als stünden körperlicher Kampf oder schnelles Fliehen bevor. Und damit kommt es zu Reaktionen, die für das Sprechen höchst ungünstig sind. (Mediziner sprechen von einer „fehlangepassten Reaktion“ des Körpers.) Diese für das Reden sehr unangenehmen Reaktionen wiederum können unser Lampenfieber verstärken und uns damit noch mehr behindern; so sehr vielleicht, dass wir uns das nächste Mal dieser Situation schon gar nicht mehr aussetzen (Abb. 25).

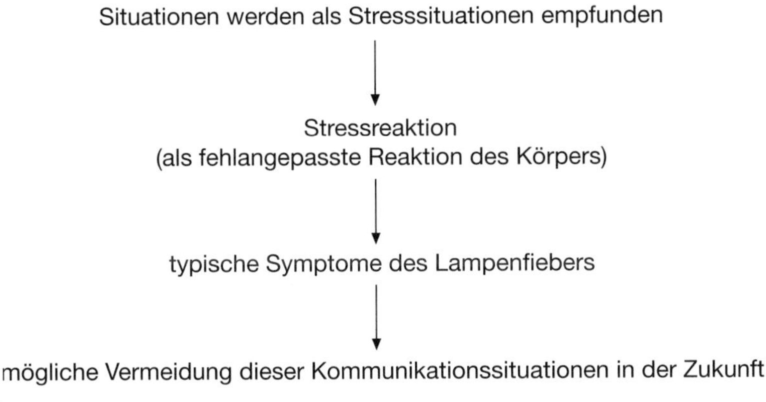

Abbildung 25: Von der Stresssituation zur Vermeidung

Unser Ziel muss es sein, trotz Lampenfiebers Redesituationen nicht zu vermeiden – damit nicht immer und überall dieselben reden! – und während des Sprechens (das gilt für die Rede ebenso wie für Prüfung oder Gespräch) das Lampenfieber so in Grenzen zu halten, dass es nicht jenes Ausmaß erreicht, bei dem es zur völligen Blockade der Gedanken kommt, der Sprechdenk-Vorgang versagt, der rote Faden verloren geht. Wenn der Redner selbst merkt, dass seine Unsicherheit für den Hörer wahrnehmbar wird, nimmt sein Lampenfieber weiter zu und kann die obere kritische Grenze schnell überschreiten.

Was können wir dagegen tun?

1. Wir müssen unsere Einstellung ändern.
Lampenfieber – so sahen wir – trifft nahezu jeden (zumindest jeden, der nicht sich selbst kritiklos als den stets „Besten" sieht). Vielen hilft schon das Wissen, dass dieses Problem nicht ihr Problem, sondern ein allgemeines ist. Es ist in der Tat nicht leicht, im rechten Augenblick stets das Richtige zu sagen. Das kann für eine Prüfung ebenso gelten wie für ein problematisches Gespräch. Sprechangst muss keine neurotische, sondern kann eine sehr reale, d. h. durchaus berechtigte Angst sein.

> **!** Erster Schritt zur Bewältigung: Wir müssen das Vorhandensein innerer Unsicherheit in bestimmten Kommunikationssituationen akzeptieren und lernen, damit umzugehen.

Das heißt aber nicht, dass wir auch alle innerlich und äußerlich sichtbaren Reaktionen beibehalten wollen, die können (und müssen) wir zum Teil lernen zu ändern. Dazu ist es notwendig, die eigenen Reaktionen in stressauslösenden Redesituationen zu kennen. Hier kann der Besuch eines Rhetorik-Kurses entscheidend helfen.

Halten wir fest: Wir werden unser Lampenfieber nicht in allen Fällen verlieren (wollen!), aber wir lernen, trotzdem zu reden! Dabei aber dürfen uns physiologische Überreaktionen nicht behindern, deshalb:

2. Wir müssen körperliche Reaktionen kontrollieren lernen.
Viele der physiologischen Folgen des Lampenfiebers wurden bereits erwähnt. Auf die meisten haben wir beim Sprechen keinen unmittelbaren Einfluss (auf unsere Stresshormone etwa oder darauf, dass wir schwitzen). Aber:

> **!** Zwei Bereiche kann der Sprecher kontrollieren und positiv beeinflussen lernen: muskuläre Spannung und Atmung.

Es gibt viele bekannte Entspannungstechniken; die meisten gehen auf das autogene Training (nach Schultz) oder die „Progressive Muskelentspannung“ (nach Jacobson) zurück. Sie sollen i.d.R. zur sog. Tiefenentspannung führen, doch darum geht es in der Rhetorik nicht. Der *tief entspannte* Redner ist auch kein guter Redner.

Aber diese Techniken können, sinnvoll eingesetzt, helfen, Verspannungen abzubauen, und so zu einem mittleren, für das Sprechen angemessenen Muskeltonus führen.

Wohl eines der ältesten Mittel gegen Lampenfieber ist die Beherrschung der richtigen Sprechatmung. Die meisten Menschen neigen in stressbeladenen Redesituationen zur Leistungs- oder Hochatmung. Atmung ist aber der biologische Funktionsablauf des Körpers, der sowohl unwillkürlich abläuft als auch willkürlich gesteuert werden kann. Mediziner sind sich einig: Über die Atmung können viele andere physiologische Vorgänge mit beeinflusst werden.

So kann man lernen, trotz hoher Anspannung über die Atmung die Spannung zu regulieren. Mit einer der Redesituation angemessenen Sprechatmung können wir erheblich viel dafür tun, dass sich auch andere störende Stresssymptome in Grenzen halten.

3. Wir müssen durch rhetorische Übung Sicherheit gewinnen.

Der Stress hat aber nicht nur Auswirkungen auf – im engeren Sinn – physiologische Vorgänge, sondern auch auf unser Verhalten. Für das Reden heißt das im ungünstigsten Fall unter anderem:

- Einnehmen einer Haltung, die Gestik unterdrückt (z.B. durch ein Verschränken der Arme auf der Brust oder hinter dem Rücken),
- eine zu hohe Stimmlage,
- kein Blickkontakt alles äußere Zeichen innerer Unsicherheit.

Diese drei nonverbalen Verhaltensweisen aber können durch Übung bewusst gesteuert werden: Man kann unsicher und nervös sein und dennoch lernen, eine Haltung einzunehmen, die Gestik ermöglicht, fördert; man kann lernen, trotz innerer Nervosität in seinem Hauptsprechtonbereich zu bleiben; auch Blickkontakt kann bewusst hergestellt werden, die Konzentration während des Blickkontaktes mit den Zuhörern bzw. Gesprächspartnern ist trainierbar.

Mit der Gewissheit, dass die Unsicherheit nach außen nicht sichtbar wird, wächst die eigene Sicherheit oder, was oft schon viel ist, die Nervosität nimmt nicht weiter zu.

!

Die Sicherheit des Sprechers bedingt auch die Sicherheit im nonverbalen Ausdruck; aber auch umgekehrt: Sicherheit im nonverbalen Verhalten vermittelt dem Sprecher innere Sicherheit! Diese positive Rückmeldung kann zum Abbau des Lampenfiebers entscheidend beitragen.

Darüber hinaus vermittelt das Wissen um rhetorische Grundsätze, um angemessenes Verhalten in bestimmten rhetorischen Situationen von der freien Rede bis zum Problemgespräch zusätzliche Sicherheit. Hier liegt ein wesentlicher Sinn von Rhetorikseminaren (und diesem Buch).

Der letzte Hinweis ist eigentlich selbstverständlich und könnte auch am Anfang dieses Kapitels stehen: Eine gute Vorbereitung auf die Redesituation, ein sorgfältig angefertigtes Konzept und ein genügend großer Informationsvorsprung können mit zur Minderung und Beherrschung des Lampenfiebers beitragen. Lassen Sie uns den wichtigsten Gedanken noch einmal festhalten:

!

Sie können trotz Ihres Lampenfiebers lernen, verständlich und überzeugend zu reden, sich angemessen an Gesprächen zu beteiligen. Voraussetzung aber bleibt: Sie müssen Ihr Lampenfieber zunächst einmal akzeptieren und sich diesen Situationen stellen. Nur dann können Sie durch Training lernen, mit dem Problem Lampenfieber besser umzugehen. Das Lampenfieber wird vielleicht bleiben – aber überzeugend reden werden Sie trotzdem.

3.7 Redenschreiben

3.7.1 Tipps für Ghostwriter

Im öffentlichen Leben, in Politik wie Wirtschaft, schreiben viele Rednerinnen und Redner ihre Reden nicht selbst, sondern haben sog. Ghostwriter, die für sie arbeiten. Das ist nicht immer leicht – weder für die Redenschreibenden noch für die Redenhaltenden. Deshalb hier einige grundsätzliche Hilfestellungen für das Schreiben von Reden – und damit auch für das Halten geschriebener Reden.

1. Allgemeine Grundsätze – ohne die Redenschreiben sehr schwierig wird:

Frühzeitige Information des Redenschreibers: Das Schreiben von Reden, auch von sog. Routine-Anlass-Reden, braucht Zeit. Deshalb ist rechtzeitige Information der Redenschreiber unbedingt erforderlich, evtl. auch schon bevor der „offizielle" Auftrag da ist.

Es ist für die Redenschreiber notwendig, frühzeitig das situative Umfeld zu kennen, deshalb möglichst Einladungsschreiben etc. dem Redenschreiber zukommen lassen.

Standardisierte Erhebung: Bei „Routine-Anlass-Reden“ kann es für die Recherchen eine Erleichterung sein, einen standardisierten Erhebungsbogen zu haben.

Direkter Input des Redners: Reden werden umso persönlicher, je stärker der Input des Redners ist. Deshalb sollte der Redner – wo immer es möglich ist und der Anlass es erfordert – auf direktestem Weg Informationen an den Redenschreiber weitergeben. Für das Redenschreiben, -korrigieren etc. sollte es keinen „Dienstweg“ geben, sondern nur den direkten und kürzesten Weg.

Rückmeldungen des Redners an den Redenschreiber: Redenschreiber können ihrer Aufgabe besser gerecht werden, wenn der Redner nach gehaltener Rede dem Redenschreiber immer wieder einmal eine kurze Rückmeldung zukommen lässt, wie er mit dem vorbereiteten Redetext während der Rede zurechtkam; dies kann der Redenschreiber bei der Konzeption der nächsten Rede berücksichtigen.

Hat der Redner das Manuskript des Redenschreibers noch ergänzt oder in einzelnen Punkten abgeändert, ist es sinnvoll, dieses (meist handschriftlich) veränderte Manuskript nach der Rede wieder an den Redenschreiber zu geben. Auch so kann sich dieser allmählich immer besser in den besonderen Stil „seines“ Redners und in dessen Vorstellungen hineindenken.

Redenschreiber als Zuhörer „ihrer“ Redner: Reden werden leichter und vielleicht besser geschrieben, wenn sich hin und wieder die Gelegenheit ergibt, dass der Redenschreiber live dabei ist, wenn „seine“ Rede gehalten wird.

Eigene „Reden-Redakteure“: Es ist sicher das Ergebnis langer Erfahrung, dass große Institutionen für die formale (nicht inhaltliche) Überarbeitung ihrer Redemanuskripte eigene Fachleute haben.

2. Zum Formalen – oder: Was das Vorlesen geschriebener Texte erleichtert:

Stichwörter versus Text: Ob sich leichter nach Stichwortkonzept oder nach ausformuliertem Text reden lässt, hängt von sehr verschiedenen Parametern ab:

- vom Typus des Redners
- von der Qualität der Vorinformation des Redners
- von der Wichtigkeit der Situation
- vom Redeinhalt

Hieraus lassen sich weitere Folgerungen ableiten:

Klare kurze Stichwörter: Die Stichwörter müssen kurz, klar und „auf einen Blick" erkannt werden können. Der Wechsel zwischen Stichwörtern und Text muss ganz deutlich am Druckbild erkennbar sein, s. u. Punkt 4.

Nie alles in Stichwörtern: Nach einem nicht selbst geschriebenen Stichwortkonzept zu sprechen ist meist schwierig. Deshalb sollten auch da, wo Stichwörter statt ausformulierter Sätze verlangt werden, bestimmte, z. B. ganz besonders wichtige Passagen ausformuliert sein.

Ausformulieren bestimmter Passagen: In der Regel werden folgende Passagen einer Rede besser ausformuliert:

- Anfang und Schluss;
- Äußerungen zur Persönlichkeit eines anderen (z. B. eines Jubilars etc.) – Peinlichkeiten oder „Freud'sche Versprecher" sind sonst oft nicht zu vermeiden;
- Informationen zu Sachverhalten, mit denen der Redner nicht bestens vertraut ist.

Mischung von Stichwörtern und Text: Am schwierigsten spricht man nach „halbformulierten Sätzen"; sie sind weder Stichwörter noch vorzulesender Text. Die benötigte Zeit, das eigentliche „Stichwort" in diesen halbformulierten Sätzen zu erkennen, ist zu lang, die Folge sind häufige Versprecher.

Verständliche, „mündliche" Sprache: Guter Schreibstil und guter Redestil unterscheiden sich grundsätzlich voneinander. Der Redenschreiber muss daher immer das gesprochene Wort im Ohr und „in der Feder" haben. Grundsätzlich gilt für das gesprochene Wort:

- kurze Sätze, wenig Nebensätze, keine Schachtelsätze;
- wenig Fremdwörter, und falls notwendig: erst die Erklärung oder Umschreibung geben, dann das Fremdwort benützen.

3. Zum Inhaltlichen: Hier sind vor allem drei Punkte wichtig:

Deutliche Übergänge: Im gesprochenen Text sind mehr gliedernde Übergänge zwischen den einzelnen Redeteilen notwendig als in geschriebenen Texten, z. B.: Ankündigung des nächsten Redeabschnitts, deutlicher Abschluss eines Gedankens. Nur so ist der Gedankengang nachvollziehbar. Redenschreiber müssen diese Übergänge formulieren.

Zusammenfassungen: Weit mehr als in geschriebenen Texten erhalten die Zusammenfassungen von Gedanken in gesprochenen Texten ein besonderes Gewicht, vor allem in informativen, inhaltsreichen Reden.

Deduktive Gedankengänge: In mündlicher Kommunikation nennt man i. d. R. zuerst das Wesentliche, dann die Details, argumentiert vom Allgemeinen zum Besonderen, zieht also eine deduktive Gedankenführung der induktiven vor.

4. Zum Drucktechnischen – das den Text im engeren Sinn erst „lesbar" – „vorlesbar" – macht

DIN-A4- oder DIN-A5-Format: Reden sollten, wenn der Redner einen Tisch oder ein Pult vorfinden wird, auf DIN-A4-Papier geschrieben sein; wird der Redner im Raum ohne Pult stehen, sind DIN-A5-Karteikarten quer das ideale Format.

Einseitig beschreiben und nummerieren: Manuskriptseiten werden immer nur einseitig beschrieben und oben deutlich nummeriert.

Schriftgröße: Die ideale Schriftgröße für den Text ist 16 pt, für Überschriften stets 2 pt mehr, also 18 pt.

Deutlicher Rand mit Überschriften: An der rechten Seite einen deutlichen Rand (Marginalien) lassen: Hier können die jeweiligen Hauptgedanken als Schlagwörter „ausgeworfen" werden. Der Redner kann sich damit leichter einmal von seinem Text lösen und kann jederzeit einige Gedanken überspringen (z. B. aus Zeitgründen oder weil Vorredner bereits Wichtiges vorweggenommen haben), ohne den Faden zu verlieren.

Kein Trennen: Wörter werden prinzipiell nicht getrennt. Statt Blockverwende man lieber Flattersatz; sonst werden, da Trennungen ausbleiben, die Abstände zwischen den Wörtern leicht übermäßig lang, der Text wird damit schwieriger zu lesen.

Kein Seitenwechsel im Satz: Innerhalb eines Satzes wird prinzipiell kein Seitenwechsel vorgenommen.

Neuer Gedanke – neue Seite: Mit einem neuen Gedanken beginnt grundsätzlich auch eine neue Seite. Auf diese Weise wird es dem Redner erleichtert, Blickkontakt mit den Hörern herzustellen.

Fettdruck statt Unterstreichungen: Hervorhebungen stets durch Fettdruck, nicht durch Unterstreichen; Fettdruck ist leichter und schneller zu lesen.

Stichwörter und Text deutlich trennen: Stichwortpassagen sind von Textpassagen im Schriftbild unmissverständlich zu trennen, z.B. die Stichwörter in gerader, den Text dann in kursiver Schrift. Achtung: Kursive Schrift ist meist etwas schwieriger zu lesen – diese entweder 1 pt größer setzen oder den Abstand z.B. um 0,25 pt vergrößern.

Schrifttyp: Den Redner fragen, welche Schrift er bevorzugt: eine glatte Schrift (u.a. Arial) oder eine mit Serifen (u.a. Times New Roman).

3.7.2 Rhetorische Stilfiguren

In Kapitel 3.1.2 wurde schon unter dem Aspekt der Verständlichkeit auf die Bedeutung bewusster Sprachgestaltung hingewiesen. Wie gesagt (vgl. Kapitel 3.1.4): „*Den Stil verbessern heißt, den Gedanken verbessern.*“ (Nietzsche)

Rhetorische Stilfiguren dienen sprachlicher Intensivierung, sie gestalten die Rede anschaulich, eindringlich, spannend, d.h. angenehm für den Hörer.

Aus der Fülle rhetorischer Stilmittel hat Lemmermann (2000, 110) eine für die angewandte Rhetorik brauchbare Auswahl getroffen (Tab. 1).

Tabelle 1: Stilmittel für die angewandte Rhetorik (nach Lemmermann 2000)

Rhetorisches Mittel	Wirkungsakzent
1. Beispiel, Einzelheit	**anschaulich**
2. Vergleich	
3. Bild (Metapher), Bildreihe	
4. Erzählung (Narratio)	
5. Wiederholung	**eindringlich**
6. Verdeutlichung	
7. Raffung	
8. Ausruf	
9. Zitat	
10. Kreuzstellung (Chiasmus)	
11. Steigerung (Klimax)	**spannend**
12. Gegensatz (Antithese)	
13. Kette	
14. Vorhalt	
15. Überraschung	
16. Ankündigung	
17. Wortspiel	**ästhetisch, anschaulich**
18. Anspielung (Allusion)	
19. Umschreibung (Periphrase)	
20. Übertreibung (Hyperbel)	
21. Scheinwiderspruch (Paradox)	
22. Einschub	**kommunikativ**
23. Vorgriff oder Einwandvorausnahme (Prolepsis)	
24. Scheinfrage (rhetorische Frage)	
25. Mitverstehen (Synekdoche)	

Anmerkungen und Erläuterungen zu einigen Stilmitteln:

Zu 5. Wiederholung: Man unterscheidet vier Hauptarten:

- wörtliche Wiederholung
- variierte Wiederholung (derselbe Inhalt mit anderen Worten)
- Teilwiederholung (z. B. der Satzanfänge – Anapher – oder der Schlussworte eines Satzes – Epipher)
- erweiternde Wiederholung (z. B.: „Dann, nur dann, wirklich nur dann ...")

Zu 7. Raffung: Kurze Zusammenfassung in wenigen prägnanten Sätzen mit dem Ziel einer Kurzorientierung der Hörer.

Zu 10. Kreuzstellung (Chiasmus): Anordnung von Satzgliedern über Kreuz, z. B.: „Ihr Leben ist dein Tod! Ihr Tod dein Leben!" (Schiller, Maria Stuart, Vers 1294) oder „[...] die Kunst ist lang! / Und kurz ist unser Leben" (Goethe, Faust I, Vers 558f).

Zu 14. Vorhalt: Dies bezeichnet eine bewusst vorgenommene Verzögerung, die Neugier weckt und so die innere Gespanntheit der Hörer erhält.

Zu 16. Ankündigung: Wichtige Redeteile werden als solche angekündigt.

Zu 21. Scheinwiderspruch (Paradox): Gemeint sind paradoxe Formulierungen, z. B.: „Weniger ist mehr!"

Zu 25. Mitverstehen (Synekdoche): Verkürzte Ausdrucksweise, bei der man sich darauf verlässt, dass der Hörer den Sinn bzw. das Angedeutete versteht.

Weitere anschauliche Beispiele zu allen rhetorischen Figuren finden sich u. a. bei Lemmermann (2000) sowie bei Reclam/Miderhoff (1979).

Arbeitsblatt

Rhetorische Stilfiguren

I.

1. Suchen Sie in der Zeitung nach einem stilistisch gut ausgearbeiteten Text (oft der Hauptkommentar oder die Glosse), unterstreichen Sie alle rhetorischen Figuren und versuchen Sie eine Zuordnung.

2. Suchen Sie in Werbetexten nach rhetorischen Figuren.

3. Nehmen Sie jetzt einen beliebigen Zeitungstext (z. B. einen Kommentar), und versuchen Sie, diesen Text stilistisch-rhetorisch zu verbessern.

II.

Laden Sie aus dem Internet den Text einer wichtigen Rede (z. B. einer Regierungserklärung) herunter und drucken Sie ihn aus.

Unterstreichen Sie nun alle rhetorischen Figuren, die Sie finden. Sie werden überrascht sein, wie stilistisch sorgfältig die meisten dieser Reden vorbereitet sind.

**Es gehört mehr Mut dazu, seine Meinung zu ändern,
als ihr treu zu bleiben.**
(Fr. Hebbel)

Viel leichter ist Widerlegen als Beweisen,
Umwerfen als Aufstellen.
(Schopenhauer)

Wer starke Worte gebraucht,
hat meist schwache Argumente.
(H. Leeb als Bayer. Justizminister am 23.11.1994)

4 Argumentieren und Überzeugen Strategien zur Meinungsbildung und zum Meinungswechsel

Fragen des Argumentierens, des Überzeugens stehen im Mittelpunkt vieler Abhandlungen zur Rhetorik. Schon die antike Rhetorik suchte nach der besten Möglichkeit der Glaubhaftmachung des eigenen Standpunktes.

Mit der Frage nach der Glaubhaftmachung taucht zugleich das Problem der Grenze zwischen Argumentieren und Manipulieren bzw. zwischen Überzeugen und Überreden auf. Der Unterschied liegt häufig weniger in der sog. rhetorischen Taktik als vielmehr in der Art ihres Einsatzes: Blockiert sie das Denken – oder lässt sie die Freiheit eigener Entscheidung?

Der Unterschied lässt sich deshalb nicht generell, sondern immer nur im Einzelfall bestimmen. Die Möglichkeit der Überzeugung und des Meinungswechsels hängt im Wesentlichen ab von:

1. **Kommunikator** – Sprecher, Redner:
   - Glaubwürdigkeit: früheres Verhalten, Expertenstatus/Kompetenz, Verhältnis zur Zielgruppe etc.
   - nonverbales Verhalten: Auftreten, Stimme etc.
   - Engagement

2. **Kommunikation** – Form und Inhalt
   formal:
   - Verständlichkeit
   - Organisation der Kommunikation: Aufbau, Gliederung, auch Zeitpunkt etc.
   - Argumentationsfiguren

   inhaltlich:
   - Qualität
   - Auswahl und Anzahl der Argumente etc.

3. **Zielgruppe** – Gesprächspartner, Zuhörende
   - Vorinformation
   - Urteil und Vorurteil
   - Einstellung zum Problem
   - Persönlichkeit etc.

Aus der Fülle möglicher Strategien zum Meinungswechsel haben wir einige Grundmuster zusammengestellt. Die folgenden Argumentationsfiguren dürfen nicht unreflektiert als Regeln für die eigene Argumentation missverstanden werden.

! Diese Zusammenstellung soll vielmehr Techniken und Taktiken der Argumentation und Manipulation transparenter werden lassen und zum Erkennen persuasiver Vorgänge beitragen. Die Frage nach der eigenen angemessenen, transparenten und auf Überzeugung angelegten Argumentation muss immer wieder individuell und für jede Situation neu gestellt werden.

4.1 Argumentationsfiguren

Die einzelnen Argumentationsfiguren stehen selten isoliert, sondern zumeist in Kombination mit anderen; sie sind als Grundmuster anzusehen und können in jeder Kommunikationsform auftreten. Die folgende Anordnung orientiert sich an Haseloff (1968).

Faktische Argumentation – Argumentation im engeren Sinne

Begründung der Aussage durch
- Fakten, Zahlen, Statistiken;
- Belege und Quellenangaben;
- Hinweise auf Gesetze, Paragraphen, Vorschriften;
- logische Schlüsse etc.

Drei Strategien der faktischen Argumentation sollen besonders hervorgehoben werden:

Detaillierung
Je genauer und detaillierter ein Faktum, umso leichter wird es akzeptiert. Unbestimmte und ungenaue Daten („so etwa...", „circa...", „ungefähr vor...") sind von geringerer Aussagekraft und Glaubwürdigkeit als exakte und genaue Angaben.

Folgerungen für die eigene Argumentation

- Was man genau weiß, sage man genau; es lohnt eine gute, exakte Vorbereitung. Und umgekehrt:
- Auch exakte detaillierte Angaben können falsch sein!

„ICH HABE DAS SCHRIFTLICH!“

Schriftliche Belege

Schriftlich Vorliegendes wird leichter angenommen als lediglich mündlich Vorgetragenes.

Folgerungen für die eigene Argumentation

- In Besprechungen und Verhandlungen kann es ausschlaggebend sein, die entsprechenden Unterlagen „zur Hand“ zu haben.
- Gründliche Vorbereitung!

Statistik, Tabellen, Schaubilder

Sie sollen der Anschaulichkeit dienen, können Fakten schlagartig relativieren, Relationen verdeutlichen etc.

Sie können aber auch, manipulativ eingesetzt, verschleiern, falsche Relationen aufweisen etc. (Ganz im Sinne von: „Trau keiner Statistik, die du nicht selbst gefälscht hast.“)

Folgerung für die eigene Argumentation

Vor Verhandlungen z.B. kann die Beschaffung detaillierter und genauer Fakten sowie schriftlicher Unterlagen (Gesetzestexte, Berechnungen etc.) den Meinungsbildungsprozess positiv beeinflussen.

Plausibilitäts-Argumentation – Argumentieren mit dem Selbstverständlichen

Hierzu zählen alle Sprachmuster, die Überzeugung hervorrufen wollen durch „subjektive Erfahrungsgewissheiten", durch „einleuchtend Selbstverständliches" etc.; in der einfachsten Form häufig eingeleitet z. B. durch „*Wie jeder weiß ...*", „*Niemand kann bestreiten ...*", „*Jeder hat schon die Erfahrung gemacht ...*", „*Wer rechnet, erkennt bald ...*" etc. Typische Plausibilitätsargumentationen sind u. a.:

Evidenz-Suggestion

Versuch, die eigene Meinung als allgemein anerkannte Selbstverständlichkeit hinzustellen, z. B. durch

- allgemeine Erfahrungen,
- unreflektierte Selbstverständlichkeiten,
- die Meinung der „Mehrheit".

Zustimmungskette

Das Aufstellen von einleuchtenden Behauptungen, die unwidersprochen sind – die aber auch ohne Bezug zur eigentlichen Aussage des Redenden stehen.

Durch das vehemente Aufstellen solcher Behauptungen wird versucht, eine pauschale Zustimmung zu den noch folgenden Argumenten des Redners zu erhalten.

Extrem-Alternativen

Das willkürliche Erweitern der Aussage der Kontrahenten, um sie daraufhin ad absurdum zu führen und zu zeigen, wie wenig plausibel deren Vorschlag ist. Eine These wird eigenmächtig umgewandelt in eine Ursache für selbstkonstruierte Folgerungen. Zwischen extremen Alternativen erscheint der eigene Vorschlag dann als die „vernünftige" Lösung.

Theorie und Praxis

Hierbei werden die Ebenen je nach Bedarf und Belieben gewechselt, z. B. „*Prinzipiell ist es richtig, dass ..., in dem speziellen Fall allerdings zeigt die Praxis, dass ...*" oder umgekehrt: „*In diesem Fall mag das stimmen, die Praxis gibt Ihnen Recht. Aber generell ...*" Diese Argumentationsfigur

- ist häufig verbunden mit der Argumentation aus der persönlichen Erfahrung,
- wobei der Erfahrungshorizont der Zielgruppe zum Maßstab der Wertung wird.

Beispiel und Vergleich
Argumentationsverschiebung auf das anschauliche und somit plausible Beispiel oder den Vergleichsfall.

Moralische Argumentation

Fakten, Thesen, Behauptungen werden verbunden mit moralisch-ethischen Grundsätzen:

Höhere Werte
Der Sprecher nimmt höhere Werte für seine Argumente in Anspruch, z.B. Anständigkeit, Gerechtigkeit, Ehrlichkeit, Fairness, moralische Verpflichtungen; oder er verweist auf das entsprechende Verhalten von bei der Zielgruppe anerkannten Persönlichkeiten in parallelen Fällen etc.

Angemessenheit
Betonung der moralischen Angemessenheit einer Entscheidung. Versuch der Relativierung von Beschlüssen etc.

Vorfrage
Strategien moralischer Wertung stehen häufig in Verbindung mit der taktischen Argumentationsfigur der Vorfrage: Vor der eigentlichen Sachdiskussion lässt man sich moralische Prinzipien bestätigen, z.B.: „*Es geht heute als Erstes um die Frage, wie wir uns möglichst gerecht allen gegenüber verhalten können.*“

Emotionale Argumentation

Die Wirksamkeit von Argumentationsketten, in denen nicht nur Verstand und Wille, sondern auch das Gefühl angesprochen werden, ist unbestritten. Der Redner steuert die Emotionen und Ängste seiner Hörer direkt an. Deshalb wird gerade hier oft die Grenze zwischen Argumentation und Manipulation überschritten.

Aber ein Punkt soll für die eigene Argumentation besonders hervorgehoben werden:

Angst und Furcht erregende Appelle bewirken im Allgemeinen weniger. Die Abwehr von deutlich geschilderten negativen Folgen z. B. kann den entgegengesetzten Effekt haben: Der Hörer überträgt seine Abwehr auf den Sprecher, dessen Einflussmöglichkeiten damit sinken. „Bangemachen gilt nicht", sagt eine alte deutsche Redensart. Die Kommunikationsforschung bestätigt das: Stark Angst auslösende Appelle können unter bestimmten Umständen sogar ein paradoxes Verhalten zur Folge haben – der Appell wird nicht nur nicht angenommen, sondern oft kann ein gegenteiliges Verhalten beobachtet werden.

Eine häufige Form emotionaler Argumentation ist auch der Aufbau eines gemeinsamen Feindbildes. Durch den gezielten Angriff auf Fremdgruppen sollen die Solidarität in der eigenen Gruppe verstärkt, Widersprüche verdeckt oder zumindest überbrückt werden. *Gemeinsam gegen* ist (leider!) oft emotional leichter als *gemeinsam für*.

Taktische Argumentation

In dieser Gruppe werden verschiedene taktische Argumentationsstrategien zum Meinungswechsel zusammengefasst, hier sollen nur einige wenige exemplarisch genannt werden.

Vorwegnahme

Argumente, die von der Gegenseite vorgebracht werden oder vorgebracht werden könnten, nimmt der Redner selbst vorweg – durch

- Einwand-Thematisierung – „*Natürlich gibt es dazu auch andere Ansichten ...*" –, ohne dass jedoch auf diese anderen Ansichten eingegangen wird;
- Einwand-Erwähnung, z. B. „*Uns wird vorgehalten, dass ...*", wobei die anderen Ansichten genannt werden; oder
- Vorwegwiderlegung: „*Man sagt: ... – das lässt sich allerdings leicht widerlegen: ...*"

Häufig ist die bloße Erwähnung möglicher oder tatsächlicher Einwände und Gegenargumente effektiver als ihr Ausdiskutieren oder Widerlegen.

Diversion

Der Sprecher bzw. Gesprächspartner versucht, vom eigentlichen Problem oder Thema abzulenken durch Verschiebung auf andere Sachfragen, durch Gegenfragen oder durch Verlagerung der Argumentation auf die Person des Kontrahenten. Diese letzte Methode, auch als „Ad-personam-Technik“ bekannt, ist manipulativ und oft erst spät zu durchschauen, insbesondere wenn der Andersdenkende nicht angegriffen wird, sondern wenn ihm Verständnis oder gar Mitleid entgegengebracht werden.

Das öffentliche Hinterfragen der Motive eines Menschen wertet im Allgemeinen seine Meinung ab.

Scheinzustimmung

Die Methoden der Scheinzustimmung sind vielfältig, die banalste ist unter der Bezeichnung „ja – aber“ bekannt. Das Prinzip ist immer ähnlich: Die Aussage des anderen wird zerlegt, einzelne Glieder oder Argumentationsteile isoliert und diese bejaht, andere (oft die entscheidenden) verneint. Dies geschieht entweder durch prinzipielle Zustimmung bei Ablehnung der konkreten Einzelvorschläge oder durch Zustimmung einzelner Teile bei Ablehnung der Gesamtaussage. Der angestrebte Effekt ist der Gleiche: Durch das Ja soll der Partner diskussionsbereit bleiben und sich so nicht angegriffen oder zur Verteidigung herausgefordert fühlen; durch das Aber werden seine Vorstellungen trotzdem letztlich abgelehnt.

Zur taktischen Argumentation könnten viele weitere Strategien angeführt werden, z. B.

- Verschieben der Beweislast,
- Bestreiten der Ausgangslage,
- systematische Wiederholungen,
- unvollständiges Zitieren,
- Andeutungen etc.

Doch es geht hier nicht um Vollständigkeit. Die genannten Strategien stehen beispielhaft, sie mögen ähnliche leichter erkennbar machen, damit Manipulation schneller aufgedeckt, Argumentationsketten transparenter werden. Viele Hinweise dienen somit weniger der eigenen Aktion als vielmehr der Reaktion mit dem Ziel der Versachlichung der Diskussionen und objektiven Klärung von Problemen.

4.2 Argumentationsziele

Für die Wahl der *Argumentationsfiguren* ist das *Argumentationsziel* von entscheidender Bedeutung. Hierbei lassen sich nach Völzing (1979) zwei grundlegend unterschiedliche Situationen differenzieren: die kooperative und die strategische Argumentation.

Kooperative Argumentation
Diese ist dadurch gekennzeichnet, dass die Diskussionspartner beide zu einer Einigung kommen wollen, auch wenn für sie damit Kompromisse verbunden sind. Die Diskussionspartner versuchen deshalb,
- ihre Handlungen zu begründen, d.h. sie für die anderen durchschaubar und nachvollziehbar zu machen;
- ihre Ziele zu verdeutlichen, d.h. ihre Wünsche und Zielvorstellungen dem Gesprächspartner offen zu legen;
- ihre Gründe und Absichten erkennbar zu machen.

Kooperative Argumentation bedeutet also
- weitgehende Offenheit der Gesprächspartner,
- Anerkennung von Kompromisslösungen,
- Eingehen auf den Gesprächspartner.

Strategische Argumentation
Strategische Argumentation heißt, der eigenen Maximalforderung so nahe wie möglich zu kommen. Die Diskussionspartner versuchen deshalb,
- ihre Zielvorstellungen nicht von Anfang an offen zu legen;
- so wenig wie möglich auf Kompromisse einzugehen;
- eigene Handlungen nicht zu begründen, um so den Gesprächspartner zu verunsichern.

Dies lässt sich erreichen durch:

1. Angriffe auf den Gesprächspartner
   - Drohung: Man versucht, durch Drohungen die Position des Gegenübers zu schwächen und die eigene damit zu stärken.
   - Einschüchterung: Man kann, z.B. durch das Einbringen sehr gewichtiger Argumente gleich zu Beginn eines Gesprächs, versuchen, den Partner einzuschüchtern und damit ebenfalls die eigene Position zu stärken.

2. Verteidigung
   - Ausweichen: Eine sehr häufig angewandte Argumentationsweise besteht darin, dem Gesprächspartner keinen Angriffspunkt zu liefern, indem man der Argumentation ausweicht. Der Diskussionspartner wird dadurch zur Offenlegung eigener Argumente veranlasst, da kein Widerspruch erfolgt. Ausweichen kann realisiert werden z. B. durch
     Mystifizieren: „*Das ist eine lange Geschichte!*"
     Verweisen: „*Das weiß ich nicht, da müssen Sie meinen Chef fragen.*"
     Ausweichen ins Allgemeine: „*Die Sache ist nicht so einfach, wie wir sie uns vorstellen.*"
   - Problemorientierte Verteidigung: Man versucht, durch sachliche Argumentation die Stärke der eigenen Position zu begründen und die Argumente der Gegenseite zu widerlegen.

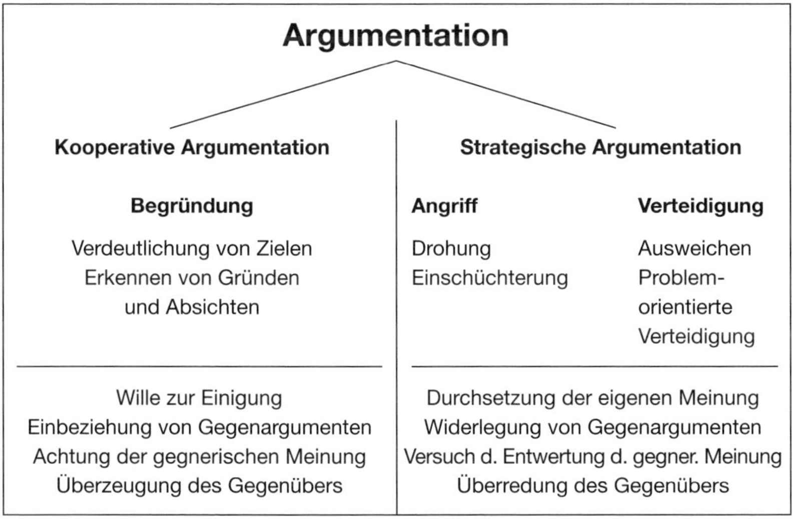

Abbildung 26: Formen der Argumentation

Wichtig in Völzings System ist: Jede strategische Argumentation muss kooperativ aussehen! Durchschaut der Gesprächspartner die eigene strategische Vorgehensweise, so wird sie unwirksam. Jedes Argumentationsziel lässt sich durch bestimmte Argumentationsfiguren (s. o.) realisieren, z. B.:

- Ausweichen durch den Verweis auf den Gegensatz von Theorie und Praxis (*Plausibilitäts*argumentation) oder Scheinzustimmung (*taktische* Argumentation) u. v. m.;
- Einschüchterung z. B. durch Inanspruchnahme höherer Werte;
- Begründung von Handlungen durch (richtige) Fakten und Zahlen (*faktische* Argumentation).

Diese Zusammenhänge von Argumentationsstrukturen und Argumentationszielen lassen sich jedoch niemals eindeutig zuordnen; faktische Argumente, wie z. B. Statistiken, sind manipulierbar, anders auslegbar, interpretierbar, mit dem Ziel, dem Gesprächspartner strategisch und nicht kooperativ zu begegnen.

! Die beschriebenen Argumentationsfiguren sind – zum größten Teil – zunächst einmal wertfrei. Erst ihr Gebrauch (nach dem jeweiligen Argumentationsziel) macht den Unterschied zwischen Argumentieren und Manipulieren.

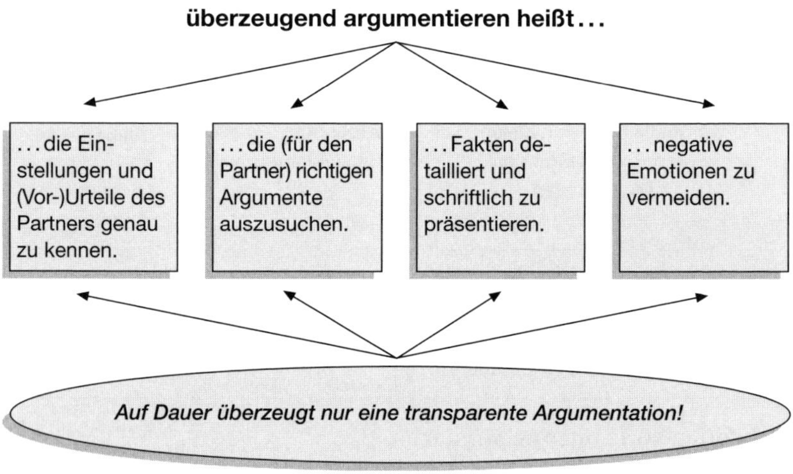

Abbildung 27: Überzeugende Argumentation

Zur vertiefenden Lektüre über viele Facetten der Argumentation, auch zum Unterschied zwischen Überzeugen und Überreden, empfehlen wir Pawlowski (2005, 235–296).

Arbeitsblatt

Argumentieren

1. Suchen Sie aus Ihrem Alltag bekannte, typische Gesprächssituationen, in denen überwiegend kooperativ bzw. strategisch argumentiert wird.

2. Beschreiben Sie typische argumentative Verhaltensweisen der verschiedenen Partner in dieser Situation.

3. Versuchen Sie, je eine dieser typischen Situationen im Rollenspiel darzustellen.

Sage nicht alles,
was du weißt,
aber wisse alles, was du sagst.
(Matthias Claudius)

Eine Diskussion ist unmöglich mit jemandem, der vorgibt, die Wahrheit nicht zu suchen, sondern schon zu besitzen.
(Romain Rolland)

Gut Gespräch kürzt den Weg.
(Alter Spruch)

Das Schwierige am Diskutieren ist nicht, den eigenen Standpunkt zu verteidigen, sondern ihn zu kennen.
(André Maurios)

5 Gespräch – Moderation

5.1 Grundlagen der Gesprächsführung Verstehen und verstanden werden

So verschieden die Gespräche, so verschieden die richtige Gesprächsführung. Allen Gesprächen, die hier behandelt werden, liegt aber der gleiche Gedanke zugrunde: im kooperativen Miteinandersprechen die für alle akzeptabelste Lösung zu finden.

Doch genau das ist nicht immer leicht. Eines der am häufigsten zitierten Modelle, die Schwierigkeit des Verstehens und Verstandenwerdens anschaulich darzustellen, ist das (von Freud übernommene, aber in der Bedeutung veränderte) sog. *Eisbergmodell* (Abb. 28).

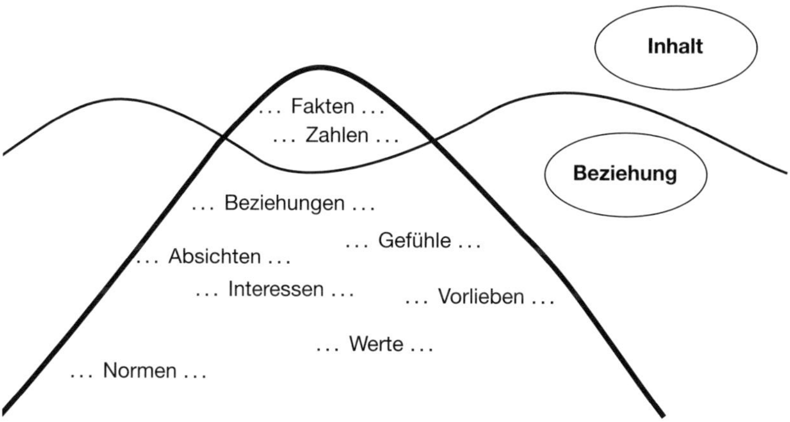

Abbildung 28: „Eisbergmodell" des Verstehens und Verstandenwerdens

„Eisbergmodell", weil der größte Teil der Information oft nicht ausgesprochen wird. Gerade aber das, was sich „unter Wasser" befindet, prägt das Verhalten des Gesprächspartners und damit das Gespräch selbst maßgeblich:

- Gefühle und Absichten
- Befürchtungen
- Erfahrungen
- Beziehungen
- Normen und Werte

Deshalb reden wir oft aneinander vorbei oder verstehen nur Teile dessen, was der Andere uns mitteilen möchte.

Schulz von Thun (2005) hat die Schwierigkeiten und Hürden des Verstehens sehr plastisch mit seinem „4-Ohren-Modell“ erklärt.

Stellen Sie sich folgende Situation vor: Mutter, Vater und Sohn Ben sitzen beim Frühstück, das Fenster ist offen. Die Mutter schaut aus dem Fenster auf Bäume und Garten und sagt: „*Es sieht noch nicht nach Frühling aus.*“ In jeder Botschaft stecken vier unterschiedliche Teilbotschaften:

Sachinhalt: Was sagt der Sender „objektiv“ aus, als Tatsachenfeststellung, Behauptung oder Meinungsäußerung?
(hier: *Die Bäume haben noch keine Blätter und es blüht auch noch nichts.*)

Selbstoffenbarung: Was sagt der Sender über sich selbst (indirekt) aus? Was erfahren wir über seine Person, Stimmung, Verfassung …?
(hier: *Mir ist es mit offenem Fenster zu kalt.*)

Beziehung: Wie sieht der Sender seine Beziehung zum Empfänger? Als wen behandelt er ihn? Welches Rollenverständnis liegt vor?
(hier: *Mutter zu Sohn*)

Appell: Was möchte der Sender beim Empfänger erreichen, was dessen Taten, Gefühle oder Meinung betrifft?
(hier: „*Ben, mach bitte das Fenster zu.*“)

Gleichzeitig kann jede Botschaft auf unterschiedliche Arten interpretiert werden:

Selbstoffenbarung: Was ist das für einer?

Beziehung: Wie redet der eigentlich von mir?
Wen glaubt er vor sich zu haben?

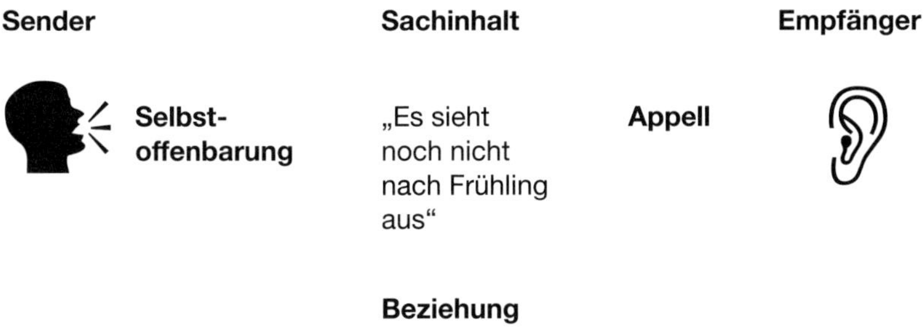

Abbildung 29: Die vier Teilbotschaften einer Botschaft (nach Schulz von Thun 2005)

Sachinhalt: Wie ist der Sachverhalt?

Appell: Was soll ich tun, denken, fühlen auf Grund seiner Mitteilung?

So ist es nicht immer leicht, aus dem Inhalt, dem Sprechen, der Körpersprache die eigentliche Botschaft zu verstehen – und sich selbst unmissverständlich auszudrücken. Aber das Wissen um diese Schwierigkeiten, um die vier Seiten der gesendeten Nachricht und um die vier Ohren, mit denen wir sie empfangen, macht Verstehen und Verstandenwerden schon erheblich leichter und lässt auch leichter das richtige Gesprächsverhalten (das in den nächsten Kapiteln vorgestellt wird) finden.

5.1.1 Strukturierte Gespräche

Unter den Begriff *strukturierte Gespräche* subsumieren wir alle Gespräche, in denen es um die Klärung von Sachfragen geht, um den Austausch von Informationen und Meinungen, um das Lösen von Sachproblemen etc.

> Die Besprechung ist die allgemeine Grundform eines strukturierten Gespräches. **!**

Der prinzipielle Ablauf einer Besprechung ist auf viele und sehr unterschiedliche Gesprächssituationen anwendbar, z. B.:

- Diskussion über ein festgelegtes Thema,
- Verhandlungen,
- Konferenzen,
- Meetings,

aber auch genauso bei

- Aussprachen im Anschluss an ein Referat,
- Sitzungen von Projektgruppen,
- Problemlösungs-Gesprächen,
- Unterhaltungen im privaten Kreis, wenn es etwa um eine gemeinsam zu treffende Entscheidung geht, etc.

Das Einhalten der einzelnen Stufen im folgenden Schema macht Besprechungen zielgerichteter, schneller, für alle Teilnehmer befriedigender und d. h. insgesamt effektiver. Missverständnissen wird vorgebeugt, Abschweifungen vom Thema werden verhindert, die Klärung von Sachfragen verläuft insgesamt zufriedenstellender.

Der unten beschriebene Ablauf eines strukturierten Gespräches ist als Grundschema für alle Besprechungen zu einer Thematik anzusehen. Bei mehreren Tagesordnungspunkten wiederholen sich die Phasen 3 bis 5 entsprechend.

In vielen nicht-strukturierten Gesprächen versuchen häufig einzelne Gesprächspartner, während des Gespräches die nicht erfolgte gemeinsame Gesprächsplanung (s. u., Phase 3) nachträglich zu erreichen. Es kommt dann zu Äußerungen wie „*Vielleicht sollten wir jetzt erst klären ...*“ oder „*An dieser Stelle sollten wir überlegen ...*“ oder „*Jetzt führt es uns nicht weiter, wenn wir nicht erst ...*“ etc.

Diese Beiträge bezeichnen wir, im Gegensatz zu sog. Sachbeiträgen, als „Strukturierungsbeiträge“, weil sie den Versuch machen, dem Gespräch eine „Struktur“, d. h.: einen sinnvollen inhaltlichen Ablauf zu geben.

Ablauf eines strukturierten Gespräches, einer Besprechung

0. Gesprächs-Vorbereitung	z. B. Unterlagen, Raum, Sitzordnung, Zeit, Tagesordnung, Einladung etc.
1. Gesprächs-Eröffnung	je nach Gesprächssituation: z. B. Begrüßung, Dank an die Teilnehmer, Hinweis auf die Referenten, Referentinnen etc.
2. Gesprächs-Anlass	Warum und mit welchem Ziel sprechen wir jetzt in diesem Kreis über dieses Thema, d. h. also die Abklärung von Motivation und Intention?
3. Gemeinsame Gesprächsplanung (Strukturierungsphase)	a) Sammeln von Problemkreisen bzw. Schwerpunkten, Detailaspekten b) evtl. Themaeinschränkung bzw. Themabeschränkung c) Festlegung der Reihenfolge der Problemkreise, Gedankengang
4. Gesprächs-Verlauf	a) Gesprächs-Anstoß; er bringt den (in Punkt 3c festgelegten) ersten Problemkreis ins Gespräch. b) Diskussion über den ersten Problemkreis c) Zwischenzusammenfassung des ersten Problemkreises; erstes Teilergebnis d) Frage, ob damit dieser erste Punkt abgeschlossen werden kann a) – b) – c) – d) mit dem zweiten Problemkreis; a) – b) – c) – d) mit dem dritten Problemkreis etc., je nach der Komplexität des Themas, d. h. der Anzahl der verschiedenen Problemkreise
5. Gesprächs-Abschluss	je nach Gesprächssituation: z. B. Festhalten des Ergebnisses, Endzusammenfassung, Abstimmung, Arbeitsprotokoll etc.

Drei Punkten in diesem Gesprächsablauf kommt eine besondere Bedeutung zu:

Zum Gesprächsanlass

Der Anlass eines Gespräches sollte zu Beginn auch dann genannt werden, wenn er offensichtlich feststeht und allen Gesprächsteilnehmern bekannt ist (bzw. sein sollte). Missverständnisse im Grundsätzlichen klären sich oft bereits hier, Kompromissmöglichkeiten bahnen sich an etc.

Es ist wichtig, bereits vor Beginn des eigentlichen Gespräches zu wissen: Geht es nur um einen Meinungsaustausch, oder muss am Ende abgestimmt werden? Werden in diesem Gespräch Vorschläge erarbeitet oder Beschlüsse mit Konsequenzen gefasst? Wollen (müssen) wir uns heute bereits einigen? etc.

Zur gemeinsamen Gesprächsplanung

Der eigentlichen Sach-Diskussion geht ein *Gespräch über das Gespräch* voraus, in dem die zu behandelnden Punkte angesprochen und gesammelt werden. Dies dient vor allem der inneren Logik des Gesprächs, es gibt dem Gesprächsverantwortlichen die Möglichkeit, bei Abschweifungen einzuschreiten; darüber hinaus werden manche Sachfragen bereits vorab geklärt.

Wichtigster Grundsatz für die Strukturierungsphase: nicht diskutieren, debattieren, argumentieren, sondern die Struktur des kommenden Gespräches festlegen.

Diese gemeinsame Gesprächsplanung ist eine zeitlich begrenzte, kurze Phase. Hier ist eine straffe Gesprächsleitung oft notwendig, sonst wird vielleicht bereits vor dem eigentlichen Gespräch alles „zerredet“.

In der Regel gehört es zur Gesprächsvorbereitung für den Leiter, sich über den möglichen Verlauf des Gespräches schon vorher Gedanken zu machen. Aber er sollte trotzdem keine Struktur vorgeben (an die sich dann erfahrungsgemäß doch niemand hält!), sondern bewusst die Phase der *gemeinsamen Gesprächsplanung* versuchen.

Zur Zwischenzusammenfassung

Zusammenfassungen verdeutlichen den gegenwärtigen Stand der Diskussion, beugen Missverständnissen vor, klären ab, stellen die weiteren Gesprächsbeiträge auf eine neue Basis etc.

Hinweise für Besprechungsteilnehmer
Neben dem Besprechungsleiter haben auch Besprechungsteilnehmer bei der Vorbereitung vieles zu bedenken, z. B.:

- Wer ist Leiter(in)? (Welche Position vertritt er/sie?)
- Wer sind die anderen Teilnehmenden?
- Was wird in welcher Reihenfolge besprochen? Möchte ich an dieser Reihenfolge etwas ändern?
- Welche Interessenkonflikte sind zu erwarten?
- Wie kann ich meine Position vertreten, begründen, was ist beweisbar?
- Welche Unterlagen muss ich richten, mitnehmen, evtl. für die anderen Teilnehmer vervielfältigen?
- Welche Strategie muss ich verfolgen?

Für Leiter wie Teilnehmer gilt: Nur eine gründliche Vorbereitung sichert einen befriedigenden Verlauf der Besprechung und hinterher vertretbare Vereinbarungen.

!

Hinweise für Gesprächsleiter:

- Darf ein Gesprächsleiter seine eigene Meinung sagen?
- Soll der Gesprächsleiter die Reihenfolge der Wortmeldungen einhalten?
- Darf ein Gesprächsleiter einen Diskussionsteilnehmer unterbrechen?
- Soll der Gesprächsleiter am Anfang eine Einführung geben?
- Soll der Gesprächsleiter die Redezeit festlegen?

Diese und andere Fragen nach dem Gesprächsleiterverhalten lassen sich mit „Ja“ und „Nein“ beantworten, je nachdem, an welche konkrete Gesprächssituation der Fragende gerade denkt: an eine Dienstbesprechung, an eine Podiumsdiskussion, an eine Diskussionsrunde etc.

In der Literatur zur angewandten Rhetorik finden sich häufig *Regeln für die Gesprächsleiter*, wobei fast stets an die öffentliche Diskussion gedacht wird. Vorschriften wie *„Der Gesprächsleiter verhalte sich neutral und äußere seine eigene Meinung nicht“* oder *„Der Gesprächsleiter notiere sich die Reihenfolge der Wortmeldungen“* etc. gelten dort und fast nur ausschließlich dort.

Viele dieser Regeln, die eigentlich „Regeln für Moderatoren“ heißen müssten (siehe Kapitel 5.1.2), sind zudem falsch. So heißt es häufig, der Gesprächsleiter müsse seine Meinung als Frage formulieren. Das allerdings ist jedem kommunikativen Prozess hinderlich; Meinung formuliere man als Meinung, Frage als Frage, Vermutung als Vermutung, Gefühl als Gefühl. Das gilt grundsätzlich, auch für Gesprächsleitende.

In den Diskussionen des privaten und beruflichen Alltags jedoch ist der sog. Gesprächsleiter zugleich auch Teilnehmer der Gesprächsrunde, d. h., er wird sich mit seiner Meinung, seinen Vorstellungen und seinem Wissen in gleicher Weise einbringen wie die anderen Gesprächsteilnehmer. Er hat (z. B. durch sein Fachwissen oder seine institutionelle Position, etwa als Vorgesetzter) überdies die Verantwortung für den Ablauf des Gesprächs. Deshalb ist es zutreffender, vom Gesprächs*verantwortlichen* zu sprechen.

In Besprechungen, Sitzungen und Konferenzen sind die Aufgaben des Gesprächsverantwortlichen:

- Eröffnung des Gesprächs, Begrüßung, Vorstellung
- Feststellung oder Erarbeitung des Gesprächsanlasses
- Organisation und Leitung der gemeinsamen Gesprächsplanung (Strukturierungsphase)
- Gesprächsanstöße zu den einzelnen Problemkreisen
- Zwischenzusammenfassungen
- Evtl. Worterteilung – falls nötig
- Evtl. Wortentzug – falls unbedingt notwendig
- Feststellen des Gesprächsergebnisses

Sein Verhalten sollte beitragen

- zur gemeinsamen Klärung der anstehenden Probleme,
- zur Möglichkeit der freien Äußerung aller Teilnehmer,
- zur argumentativen Auseinandersetzung.

Das ist nur möglich, wenn der Gesprächsverantwortliche

- sensibel ist für die nonverbalen Zeichen der Teilnehmer – und für seine eigenen,
- seine Meinung gleichberechtigt neben die der anderen Teilnehmer stellt,

- Gruppenprozesse erkennen und kritische Situationen auffangen kann,
- Gesprächsteilnehmer zur Verbalisierung ihrer Gedanken und Gefühle anregen kann,
- gelernt hat, zuzuhören.

Im Übrigen kann es – gerade im größeren Kreis – sinnvoll sein, einzelne Funktionen, z. B. das Führen einer Liste der Wortmeldungen, an andere Besprechungsteilnehmer zu delegieren.

Noch ein Wort zu dem Unterschied zwischen einem Gesprächsleiter und einem Moderator. Häufig werden beide Begriffe synonym verwandt. Wird jedoch unterschieden, dann vertritt der Moderator im Gegensatz zum Gesprächsleiter seine eigene Meinung nicht – hier liegt der entscheidende Unterschied: Der Moderator ist neutral, unparteiisch. Seine Aufgabe besteht darin, die anderen Gesprächsteilnehmer zu einem möglichst optimalen Gesprächsergebnis hinzuführen (siehe Kapitel 5.1.2).

Protokoll: Allein das Protokoll verleiht dem Gesprächsergebnis Gültigkeit, erst das Protokoll zeigt, ob wirklich Einigkeit erzielt wurde. Wird während eines Gespräches weder visualisiert noch transparent protokolliert, ist einem nachhaltig gültigen Gesprächsergebnis oft die selektive Wahrnehmung im Weg: Jeder versteht das, was er verstehen will. In der Praxis bedeutet das häufig ein mühevolles Nachbereiten von Gesprächen, in manchen Fällen ein nochmaliges Treffen mit dem einzigen Zweck, bereits Besprochenes noch einmal besprechen zu müssen.

Außerdem verändern sich viele Gespräche, wenn etwas verschriftlicht wird, gehen erstaunlich schnell in die Tiefe, machen Unterschiede deutlich und Gemeinsamkeiten, auf die man sich einigen kann. Diese Funktionen erfüllt ein Protokoll allerdings nur, wenn zwei Grundbedingungen gegeben sind:

Das Protokoll wird transparent erstellt und zeitnah verteilt. !

Das heißt:

- Jeder Gesprächsteilnehmer sollte zu jeder Zeit den Inhalt des Protokolls kennen.
- Das Protokoll liegt möglichst bald nach Gesprächsende vor.
- Jeder Besprechungsteil wird mit einer sog. Protokollnotiz abgeschlossen. Diese Protokollnotiz ist Teil der Besprechung: sie wird gemeinsam formuliert und abgestimmt. Jeder weiß zu jedem Zeitpunkt, was gerade ins Protokoll aufgenommen wird.
- Eine mögliche Visualisierung (z. B. Flipchart, Beamer) unterstützt die Transparenz – und das heißt auch die spätere Akzeptanz und Identifikation mit dem Ergebnis.
- Am Besprechungsende sollten alle Protokollnotizen im Zusammenhang verlesen, evtl. korrigiert und bestätigt werden.
- Das Protokoll sollte unmittelbar nach Gesprächsschluss verteilt werden (z. B. durch einfaches Fotokopieren oder durch Ausdruck bei Erstellung des Protokolls mit Notebook oder elektronischem Whiteboard).

Eine Konferenz ist eine Sitzung,
bei der viele hineingehen
und wenig herauskommt.
(Werner Finck)

Zusammenfassen

Zu den schwierigsten Aufgaben des Gesprächsverantwortlichen zählt das Zusammenfassen. Die vielleicht wichtigste Übung zum Leiten von Gesprächen ist deshalb das Training der Zusammenfassung. Hierzu dienen, nach Schwierigkeitsgrad aufgebaut, die folgenden Übungen:

1. Lesen Sie einen Zeitungskommentar und geben Sie die wesentlichen Gedanken wieder.
2. Hören Sie einen Rundfunk- oder Fernsehkommentar und fassen Sie anschließend zusammen.
3. Lesen Sie mehrere kurze Zeitungsartikel (am besten wieder Kommentare) ohne Unterbrechung hintereinander und fassen Sie danach die verschiedenen Artikel zusammen.
4. Nehmen Sie Rundfunk- oder Fernseh-Diskussionen auf. Wenn Sie die Aufnahme hinterher abspielen, stoppen Sie alle 5 Minuten (später alle 10 und zuletzt alle 15 Minuten) die Aufnahme und fassen Sie das Gespräch zusammen.
5. Nach jeder Zusammenfassung stellen Sie sich die Fragen der anschließenden Kriterien zur Auswertung.

Kriterien zur Auswertung von Zusammenfassungen:

1. Vergleichen Sie nach der Zusammenfassung Originalbeitrag und Zusammenfassung hinsichtlich der inhaltlichen Richtigkeit:

- Wurden alle wichtigen Gedanken genannt?
- Wurde das jeweils Wesentliche erkannt und in der Zusammenfassung entsprechend deutlich?

2. Analysieren Sie die Zusammenfassungen nach folgenden drei Kriterien:

a) Subjektivität/Objektivität

- Wurde versucht, weitgehend objektiv zusammenzufassen?
- War die Zusammenfassung subjektiv, von eigener Meinung und Einstellung beeinflusst? (Wenn ja: War diese Subjektivität offen oder versteckt?)

b) Auswahlprinzip

- Was wurde zusammengefasst, was nicht?
- Erhielten in der Zusammenfassung alle Gedanken von gleicher Wichtigkeit auch gleich viel Raum?
- Nach welchem Grundsatz wurden die Punkte ausgewählt, die in die Zusammenfassung aufgenommen wurden?

c) Ausführlichkeit

- Wie lang war die Zusammenfassung im Verhältnis zum Original?

3. Abschließend fragen Sie:

Wäre der jeweilige Kommentator bzw. der jeweilige Sprecher wohl mit dieser Zusammenfassung einverstanden?

MODERIEREN

5.1.2 Moderation

Die zentrale Aufgabe eines Moderators während eines Gesprächs (einer Besprechung, Projektsitzung etc.) ist, den Entscheidungsprozess durch Visualisierung und Strukturierung zu unterstützen. Ein Moderator im engeren Sinn ist völlig unparteiisch und ist ausschließlich für die Struktur und den Prozess verantwortlich – nicht für den Inhalt. Häufig agiert aber in Gesprächsrunden der Gesprächsleiter zugleich als Moderator, ohne seine eigenen fachlichen Interessen aufzugeben. Im beruflichen Alltag sind diese Situationen, die eine besondere Herausforderung an den Leiter stellen, die Regel.

Moderieren als Strukturierungshilfe

Was versteht man unter Strukturieren während einer Moderation?

Mit Hilfe bestimmter bewährter Moderationsmethoden werden die Diskussionsteilnehmer zu einer lösungsorientierten Diskussionsweise angeleitet. Anstelle einer spontanen Diskussion, die an einem beliebigen Punkt ansetzt und ohne konkreten Ablaufplan verläuft, wählt der Moderator eine für die Themenstellung sinnvolle Kombination von Methoden aus, die den Entscheidungsprozess unterstützen (s. u.).

Vorteile einer Strukturierung:

- Ideen werden verwaltet, gehen nicht ungewollt verloren.
- Ideen werden gezielt weiterentwickelt.

- Die Diskussion verläuft zielorientiert.
- Die Dominanz Einzelner kann ausgeglichen werden.
- Auch Schüchterne leisten ihren Beitrag.
- Auch ungewöhnliche Ideen können geäußert werden.

Strukturierungsmöglichkeiten

- Einpunktfrage
- mehrfache Einpunktfrage
- Mehrpunktfrage
- Zuruffrage
- Kartenabfrage
- Kleingruppenarbeit
- Diskussion
- Brainwriting
- Fragenspeicher
- Maßnahmenkatalog
- Stimmungsbarometer
- Mind Map (s. Kapitel 3.5.2)

Einpunktfrage

Der Moderator stellt eine eindeutige Frage, die mit einer Skala gekoppelt ist. Jeder Teilnehmer setzt einen Klebepunkt an die Stelle, die seiner Einschätzung entspricht. Das entstandene Bild wird analysiert.

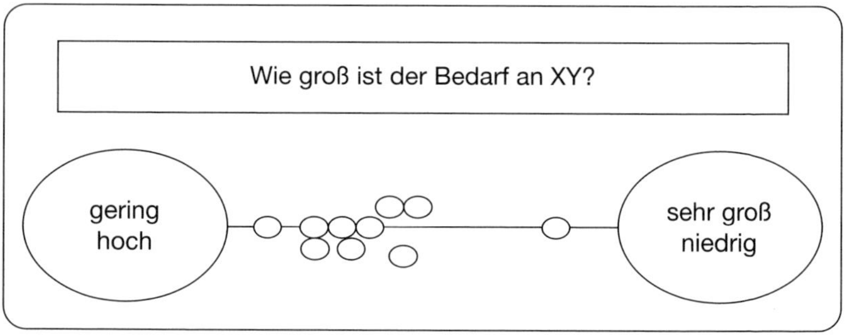

Abbildung 30: Einpunktfrage

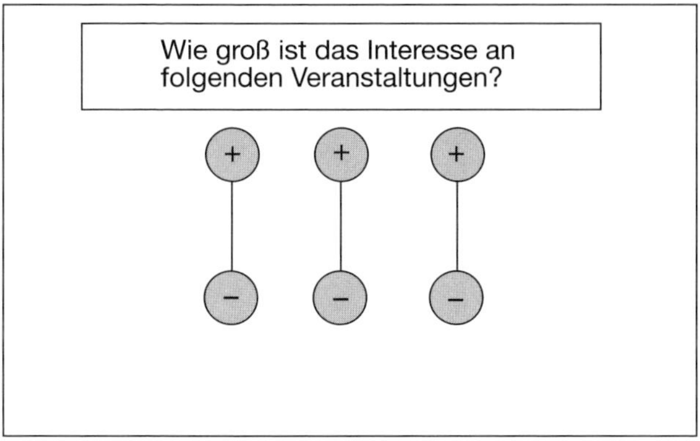

Abbildung 31: Mehrfache Einpunktfrage

Mehrfache Einpunktfrage
Der Moderator stellt eine eindeutige Frage, die die Teilnehmer wiederum mit einem Klebepunkt beantworten sollen. Hier stehen jedoch mehrere Skalen zur Verfügung. Die Teilnehmer müssen sich also für eine von mehreren Alternativen und für die Ausprägung entscheiden.

Mehrpunktfrage
Die Teilnehmer erhalten eine begrenzte Anzahl von Klebepunkten, mit denen sie verschiedene Antwortmöglichkeiten auf eine klar formulierte Frage unabhängig voneinander bewerten. Die Teilnehmer müssen ihre Punkte an verschiedene Alternativen vergeben. Es würde das Stimmungsbild verzerren, wenn Teilnehmer alle oder mehrere Punkte an eine Alternative vergeben würden. Die Teilnehmer dürfen aber ihre Punkte verfallen lassen. Liegt der Verdacht nahe, dass geschummelt wurde, kann man die Teilnehmer im Nachhinein bitten, ihre Initialen auf ihre Punkte zu notieren. Ungültige oder leere Punkte werden dann entfernt. Dabei sollte jeder Teilnehmer halb so viele Punkte zur Verwendung haben, wie es Alternativen gibt. Beispiel: „*Welche drei Ideen sollten unbedingt verwirklicht werden?*“ – Es stehen acht Alternativen zur Wahl, jeder Teilnehmer erhält vier Punkte.

Zuruffrage
Der Moderator stellt eine klar formulierte Frage mit dem Ziel eines Brainstormings. Teilnehmer rufen unstrukturierte spontane Ideen zu, der Moderator oder eine von ihm beauftragte Person schreibt jede

Antwort in Form eines Schlagwortes auf eine Karte und heftet diese unstrukturiert an die Pinwand. Anschließend wird eine gemeinsame Clusterbildung vorgenommen. Die Cluster werden dann mit gemeinsam gefundenen Überschriften versehen. Passt eine Karte in mehrere Cluster, wird sie gedoppelt: Jedem Cluster wird ein Exemplar zugeordnet.

Kartenabfrage
Der Moderator stellt wie bei der Zuruffrage eine klar formulierte Frage mit dem Ziel eines Brainstormings. Die Teilnehmer schreiben jeder für sich ihre Ideen auf Karten. Nach einer vereinbarten Zeit werden die Karten eingesammelt, vom Moderatoren vorgelesen und an die Pinnwand geheftet. Zusammengehörende Karten werden zu „Clustern" aneinander geheftet. Die Gruppe überwacht die Clusterbildung des Moderators.

Vorteile gegenüber der Zuruffrage sind:

- Teilnehmer beeinflussen sich nicht gegenseitig,
- Mehrfachnennungen signalisieren Meinungsschwerpunkte.

Nachteil ist ein deutlich höherer Zeitaufwand – der durch die Kartenabfrage in Kleingruppen verringert werden kann.

Kleingruppenarbeit
Die Teilnehmer setzen sich in kleinen Gruppen zusammen, um herausgefilterte Probleme zu analysieren und Lösungsansätze zu entwickeln oder um Ideen zu konkretisieren und auszuarbeiten. Im Plenum werden die Ergebnisse präsentiert und zur Diskussion gestellt.

Diskussion
Der Moderator legt mit der Gruppe das Thema oder die Problemfrage, die Gesprächsregeln sowie einen Zeitrahmen fest. Es kann mit einer Statementrunde begonnen werden. Der Moderator achtet auf die Einhaltung der Gesprächsregeln und auf den *roten Faden*, zudem hält er Argumente, Teileinigungen oder Ergebnisse aus einer Arbeitsverteilung schriftlich an der Pinnwand fest.

Brainwriting
Zentrale Ideen oder Lösungsansätze werden auf kleine Plakate geschrieben, diese „wandern" reihum, wobei jeder Teilnehmer die Ideen weiterentwickelt. Abschließend werden die Ideenplakate anhand der

Mehrpunktfrage bewertet und zur Diskussion gestellt. Soll verhindert werden, dass sich die Teilnehmer von bereits genannten Ideen inspirieren lassen, ist ein jeweiliges Abknicken der bereits erbrachten Beiträge sinnvoll.

Fragenspeicher
Fragen, die nicht sofort beantwortet werden können oder sollen, werden zurückgestellt. Damit nicht dieselben Fragen wiederholt gestellt werden oder offen gebliebene Fragen nicht vergessen werden, visualisiert man auf einer Pinnwand oder einem Plakat die Fragen auf sog. Metaplan-Karten. Beantwortete Fragen können entfernt und auf einer anderen Wand, z. B. als Überschriften, verwendet werden. Fragen, die die Grundlage für die nächste Sitzung bilden, werden ins Protokoll mit aufgenommen.

Stimmungsbarometer
Damit der Moderator, aber auch die Gruppe ein Bild über die Gesamtzufriedenheit erhalten, wird eine Einpunktfrage gestellt. Hier gibt es unterschiedliche Möglichkeiten.

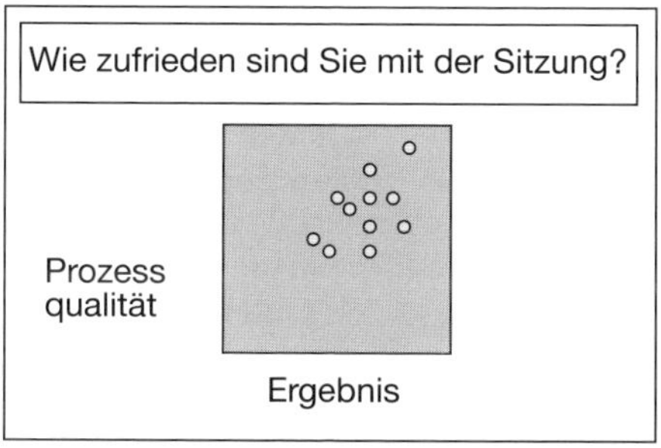

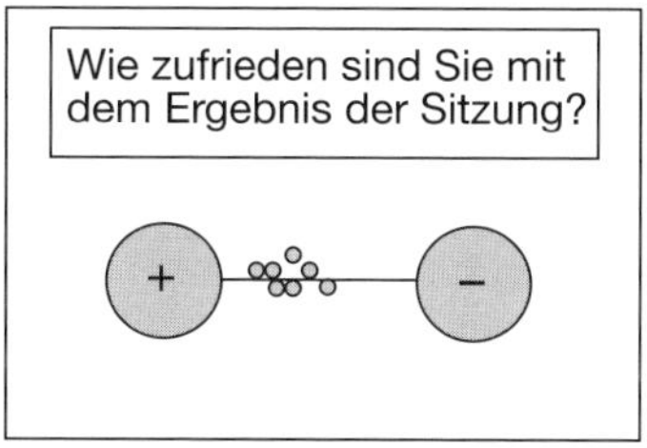

Abbildungen 32 und 33: Einpunktfragen zur Gesamtzufriedenheit

Der sinnvolle Einsatz von Moderationstechniken

Die Beispiele auf den vorangegangenen Seiten haben sich in der Moderation bewährt, meist lassen sich pro Sitzung mehrere Formen kombinieren.

! **Achten Sie darauf, dass die Sitzung nicht durch Moderationstechniken überladen ist – und das gemeinsame Gespräch zu kurz kommt.**

Die Moderationstechniken sollten immer dem Prinzip in Tabelle 2 folgen.

Tabelle 2: Prinzipien für den Einsatz von Moderationstechniken

Schritt	Ziel	Mögliche Methoden
1. Eröffnen	Begrüßen, Kennenlernen, Vorgehensweise erläutern	Partnerinterview, Vorgehensweise auf Flipchart
2. Themeneinstieg	Problembewusstsein wecken, Ideen generieren	Zuruffrage, Kartenabfrage
3. Selektieren	Ideen zu Schwerpunkten clustern, auswählen	Einpunktfrage, Mehrpunktfrage
4. Konzentrieren	ausgewählte Ideen weiterentwickeln und vertiefen	Bearbeitungsliste, Brainwriting, Kleingruppenarbeit
5. Beschließen	optimale Lösungsvorschläge auswählen	Einpunktfrage, Mehrpunktfrage
6. Aufgaben verteilen	beschlossene Maßnahmen auf Teilnehmer verteilen	Maßnahmenkatalog
7. Abschluss	offene Fragen klären bzw. für die nächste Sitzung visualisieren, Feedback	Fragenspeicher, Stimmungsbarometer

Moderation – nicht ohne Visualisierung

Wozu dient die Visualisierung?

- Zwischenergebnisse werden festgehalten und geben Impulse für weitere Diskussionen.
- Der Diskussions*fortschritt* wird dokumentiert.
- Moderator und Teilnehmer selektieren nach Wichtigkeit, ohne dass vorschnell Ideen „verboten“ werden.
- vereinfachte Protokollführung
- Ausgangspunkt und Zusammenfassungsmöglichkeit für Projektarbeit in Kleingruppen

Möglichkeiten der Visualisierung:

- Folien/Overhead – wirkt allerdings sehr distanziert, Folien stehen nicht immer zur Ansicht zur Verfügung, können aber für alle Teilnehmer fotokopiert werden
- Flipchart
- Meta-Plan-Karten in verschiedenen Farben, Formen und Größen
- Pinnwand
- Laptop mit Beamer
- Klebepunkte (für Abstimmungen, Präferenzanalysen)

Grundsätzliche Regeln der Visualisierung:

- groß genug/gut lesbar
- kurz und prägnant
- eindeutig
- Möglichst alle Etappen der Moderation sind gleichzeitig sichtbar.
- Zunächst ist jede Idee erlaubt, jeder Sachbeitrag wird visualisiert, erst in einem späteren Schritt wird evtl. selektiert.
- Der Moderator erklärt die Grundsätze der Visualisierung zu Beginn.

Was bei der Visualisierung unbedingt beachtet werden sollte:

- Farben und Formen systematisch verwenden. So können beispielsweise eckige Karten für Initiativ-Vorschläge verwendet werden, für Ergänzungen oder Erwiderungen dann ovale. Ebenso können beispielsweise grüne Karten für Vorteile oder Zustimmung stehen, rote Karte für Nachteile oder Ablehnung.

- Einheitliche Zusatzzeichen einführen, beispielsweise

  ϟ für Konflikte,
  ♥ für besondere Zustimmung,
  ? für Karten, die noch näher erläutert werden müssen, etc.

Auf diese Weise entsteht ein differenzierteres Meinungsbild mit wenig Aufwand. Als Pinnwände eignen sich am besten flexibel verstellbare Stellwände, die mit Packpapier überzogen sind. Auf diese Weise können die Karten sowohl angepinnt als auch mit dem Stift verbindende Linien aufgezeichnet werden, um die Kartenbeiträge besser zu strukturieren. Am besten die Stellwände in einem Halbkreis so aufstellen, dass die Teilnehmer darauf alles problemlos überblicken können.

- Visualisieren Sie auch Fragen! Damit vermeiden Sie ein *Uminterpretieren* der Fragestellung oder häufiges Nachfragen der Teilnehmer.

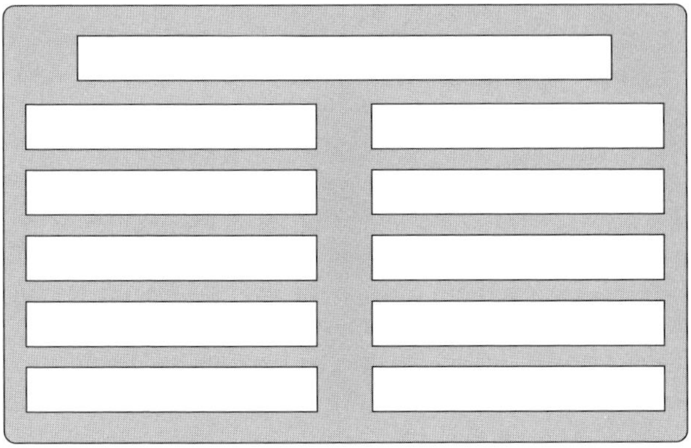

Liste mit Überschrift

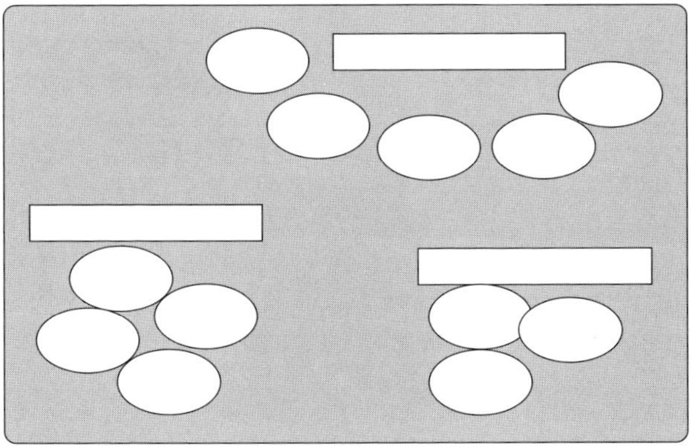

Clusterbildung

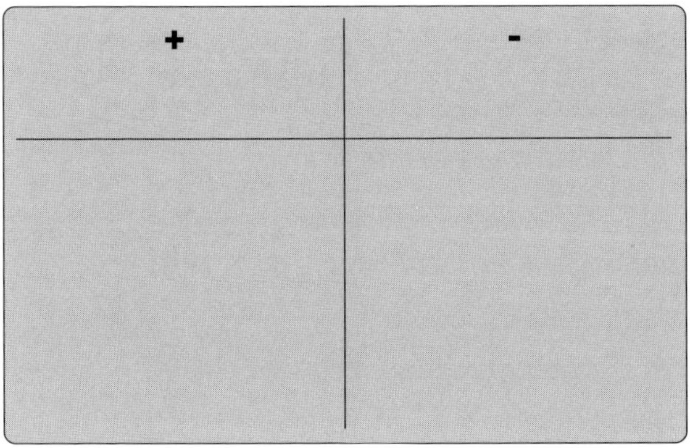

Pro-Contra-Analyse

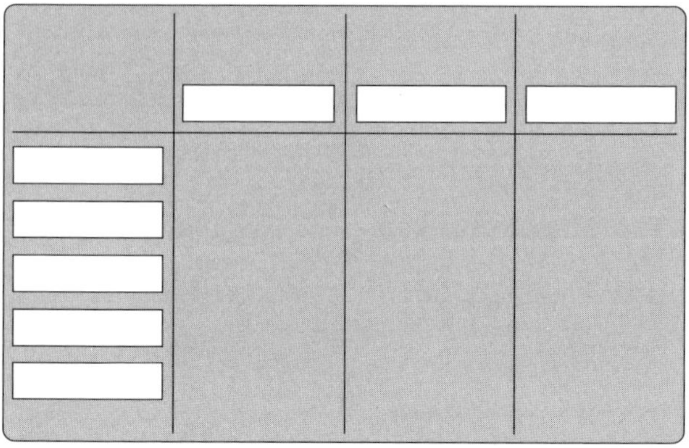

Matrix

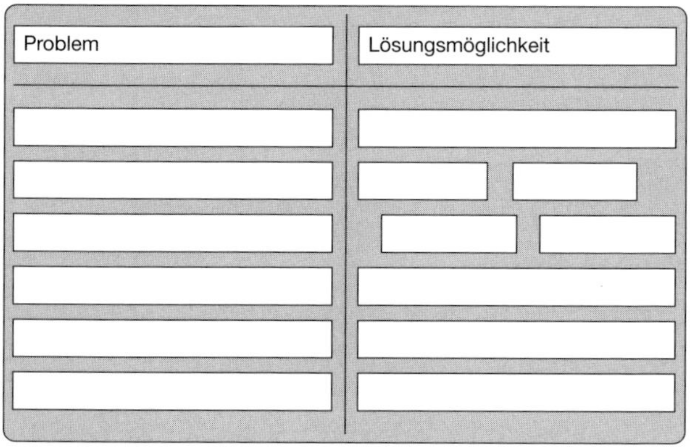

Bearbeitungsliste

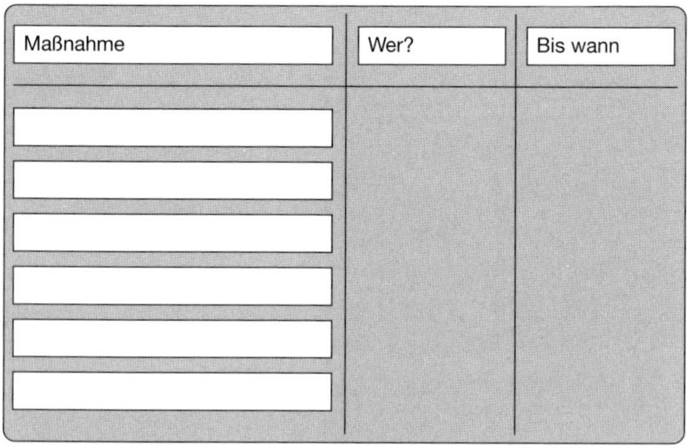

Maßnahmenkatalog

Abbildung 34 bis 39: Visualisierungsmöglichkeiten

FRAGETECHNIKEN

Klug zu fragen ist schwieriger
als klug zu antworten.
(Persisches Sprichwort)

Man muss viel gelernt haben,
um über das, was man nicht weiß,
fragen zu können.
(Rousseau)

5.1.3 Fragetechniken

Wer fragt, führt, aktiviert, produziert.

Fragen

- geben neue Impulse,
- können klären, verdeutlichen,
- bringen Prozesse neu in Gang,
- verändern Kommunikationssituationen.

Wir unterscheiden

a) geschlossene und offene Fragen,
b) direkte und indirekte Fragen
sowie die sog. rhetorische Frage.

Geschlossene Fragen lassen nur vorher festgelegte Antworten zu. Es können einfache Alternativ-Fragen sein (z. B. „Ja-/Nein-Fragen"), aber auch Mehrfachwahlfragen oder Listenfragen. Die geschlossene Frage (z. B. in Fragebögen) ist geeignet, schnell und knapp gewünschte Informationen zu erhalten.

In den meisten Fällen sind jedoch die Antwortmöglichkeiten, anders als bei der geschlossenen Frage, vom Fragenden nicht absehbar. Deshalb sind die meisten Fragen sog. **offene Fragen**.

Zwei Beispiele zur Verdeutlichung:

„*Sind Sie schon 18 Jahre alt?*" = geschlossene Frage
„*Wie alt sind Sie?*" = offene Frage

Entscheidender ist die Unterscheidung zwischen direkter und indirekter Frage.

Direkte Fragen nennen wir alle Fragen, die unmittelbar das erfragen, was der Fragende wissen möchte. Die meisten Fragen des Alltags sind direkte Fragen.

In bestimmten Gesprächssituationen sind direkte Fragen unerlässlich. Sie dienen u. a. dem Ziel,

- Informationen abzufragen,
- Probleme zu verdeutlichen,
- Gespräche in eine bestimmte Richtung zu lenken,
- Widerstände abzubauen,

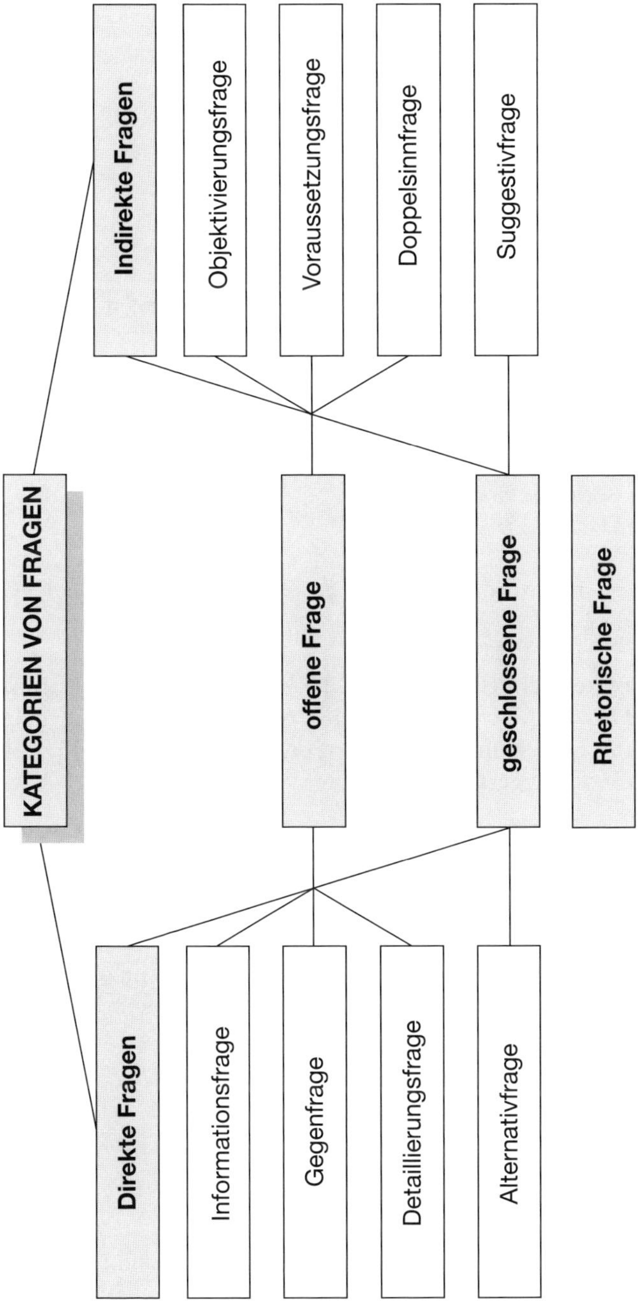

Abbildung 40: Kategorien von Fragen

- einen Konsens herzustellen,
- die Aufnahmekapazität der Partner zu prüfen,
- Ergebnisse zu kontrollieren,
- Missverständnisse rechtzeitig aufzuklären etc.

Wir unterscheiden vier direkte Fragen:

1. Informationsfrage
Informationsfragen dienen dem Zweck, Meinungen und Fakten unmittelbar zu erfahren. Dazu gehören alle sog. „W-Fragen“ (wer, wann, wo etc.) und alle Fragen, die eine konkrete Information zum Ziel haben.

- *„Wie viel Uhr ist es?“*
- *„Was kostet das?“*
- *„Wo ist der Bahnhof?“*
- *„Kommen Sie morgen?“*

Informationsfragen können somit geschlossene oder offene Fragen sein (s. o.).

Vorteil: direktes, schnelles Erfahren der gewünschten Information
Nachteil: Das Gespräch wird häufig in eine andere Richtung gelenkt, die u. U. vom Kernproblem wegführt, und als geschlossene Frage können sie z. T. wie Suggestivfragen wirken (s. u.)!

2. Gegenfrage
Die Gegenfrage beinhaltet die Nicht-Beantwortung einer Frage; die ursprüngliche Frage wird durch eine weitere Frage abgeblockt. Der Sinn liegt zumeist darin, eine nähere Stellungnahme des Gesprächspartners zu provozieren, auf neue Gesichtspunkte hinzuweisen, vor der eigenen Antwort mehr Informationen vom Fragenden zu erhalten.

Die Gegenfrage kann u. U. auch als indirekte Frage – etwa als Suggestivfrage – geäußert werden, z. B.:

A „Wie soll ich denn dieses Problem lösen?“
B: „Was meinen Sie, welche Möglichkeiten es gibt?“

Vorteil: Konkretisierung und Lenkung von Gesprächen; vertiefte Information

Nachteil: Eindruck des Ausweichens, evtl. mangelnder Sachkompetenz; Gefahr der Manipulation

3. Detaillierungsfrage

Diese Fragetechnik geht davon aus, dass der Kommunikationspartner auf eine gestellte Frage keine Antwort geben kann oder will. Der Fragende fügt nun eine weitere Frage nach einem Teilaspekt an, fragt nach einem Detail, um damit eine konkrete Antwort zu erhalten, ein Problem zu verdeutlichen, das noch nicht erkannt wurde, oder auch, um eine direkte Konfrontation zu vermeiden. Häufig führt der Weg über Detailfragen zur schnelleren Lösung des Problems, z. B.:

A: „Welche Vorschläge haben Sie, um dieses Problem zu lösen?"
B: „Nehmen wir an, wir entscheiden uns für XY; was halten Sie davon?"

Vorteil: Hinführung zu neuen Lösungen, Erleichterung von Stellungnahmen
Nachteil: eventuelle Ablenkung vom Thema, Einengung des Partners

4. Alternativfrage

Alternativfragen stellen in geschlossener Form zwei Alternativen zur Wahl, ohne weitere Wahlmöglichkeiten anzubieten, z. B.

„Können Sie mir das am Montag oder erst am Dienstag liefern?" oder *„Sollen wir uns für dieses oder doch lieber für jenes Angebot entscheiden?"*

Vorteil: stärkere Beteiligung der Gesprächspartner an Entscheidungen; Konzentration auf das Wesentliche
Nachteil: Einengung auf nur zwei Alternativen, dadurch Gefahr der Manipulation

Indirekte Fragen nennen wir alle Fragen, bei denen der Fragende eine bestimmte Strategie verfolgt oder bei denen nicht nach der eigentlich gewünschten Information gefragt wird.

Aus dem großen Bereich indirekter Fragen greifen wir vier charakteristische und häufige Fragetypen heraus.

Objektivierungsfrage
Der Fragende (z. B. Gesprächsleiter) fragt nicht nach der persönlichen Meinung der Teilnehmer, sondern nach allgemein möglichen Meinungen, Ansichten etc. Damit kann zum einen die zu frühe Identifikation des Teilnehmers mit seiner Meinung verhindert werden, Kompromisse und evtl. gemeinsame Lösungen werden erleichtert. Zum anderen wird den Teilnehmern ermöglicht, auch dann ihre Meinung zu äußern, wenn sie befürchten, eventuell mit ihrer Ansicht allein dazustehen, und sie deshalb zurückhalten. Ebenso häufig werden diese Fragen angewandt, um eine etwa durch Hierarchie bedingte Zurückhaltung zu überwinden und eine freien Dialog zu ermöglichen.

Im Folgenden jeweils einige Beispiele für die (oft ungünstige) Meinungsfrage und die (oft günstigere) Objektivierungsfrage:

Meinungsfragen:
„*Wie stellen Sie sich zu diesem Problem: … –?*“
„*Was sagen Sie dazu: … –?*“

Objektivierungsfragen:
„*Sammeln wir die verschiedenen Ansichten zu diesem Problem: …*“
„*Wie stellt man sich in Ihrer Abteilung zu …?*“
„*Erarbeiten wir zunächst einmal die verschiedenen Alternativen: …*“

Vorteil der Objektivierungsfrage: keine sofortige Identifizierung mit der geäußerten Meinung, offenere Stellungnahme, kann Gesprächsprozesse eröffnen
Nachteil der Objektivierungsfrage: Ausweichen, Gefahr der Manipulation

Voraussetzungsfrage
Bei dieser Frageform wird das eigentlich zu Erfragende stillschweigend vorausgesetzt, die Frage richtet sich auf die Folgerung oder ein Detail, z. B. nicht: „*Waren Sie gestern Morgen in der Besprechung bei Herrn X?*“, sondern: „*Wie lang ging denn gestern die Besprechung bei Herrn X?*“ – wenn der Fragende eigentlich wissen will, ob der Befragte an der Besprechung bei Herrn X teilgenommen hat.

Vorteil: Erhalt wichtiger Informationen, Vermeidung falscher (unehrlicher) Antworten
Nachteil: Manipulation, schafft unter Umständen Misstrauen. Im Allgemeinen sollte auf diese Art der Frage verzichtet werden

Doppelsinnfrage
Hierunter verstehen wir Fragen, bei denen sich der Fragende ganz bestimmter, in jeder Gesellschaft bekannter Sprachspiele bedient, z. B. *„Haben Sie heute Abend schon etwas vor?“* als vorsichtige Einladung, statt der Frage *„Gehen Sie heute Abend mit mir...“* Der Fragende weiß, dass der Gefragte (i. d. R.) den doppelten Sinn versteht und entsprechend reagiert. Hat er keine Lust, mit dem Frager einen Abend zu verbringen, kann er antworten: *„Leider habe ich für heute Abend schon ... vor.“* Er sagt ab, ohne eine Absage zu erteilen.

Im Alltag gibt es eine Fülle solcher Sprachspiele in nahezu allen privaten und beruflichen Situationen. Sprachspiele sind zum Teil gruppenabhängig, so dass es zuweilen zu Missverständnissen kommt, z. B. wenn die Gesprächspartner nicht „in derselben Liga spielen“.

Vorteil: Wahrung der persönlichen Entscheidungsfreiheit, Gesichtswahrung, Vermeiden peinlicher Gesprächssituationen
Nachteil: Gefahr von Missverständnissen, Verhinderung eines offenen Gespräches

Suggestivfrage
Bei Suggestivfragen werden durch die bestimmte Wortwahl manche Antwortmöglichkeiten ausgeschlossen, der Partner wird zu einer bestimmten (erwünschten) Antwort gedrängt, z. B.: *„Sie wollen sicher auch einen Tee?“ – „Können Sie das verantworten?“*

Eine Sonderform der Suggestivfrage ist auch die sog. Stimulierungsfrage, bei der der Partner zu einer bestimmten Antwort „ermuntert“ wird, indem er in seinem Selbstwertgefühl bestärkt wird, z. B. *„Sie als Fachmann ...“* oder: *„Können Sie uns aus Ihrer jahrelangen Erfahrung ...?“*

Vorteil: Provozieren erwünschter Stellungnahmen, Erleichterung der Antwort
Nachteil: zumeist manipulatives Eingreifen

Im Zusammenhang mit den Fragetechniken sei noch auf eine Strategie hingewiesen, die vor allem in Verhandlungen häufig vorkommt: die sog. **Umwandlungsfrage**. Sie bietet eine wesentliche Hilfe, Gesprächsprozesse offen zu halten und eine frühzeitige Festlegung der Gesprächspartner zu verhindern. Dabei wird eine geäußerte Meinung, Stellungnahme etc. in Frageform wiederholt und evtl. an die anderen Gesprächsteilnehmer weitergegeben, z. B.: *„Herr M. stellte in diesem*

Zusammenhang die Frage, ob ..."; eigentlich hatte Herr M. aber nicht gefragt, sondern festgestellt: „*Es ist soundso ...*"!

Folge: Der Gesprächspartner hat i.d.R. nicht den Eindruck, blockiert worden zu sein. Er stimmt der erneuten Infragestellung seiner Meinung zu und bleibt weiterhin konstruktiv an der Beantwortung und das heißt häufig: an der Modifizierung seiner ursprünglichen Meinung beteiligt.

! Doch auch hier gilt: Manipulation ist und bleibt die gefährlichste rhetorische „Strategie". Gerade Fragen verführen oft zur Manipulation. Ob Fragen argumentierende oder manipulierende Funktion haben, entscheidet aber nicht die Grammatik, sondern die hinter der Frage stehende Fragehaltung.

Und die **„rhetorische Frage"**?

Sie ist keine echte Frage, weil der Redner keine Antwort erwartet. Sie dient der Gliederung und der Aufmerksamkeitsweckung und ist ein allgemein bekanntes rhetorisches Stilmittel.

! Doch nicht immer öffnen und vertiefen Fragen Gesprächsprozesse. Fragen können auch Gespräche blockieren. Dann sind andere Strategien erfolgversprechender, z.B. die der nondirektiven Gesprächsführung. Denn oft kann das Nicht-Fragen wichtiger sein als das Fragen.

Und so können Fragen Gespräche eben nicht nur öffnen, sondern auch blockieren. Das kann im Wesentlichen vier Ursachen haben:

1. Die Frage kann vom augenblicklichen Gesprächsinhalt ablenken, wegführen.
2. Fragen können, vielleicht ungewollt, Nebensächliches in den Vordergrund stellen.
3. Fragen führen nicht nur, sie verführen auch.
4. Fragen nehmen häufig bereits einen großen Teil der Antwort vorweg. Das gilt nicht nur für die allbekannte Suggestivfrage.

Vielleicht machen auch deshalb viele Fragen die Befragten hellhörig und vorsichtig („Warum werde ich gerade jetzt dieses gefragt?“, „Welche Antwort erwartet man von mir?“) Antworten sind deshalb häufig gefiltert und Gespräche, die auf einer Frage-Antwort-Basis ablaufen, scheinen oft nur auf den ersten Blick gute Gespräche. Frage und Antwort garantieren noch lange kein Aufeinander-Eingehen, kein wirkliches Miteinander-Reden.

Fragen sind allzu häufig Ausdruck von Hierarchie, können asymmetrische Kommunikationssituationen schaffen. Wer kann – darf – wen wann (und evtl. vor wem) wie fragen? Am vielen Fragen erkennt man eben nicht nur den Narren, wie ein Sprichwort uns sagt, sondern ebenso den Herrn!

„Im Lateinischen steht *adrogare* für ‚noch einmal fragen‘ oder ‚etwas Fremdes für sich beanspruchen‘. Die Partizipialform erhielt später die Bedeutung von anmaßend. Doch wer denkt heute bei der Verwendung des Wortes Arroganz an das Fragen und seine latente Aggressivität.“ (Weisbach 1987, 68)

Lernen wir also nicht nur das (reflektierte) Fragen, sondern auch das Nicht-Fragen.

Wer weniger fragt, hat manchmal mehr Chancen, viel zu erfahren. !

Und so führen neben dem Fragen viele Wege zur Information.

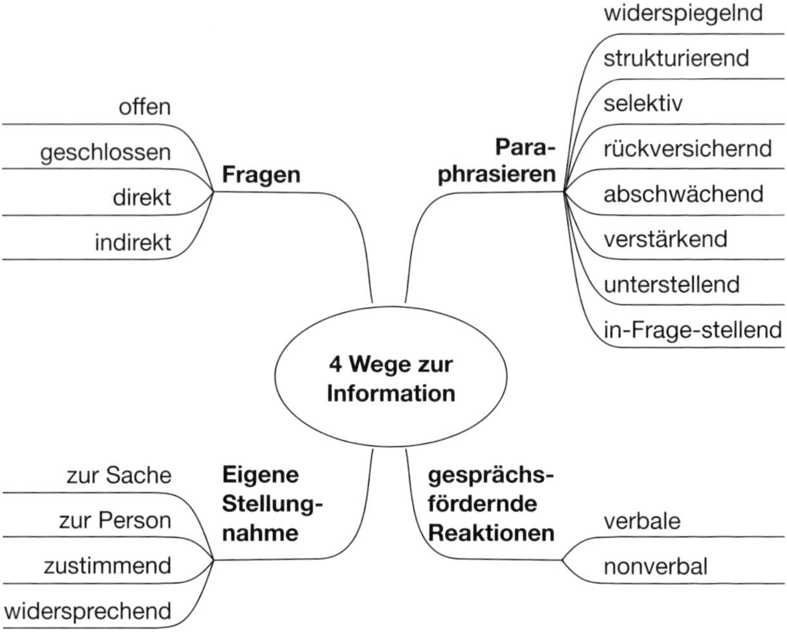

Abbildung 41: Wege zur Information

5.1.4 Non-direktives Gesprächsverhalten

Sehr häufig hängt ein befriedigendes Gesprächsergebnis davon ab, inwieweit es gelungen ist, dem Gesprächspartner zu ermöglichen, seine Meinungen, Gedanken, Pläne, Gefühle, Wünsche ausführlich zu äußern. Das kann in den unterschiedlichsten Gesprächen von entscheidender Bedeutung sein.

Für diese Gesprächsphasen hat sich eine Methode bewährt, die allgemein als nondirektive Gesprächsführung bezeichnet wird. Das Beherrschen nondirektiver Gesprächsführung ist eine Voraussetzung, Gespräche verantwortlich mitgestalten zu können.

Mit dem Begriff *non-direktives Gesprächsverhalten* wird ausgedrückt, dass einer der Gesprächspartner in bestimmten Gesprächsphasen eine Gesprächshaltung einnimmt, bei der er sich ganz auf die Äußerungen seines Partners konzentriert und sich in seinen eigenen Reaktionen und Gesprächsbeteiligungen bewusst zurückhält.

Durch non-direktives Gesprächsverhalten wird der Partner in die Lage versetzt, *seine* Ansichten und Meinungen, *seine* Widersprüche und Anliegen sowie die hinter seinen Vorstellungen und Gedanken stehenden Motive und Gefühle leichter zu artikulieren und sich so selbst seiner Vorstellungen und Absichten klarer zu werden.

Man könnte auch von einem „klärenden" oder „abklärenden" Gesprächsverhalten sprechen.

Non-direktives Gesprächsverhalten ist nicht – wie oft irrtümlich angenommen wird – beschränkt auf die Kommunikationssituationen Interview und Beratungsgespräch. Ebenso wenig aber ist „non-direktiv" *die* Gesprächsmethode schlechthin, wie in mancher (vor allem psychologischer) Literatur stillschweigend unterstellt wird.

Insgesamt wird bis heute die Bedeutung non-direktiver Gesprächsführung für alltägliche (nicht-therapeutische) Situationen unterschätzt.

Non-direktives Gesprächsverhalten kann nämlich in bestimmten Teilen einer Diskussion ebenso wie in einer Besprechung, Konferenz oder Teamsitzung, beim Einstellungsgespräch etc. angebracht – und unter Umständen durch keine andere Methode ersetzbar – sein.

Und zwar immer dann,

- wenn der Gesprächspartner (Freund, Kollege, Klient, aber auch Vorgesetzter, Mitarbeiter, Untergebener etc.) zu erkennen gibt, dass er zu einem Problem bestimmte Vorstellungen entwickeln oder Gedanken äußern möchte;

- wenn der Partner sich über bestimmte Vorschläge und Ansichten selbst offensichtlich noch nicht ganz im Klaren ist und durch Verbalisierung zur Klarheit geführt werden soll;
- wenn der Gesprächspartner sich nicht ohne weiteres traut, seine Vorstellungen ausführlich darzulegen, d. h. also um Gesprächsblockaden zu überwinden;
- wenn die Äußerungen eines Gesprächspartners von Gefühlen und Emotionen bestimmt sind;
- wenn man sich der Problemsicht seines Gesprächspartners nicht sicher ist, um Missverständnisse zu vermeiden.

Aus diesen Anwendungsmöglichkeiten wird deutlich, dass non-direktives Gesprächsverhalten auch in sehr kurzen Gesprächsphasen angezeigt sein kann und dass die Rolle des sich non-direktiv verhaltenden Gesprächspartners auch abwechselnd eingenommen werden kann (Ausnahme: Interview und Beratungsgespräch, s. u.).

Non-direktive Gesprächsführung ist außerdem in Gesprächen angebracht, in denen der *Gesprächspartner mit seinem Problem* im Mittelpunkt steht oder ein uns gemeinsam betreffendes Problem (etwa auf der Beziehungsebene) gelöst werden muss.

Für diese Gesprächssituationen hat sich – für bestimmte Gesprächs*phasen* – das hier beschriebene non-direktive Gesprächsverhalten als besonders wertvoll erwiesen.

Dabei nehmen Interview und Beratungsgespräch eine Sonderstellung ein. In beiden Gesprächsformen ist nur die Verbalisierung des einen Gesprächspartners erwünscht, Wissen, Ansichten und Meinungen des anderen treten zurück (siehe Kapitel 5.2.4 und 5.2.5).

Allgemeine Grundsätze des non-direktiven Gesprächsverhaltens

Förderlich in diesem Sinne sind alle Gesprächsbeiträge und Reaktionen, die dem Gesprächspartner verdeutlichen,

- dass seine Gedanken, Vorstellungen und Gefühle akzeptiert und ohne Wertung und sofortige Beurteilung aufgenommen werden;
- dass man selbst engagiert und konzentriert auf die von ihm gesetzten Gesprächsinhalte eingeht und
- dass man davon ausgeht, dass er seine Probleme und Vorstellungen selbst am besten kennt und lösen kann.

Drei Verhaltensweisen prägen die non-direktive Gesprächsmethodik:

1. Engagiertes Zuhören

Gemeint sind damit aktive Zeichen des konzentrierten und bejahenden, ganz auf den Partner eingehenden Zuhörens, etwa ein eingeschobenes „*Ja*", „*Hm*", „*Aha*", aber auch Blickkontakt, Kopfnicken etc.

Engagiertes Zuhören kann zusätzlich signalisiert werden durch Einschübe wie „*Erzählen Sie mal ...*", „*Schießen Sie los –*", „*Das müssen Sie uns mitteilen!*" etc. Engagiertes Zuhören ist kein passiver Vorgang; deshalb findet sich häufig auch der Begriff „aktives Zuhören".

2. Rückmeldung der Partneräußerung

Paraphrasieren, oft auch „Widerspiegeln" genannt, darunter versteht man das teilweise und manchmal zusammenfassende Wiederholen von Partneräußerungen in eigenen Worten. Dadurch wird dem Partner das Weitersprechen erleichtert; und Ablenkungen von dem für *ihn* Wesentlichen werden weitgehend vermieden.

Paraphrasen können ein Wort umfassen oder – im Sinne klärender Rekapitulation – ganze Abschnitte zusammenfassen. In diesem Fall ist die Gefahr der Interpretation sehr groß. Zusammenfassende Paraphrasen sind daher i. d. R. in Frageform zu fassen.

3. Ansprechen der Beziehungs- und Gefühlsebene

In Ergänzung zur Paraphrase im engeren Sinn werden hier nicht nur die eigentlichen Aussagen des Partners rückgemeldet, sondern auch die deutlich gewordenen (und eben oft nicht ausgesprochenen) Probleme auf der Beziehungs- und Gefühlsebene. Hier ist übrigens die Gefahr der Interpretation besonders groß; deshalb empfiehlt sich in diesem Fall die Rückmeldung in Frageform (z. B.: „*Hat es Sie geärgert, dass ...?*"), die dem Partner die eventuell notwendige Korrektur erleichtert.

Wichtig bei allen Stufen des non-direktiven Gesprächsverhaltens ist der Wunsch, den Partner, sein Problem, seine Vorstellungen und Ansichten zu verstehen, *seine* Problemsicht zu akzeptieren.

Acht typische und häufige Verhaltensweisen *hindern* den Gesprächspartner am Aussprechen seiner Gedanken und Gefühle.

Achtung: Die folgenden Verhaltensweisen sind nicht prinzipiell zu vermeiden, sondern eben nur in bestimmten Gesprächsphasen!

1. **Direkte Fragen**
   („Wann?“, „Wo?“, „Wer z. B.?“, „Belegen Sie das bitte!“ etc.)
2. **Schnelle eigene Lösungsvorschläge, Antworten**
   („Also das machen Sie jetzt am besten so …“, „Sie brauchen doch bloß …“ etc.)
3. **Beschwichtigung, Abwiegelung, Beruhigen, Trost**
   („Das mag zwar hin und wieder der Fall sein, aber…“, „Da sehen Sie aber wirklich zu schwarz …“, „Ihr Misstrauen ist in diesem Fall wirklich unbegründet …“ etc.)
4. **Bewertungen und Beurteilungen**
   („Richtig“, „Nein, sehen Sie …“ etc.)
5. **Interpretationen**
   („Mir schient, Sie wollen hier auf etwas ganz anderes hinaus …“, „Was Sie da sagen, das sagt mir Folgendes: …“ etc.)
6. **Verteidigung, Rechtfertigung, Entschuldigung**
   („An mir liegt es bestimmt nicht, wenn Sie …“, „Ich wollte doch immer schon …“)
7. **Angriff, Vorwurf**
   („Sie hätten aber auch …“)
8. **Unwissenheit vortäuschen**
   („Wovon sprechen Sie?“; „Davon weiß ich nichts!“; „Welche …?“)

DREI PARTNER BEIM KONTROLLIERTEN DIALOG

Zuhören

Die folgende Übung, die auch *kontrollierter Dialog* genannt wird, dient der Schulung aufmerksamen Zuhörens. *Sie ist kein Modell für ein gutes Gespräch, sondern dient allein dem Training.*

Sie führen die Übung zu dritt durch, nennen wir die Teilnehmer A, B und C.

Zunächst beginnt A das Gespräch mit B. Bevor B auf den ersten Beitrag von A antworten darf, muss er *sinngemäß* wiederholen, was A gesagt hat.

Um sicher zu gehen, dass der Sinn richtig verstanden wurde, muss A bestätigen („richtig“ oder „stimmt“ etc.).

Wurde er falsch verstanden, korrigiert A, und B muss den korrigierten Teil erneut wiederholen. Erst nach der Bestätigung durch A („stimmt“) darf B antworten.

Nun muss A zunächst wiederholen, was B gesagt hat, und dessen Bestätigung abwarten, bevor er antworten darf etc.

C ist Beobachter und achtet auf die Einhaltung der Regeln.

Nach der festgelegten Zeit (z. B. 5, 10 oder 15 Minuten) wechseln die Teilnehmer die Rollen: Jetzt beobachtet B, und A spricht mit C; schließlich sprechen B und C miteinander und A ist Beobachter.
Nach der dritten Runde unterhalten sie sich über ihre Erfahrungen in dieser Übung zum aufmerksamen Zuhören.

Zur Auswertung der Übung: Kontrollierter Dialog

Welche Arten von Problemen machen den kontrollierten Dialog so wichtig (nach K. Antons 2000)?

Häufige Fehler seitens des Sprechenden

- Er organisiert seine Gedanken nicht, bevor er spricht.
- Er drückt sich ungenau oder missverständlich aus.
- Er versucht, zu viel in einer Aussage unterzubringen, so dass die Verständlichkeit leidet. Die Wirksamkeit nimmt mit der Kürze zu.
- Er bringt zu viele Ideen in seine Äußerungen ein, oft untereinander nicht verbunden, so dass eine Zusammenfassung für den Partner schwierig ist.
- Er redet (z. B. aus Unsicherheit) immer weiter, ohne die Aufnahmekapazität seines Partners abzuschätzen: Fehlende Resonanz bei langem Sprechen erhöht ein Bestätigungsbedürfnis, das wirkungslos bleiben muss.
- Er übersieht bestimmte Punkte der vorausgegangenen Antwort seines Gesprächpartners und antwortet daher nicht aktuell zu dem, was zuvor gesagt wurde – das Gespräch kommt nicht vorwärts.

Häufige Fehler seitens des Zuhörers

- Er hat keine ungeteilte Aufmerksamkeit.
- Er denkt schon weiter und probt seine Antwort, statt aufmerksam zuzuhören, legt sie sich zurecht, während der Partner noch spricht. Ergebnis: Er kann nicht vollständig wiederholen, vergisst, was bereits gesagt ist und was er noch sagen will.
- Er neigt eher dazu, Details zu hören und sich Gedanken über sie zu machen, anstatt den ganzen Sinn und die wesentlichen Mitteilungen zu erfassen.
- Er denkt den Gedanken des Sprechenden schon weiter, wiederholt mehr, als der Partner gesagt hat.
- Er versucht, die Meinung seines Gesprächspartners mit der seinen in Übereinstimmung zu bringen.

Die Eitelkeit des Menschen macht,
dass das Sprechorgan viel mehr geübt wird
als das Ohr.
(Adam Müller)

Lerne zuhören
und du wirst auch von denjenigen Nutzen ziehen,
die dummes Zeug reden.
(Platon)

Ein durchgegangenes Pferd kann man wieder einfangen;
ein einmal ausgesprochenes Wort nicht.
(Arabisches Sprichwort)

5.1.5 Feedback

Feedback bedeutet Rückmeldung; im rhetorischen Kontext bezeichnet man mit Feedback die nonverbalen und verbalen Mitteilungen einer Person, die einer anderen Person sagt, wie ihr Verhalten wirkt, welchen Eindruck sie auf sie macht etc.

In der Alltagskommunikation gehören Geben und Empfangen von Feedback zu den häufigsten Kommunikationsarten. Feedback ist die beste Möglichkeit, soziales Verhalten zu erkennen und – falls gewünscht – ändern zu können.

Für Situationen, in denen sich das Feedback auf störendes Verhalten im interpersonellen Bereich bezieht, sind die folgenden zehn Gesprächsregeln von besonderer Bedeutung:

1. Wahrnehmungen sollen als Wahrnehmungen, Vermutungen als Vermutungen und Gefühle als Gefühle mitgeteilt werden.
2. Feedback soll so konkret wie möglich und ausreichend ausführlich sein. Feedback soll den Dialog zwischen Partnern eröffnen; stichwortartig Hingeworfenes eröffnet keinen Kommunikationsprozess, sondern beendet ihn oft.
3. Feedback bezieht sich auf ein ganz konkretes Verhalten in einer ganz bestimmten Situation. Je konkreter Feedback ist, umso weniger unterliegt es der Gefahr einer verallgemeinernden Wertung.

4. Feedback soll den Partner nicht analysieren. Man versuche nicht zu psychologisieren. Man sage, was man bemerkt, fühlt, sieht und hört.
5. Feedback sollte nur so viel beinhalten, wie der Partner in der konkreten Situation auch aufnehmen kann.
6. Man gebe nur dann Feedback, wenn der andere auch innerlich bereit ist, Feedback anzunehmen, und wenn die äußere Situation es zulässt.
7. Feedback soll in seiner *Form* umkehrbar sein, d.h. auch bei nicht gleichberechtigten Partnern sollte der andere in der gleichen Weise antworten können.
8. Wer Feedback annimmt, höre zunächst nur ruhig zu. Feedback ist kein Angriff – es besteht daher auch kein Grund, sich oder seine Verhaltensweise zu verteidigen.
9. Feedback heißt zunächst nur, dem anderen Informationen zu geben – und nicht, ihn zu verändern.
10. Feedback ist nicht gleich Kritik. Es umfasst daher auch – gerade – positive Wahrnehmungen und Gefühle.

Es wird nicht immer möglich sein, alle hier aufgeführten Regeln zu beachten. Dennoch sollten sie – situationsabhängig – Orientierungspunkte sein, an denen Sie sich ausrichten können. Die Einhaltung der Regeln gewährleistet, dass Ihre Mitteilung von Ihren Sozialpartnern leichter aufgenommen und verstanden werden kann.

5.1.6 Themenzentrierte Interaktion (TZI)

R. Cohn (2004) geht bei ihren Kommunikationsregeln davon aus, dass auch in sog. *sachorientierten Gesprächen* neben dem Thema (also der zu besprechenden Sache) die Bedürfnisse des einzelnen Gesprächsteilnehmers und die Beziehungen der Teilnehmer untereinander von entscheidender Bedeutung sind. Gerade aber diese beiden letztgenannten Ebenen werden in Gesprächen oft zu wenig oder gar nicht beachtet.

Nach R. Cohn enthält *jede* Interaktion drei Faktoren, die man sich bildlich als Eckpunkte eines Dreiecks vorstellen könnte:

- das *Ich* – die Persönlichkeit
- das *Wir* – die Gruppe
- das *Es* – das Thema

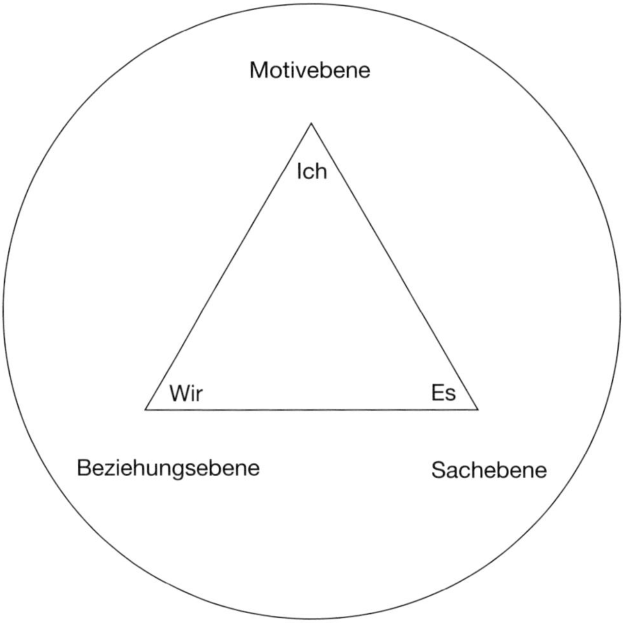

Abbildung 42: Balance zwischen den drei Gesprächskomponenten

Dieses Dreieck ist eingebettet in eine Kugel, die die Umgebung darstellt, in der die Interaktionspartner sich befinden. Die Umgebung wird definiert durch Zeit und Ort, einschließlich der historischen und sozialen Gegebenheiten.

In der TZI wird versucht, eine dynamische Balance herzustellen zwischen den drei wichtigen Komponenten eines jeden Gesprächsprozesses:

a) der Sachebene: hier geht es um die Bedürfnisse des Themas;
b) der Motivebene: hier geht es um die Bedürfnisse des Einzelnen, und:
c) der Beziehungsebene: hier geht es um die Bedürfnisse der Gruppe.

!

Anders ausgedrückt: In der TZI wird versucht, den drei Eckpunkten ES – ICH – WIR gerecht zu werden. Um das zu erreichen, müssen zwei Grundsätze, sog. Kommunikationspostulate, erfüllt sein:

1. **Jeder ist für sich selbst verantwortlich.** Unzufriedenheit nicht auf andere, etwa auf den Gesprächsleiter oder auf andere Teilnehmer, schieben: Jeder entscheidet für sich allein, wann er spricht – und wann nicht – und was er sagt.

2. **Kommunikationsstörungen haben Vorrang.** Jeder beachte die Hindernisse, die sich ihm, den anderen oder der Diskussion des Themas entgegenstellen. Man nehme sich Zeit, Störungen auszudiskutieren, die Sachdiskussion geht dann schneller.

Acht Hilfsregeln unterstützen diese beiden Grundsätze:

1. **Vertreten Sie sich selbst in Ihren Aussagen; sprechen Sie per „Ich" und nicht per „Wir" oder per „Man":** Haben Sie Mut zum Engagement. Suggerieren Sie nicht einen Konsens, der nicht da ist. Sprechen Sie nicht für andere, verlagern Sie nicht Ihre Wünsche und Bedürfnisse in andere Teilnehmer.

2. **Wenn Sie eine Frage stellen, sagen Sie, warum Sie fragen und was die Frage für Sie bedeutet. Vermeiden Sie das Interview.** Ersetzen Sie pseudo-objektive Fragen durch persönliche Aussagen. Fragen, die kein Verlangen nach Information ausdrücken, sind unecht. Wenn Teilnehmer Aussagen machen – anstelle von Fragen –, inspirieren sie zu weiteren Interaktionen.

3. **Seien Sie authentisch und selektiv in Ihrer Kommunikation. Machen Sie sich bewusst, was Sie denken und fühlen, und wählen Sie aus, was Sie sagen und tun.** Wer nur sagt und tut, weil er soll, dessen Handlungen fehlt die eigene, bewährte Überprüfung, und er handelt nicht eigenständig. Wer alles ungefiltert sagt, beachtet weder seine noch die Vertrauensbereitschaft und Verständnisfähigkeit des anderen.

   Wer lügt oder manipuliert, verhindert Annäherung und Kooperation. – Nur wer selektiv und authentisch („selective authenticity") ist, ermöglicht Vertrauen und Verständnis. Wenn Vertrauen geschaffen ist, wird eine Filterung immer mehr überflüssig. Erst dann wird Kooperation einfacher, produktiver und froher.

4. **Achten Sie auf Ihre Körpersprache und beachten Sie entsprechende Signale bei den anderen Teilnehmern.** Diese Regel ist ein Gegengewicht zur kulturell bedingten Vernachlässigung unserer Körper- und Gefühlswahrnehmungen. In jeder Interaktion kommt dem nonverbalen Aspekt erhebliche Bedeutung zu.

5. **Vermeiden Sie Verallgemeinerungen.** Verallgemeinerungen haben die Eigenart, den Gruppenprozess zu unterbrechen. Sie sind nur am Platz, wenn ein Thema ausreichend diskutiert wurde und der Wechsel des Gegenstandes angezeigt ist (z.B. als Hilfe, die dynamische Balance herzustellen oder zu einem anderen Thema überzuleiten).

6. **Wenn Sie etwas über das Benehmen oder die Charakteristik eines anderen Teilnehmers aussagen, sagen Sie auch, was es Ihnen bedeutet, dass er so ist, wie er ist (d.h. wie Sie ihn sehen).** Man kann nur seine eigene Ansicht über den anderen aussprechen, nicht aber mit dem Anspruch auf Allgemeingültigkeit.

   Feedback und Interview können Geheimwaffen für Ablenkungsmanöver und für Angriffe sein. Wenn aber der Sprecher hinzufügt, was ihm sein Feedback oder seine Fragen bedeuten, werden echte Dialoge begünstigt.

7. **Randgespräche haben Vorrang. Sie können als Störung in die Diskussion eingebracht werden** („*Vielleicht möchten Sie uns mitteilen, worüber Sie gerade sprechen?*“). Es ist wichtig, dass diese Regel als Aufforderung erlebt wird und nicht als Zwang. Die Angesprochenen werden aufgefordert und nicht erpresst. Wenn ein Gesprächsteilnehmer Aussagen an seinen Nachbarn richtet, kann es sein, dass er etwas sagen will, was ihm wichtig ist, er sich aber scheut, es zu tun; oder er kommt nicht gegen schnellere Sprecher an. Er kann auch aus dem Gesprächsprozess herausgefallen sein und versucht nun, auf diesem Weg wieder hineinzukommen.

8. **Wenn mehrere gleichzeitig sprechen wollen, muss vor der weiteren Behandlung des Sachthemas eine Einigung über den weiteren Gesprächsverlauf hergestellt werden.** Niemand kann mehr als einer Äußerung zur gleichen Zeit zuhören. Um sich auf verbale Interaktionen konzentrieren zu können, müssen sie nacheinander erfolgen. Manchmal können auch nichtverbale

Kommunikationen wie Gesten, Paarbildungen usw. ebenso ablenkend sein wie verbale Äußerungen; sie werden deshalb am besten auch aufgegriffen und in das Gespräch eingebracht.

!

R. Cohn weist darauf hin, dass diese Regeln Hilfestellungen sind, die erfahrungsgemäß in miteinander arbeitenden oder zusammenlebenden Gruppen zumindest nützlich sind.

„Sie sind jedoch keine absoluten Größen. Ihre Verabsolutierung ist Missbrauch und dient dem Geist, den sie bekämpfen möchten." (2004, 212)

Hinterfragen Sie die einzelnen TZI-Regeln:

- In welchen Gesprächssituationen Ihres Alltags kommuniziert man nach diesen Regeln?
- In welchen Situationen halten Sie es für angebracht, die TZI-Regeln zu befolgen?
- Kennen Sie Situationen, in denen einzelne TZI-Regeln gerade nicht angewendet werden sollten?
- Beschreiben Sie drei typische Kommunikationssituationen und hinterfragen Sie für jede dieser Situationen die einzelnen Regeln neu.

Wer viel redet,
erfährt wenig.
(Armenisches Sprichwort)

5.2 Typische Gespräche

5.2.1 Besprechung, Konferenz, Meeting

Die Grundsätze für eine effektive Gesprächsführung wurden bereits in Kapitel 5.1.1 ausführlich behandelt.

Die folgende Checkliste und ihre zusätzlichen Hinweise können die Vorbereitung einer Besprechung erleichtern und den wesentlichen Ablauf stichwortartig sichtbar machen.

1. Vorbereitung

Tagesordnungspunkte, Inhalte, Probleme

- rechtzeitige Information über die Besprechungspunkte
- evtl. Vorgespräche mit den späteren Teilnehmern über Inhalte und Probleme
- Aufstellen der (vorläufigen) Tagesordnung

Teilnehmer, Einladungen

- frühzeitige Planung, wer einzuladen ist (Schon manche Besprechung ist „geplatzt“ oder im Sande verlaufen, weil die entscheidenden Personen nicht eingeladen waren.)
- rechtzeitige (!) Einladung mit Zusendung der Tagesordnung und – wenn möglich – einer Teilnehmerliste (evtl. frühe Terminabsprache mit besonders wichtigen Teilnehmerinnen und Teilnehmern)
- evtl. Ladungsfristen (der Geschäftsordnung) beachten

Raum

- für die Teilnehmerzahl passende Größe (Zu kleine Räume können Aggressivität fördern, zu große Räume lassen evtl. keine Atmosphäre aufkommen.)
- organisatorische Vorbereitung: der Raum muss offen, gelüftet und geheizt sein etc.

Sitzordnung

- Bedeutung der Sitzordnung für den Ablauf kommunikativer Prozesse.
- Können sich alle Teilnehmer sehen? (Anordnung der Tische in U-Form, im Rechteck, runder Tisch etc.; wer sorgt dafür, dass vor Konferenzbeginn alles rechtzeitig gerichtet wird?)

Technische Hilfsmittel

- sich vorher informieren: was wird gebraucht (evtl. von wem) – Overheadprojektor, Tafel, Video, Flipchart, Beamer etc.
- Wer besorgt diese Hilfsmittel?

Zeitpunkt und Dauer

- realistische Zeitplanung
- nicht nur den Zeitpunkt des Beginns, sondern auch das geplante Konferenzende in der Einladung angeben
- Übrigens: Teilnehmer sind nicht zu jeder Tageszeit gleichermaßen gesprächsbereit!

Protokollart und Protokollführer

- Soll ein Ergebnis- oder ein Verlaufsprotokoll angefertigt werden?
- Wird mit sog. *Protokollnotizen* gearbeitet, über die noch während der Besprechung verbindlich abgestimmt wird?
- Wer führt das Protokoll? (Protokollführer haben oft einen entscheidenden Einfluss auf die Formulierung!)
- Protokollführer möglichst vorher bestimmen.

!

Dem Protokoll kommt für das Gesprächsergebnis und die Gesprächszufriedenheit der Teilnehmenden eine besondere Bedeutung zu (siehe Kapitel 5.1.1).

2. Eröffnung der Besprechung

- pünktlicher und offizieller Beginn
- Begrüßung
- evtl. allgemeine Hinweise (z. B. auf Pausen, Essenszeiten etc.)
- Stellenwert der heutigen Besprechung:
  Inhalte und Bedeutung
  Besprechungsziel(e)
- Festlegung der endgültigen Tagesordnung

3. Ablauf der Besprechung

Für *jeden einzelnen* Tagesordnungspunkt gilt:

a) Vorstrukturierung (gemeinsame Gesprächsplanung)
- verschiedene Aspekte und Problemkreise
- evtl. Abgrenzung, Einschränkung, Ausklammerung,
- Gliederung, Gedankengang, d. h. Festlegung der Reihenfolge der zu besprechenden Aspekte

b) Besprechung der einzelnen Aspekte in der oben festgelegten Reihenfolge jeweils mit Zwischenzusammenfassung und evtl. Protokollnotiz

c) Ergebnis und Zusammenfassung des jeweiligen Tagesordnungspunktes, evtl. mit abschließender Verlesung und Genehmigung aller Protokollnotizen zu diesem Tagesordnungspunkt

d) deutlicher Abschluss des jeweiligen Tagesordnungspunktes und Übergang zum nächsten TOP

4. Abschluss

- Endzusammenfassung mit Hervorhebung der wichtigsten Beschlüsse
- evtl. genaues Festlegen des weiteren Vorgehens (mit erneuter Protokollnotiz!)
- evtl. Vereinbarung des nächsten Termins
- Dank und offizieller Abschluss

5. Nachbereitung

- sofortige Protokollweitergabe
- Umsetzung der Beschlüsse, Wiedervorlagen etc.

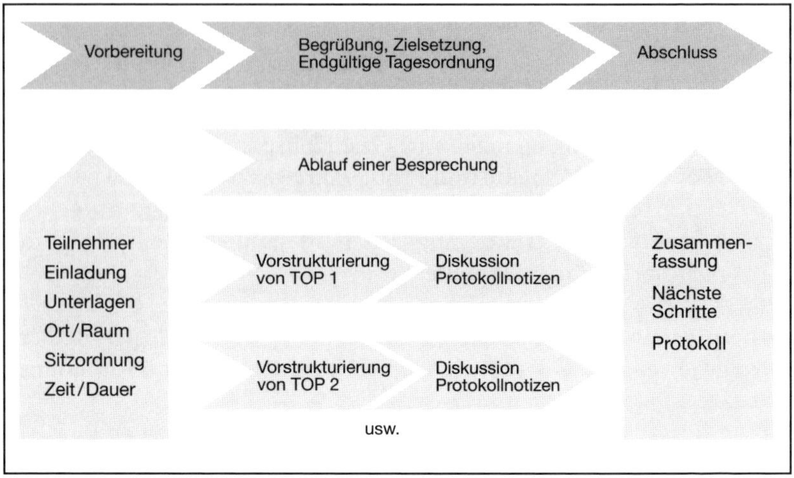

Abbildung 43: Zusammenfassendes Schema für eine effektive Gesprächsplanung und -durchführung

5.2.2 Verhandlung

Recht haben und Recht bekommen ist nicht dasselbe. Objektive Entscheidungen über Richtig und Falsch gibt es im Falle eines Interessengegensatzes nicht.

! **Recht und richtig ist in einer Verhandlung, was für beide Seiten gemeinsam als akzeptabel ausgehandelt wurde.**

Mit den Methoden erfolgreichen Verhandelns beschäftigt sich die angewandte Dialektik. Bei der Frage nach einer Definition der Dialektik flüchtet sich der Rhetoriker gerne ins Beispiel:

Ein Kapuziner und ein Jesuit haben dasselbe Problem – sie rauchen gerne, und die lange Zeit der Gebete hindert sie arg bei ihrem Laster. Deshalb wenden sie sich an ihren jeweiligen Abt.

Der Kapuziner fragt: *„Darf ich beim Beten rauchen?“*, und erhält von seinem Abt die Antwort: *„Mein Sohn, wenn du mit Gott sprichst, solltest du auf derlei weltliche Genüsse wahrlich verzichten!“*

Der Jesuit fragt hingegen seinen Abt: *„Darf ich auch beim Rauchen beten?“ „Ja, mein Sohn“*, erhält er zur Antwort, *„mit Gott sprechen darfst du immer, und es ist löblich von dir, selbst beim Rauchen an Gott zu denken.“*

So darf der eine heute beim Beten rauchen – der andere nicht.

Die folgenden Kapitel enthalten eine kurze Zusammenstellung wichtiger Verhandlungsgrundsätze und prinzipieller Denkanstöße, eine Sammlung zehn sehr unterschiedlicher, aber typischer Verhandlungsstrategien und abschließend die wohl heute bekannteste Verhandlungsstrategie, das sog. Harvard-Konzept.

Darüber hinaus aber finden Sie an vielen anderen Stellen dieses Buches Hinweise, die für die Verhandlungsführung von großer Bedeutung sind, denn die Verhandlung ist eine Spezialform des Sachgesprächs. Um Wiederholungen zu vermeiden, sei hier nur auf auch für das Verhandeln wichtige Abschnitte verwiesen:

2 Körpersprache
3.1 Verständlichkeit
3.2.3 c) Verhandlungsrede
4 Argumentieren und Überzeugen
5.1.1 Gesprächsleitung
5.1.2 Moderation
5.1.3 Fragetechniken
5.1.4 Nondirektive Gesprächsführung

„Erfolgreich verhandeln“ ist kein isoliertes Lernziel. Eine individuelle Optimierung des Verhandelns ist nur erreichbar über die Verbesserung vieler rhetorischer Verhaltensweisen.

!

Grundsätze der Verhandlungsführung

1. In der Regel scheitert erfolgreiche Verhandlungsführung in dem Augenblick, in dem das Selbstwertgefühl des Verhandlungspartners angegriffen wird. Zu der Verteidigung der Sache tritt dann noch die Verteidigung der eigenen Person. Deshalb: zuhören können, den Partner respektieren, mit Anerkennung nicht sparen.

2. Jeder Meinungswechsel muss ohne *Gesichtsverlust* möglich sein. Verhandlungspartner brauchen Zeit, um sich überzeugen zu lassen. Über unterschiedliche Interessen kann man leichter sprechen als über unterschiedliche Positionen (vgl. auch weiter unten das sog. Harvard-Konzept).
3. Gerade zum Verhandlungsbeginn sollte versucht werden, Gemeinsames herauszustellen und Konfrontation zu vermeiden. Auch ein eindeutiges Festlegen des Partners möglichst vermeiden, damit der Verhandlungsprozess wirklich offen bleibt.
4. Achten Sie besonders auf die Reihenfolge der Verhandlungspunkte. Von ihr hängt häufig das spätere Ergebnis ab!
5. Argumente überzeugen leichter, wenn der Verhandelnde eher etwas schneller spricht. Angemessen schnell sprechende Verhandlungspartner genießen in der Sache einen „Glaubwürdigkeits-Vorschuss".

   Diese Regel gilt nicht in den Kontaktphasen z. B. während des Verhandlungsbeginns oder in persönlichen Passagen im Laufe einer Verhandlung. Aufgrund eigener empirischer Untersuchungen an der Universität Regensburg lässt sich allgemein feststellen: Etwas langsameres Sprechen weckt Vertrauen in die Persönlichkeit des Sprechers, etwas schnelleres Sprechen weckt Vertrauen in seine Sachkompetenz. Allerdings sind einige Einschränkungen notwendig: Gerade *schnelles Sprechen* benötigt Pausen, Argumente müssen aufgenommen und verarbeitet werden können; *schnelles Sprechen* darf nicht dazu führen, dass der Partner überfahren wird, er die Argumenten nicht verstehen und werten kann, sich überredet fühlt, nicht mehr zu Wort kommt.
6. Verhandlungspartner mit häufigen Redebeiträgen überzeugen leichter. Quantität überdeckt zwar mangelnde Qualität nicht, aber qualitative Einwände häufig schweigender Verhandlungspartner werden in ihrem Stellenwert oft nicht erkannt.

   Auch hier muss allerdings eingeschränkt werden: „hoher Redeanteil" darf nicht missverstanden werden als „Vielschwätzerei"; außerdem gehört zum Reden immer auch die Fähigkeit, zuhören zu können.
7. Eine offene, entspannte Körperhaltung kann die Verhandlung positiv unterstützen. Der entspannte Verhandlungspartner ist der bessere Verhandlungspartner! Vgl. hierzu vor allem die Ausführungen über Lampenfieber und Sprechhemmungen.

   Auch in Verhandlungssituationen führt ein zu hoher Spannungszustand (häufig verbunden mit anderen physiologischen

Stressmerkmalen) aus biochemischen Gründen zur Beeinträchtigung intellektueller Leistungen (hier vor allem des Speicherns und Abrufens von Informationen).

8. Engagiertes Sprechen ist erste Voraussetzung erfolgreichen Verhandelns (vgl. Kapitel 2.6: die Grundsätze 1 und 2 hängen eng mit dem Engagement des Sprechers zusammen).
9. Verhandlungspartner aktivieren (durch praktische Demonstration, Notizen, Rechnen etc.) heißt oft auch, ihnen Entscheidungen zu erleichtern.
10. Wiederholungen des Standpunktes können (leider) oft leichter überzeugen (oder sollte man hier besser sagen: *überreden*?) als Argumente, Erläuterungen und Beweise.
11. Argumente müssen nicht nur wahr, sondern für die jeweiligen Verhandlungspartner glaubhaft sein. Schriftlich vorliegende und exakte, detaillierte Fakten werden leichter akzeptiert. Eine Kette ist stets schwächer als ihr schwächstes Glied. Ein widerlegtes Argument widerlegt die gesamte Argumentation.
12. Der vielleicht wichtigste Punkt für die Verhandlungsführung ist deshalb die Vorbereitung.

Die folgende *Checkliste* soll die eigene Vorbereitung auf eine Verhandlung erleichtern. Jeder Verhandlungspartner kann anhand der Liste überprüfen, ob er die wichtigsten verhandlungsbestimmenden Punkte bedacht hat. Ausführliche Informationen zu den einzelnen Punkten finden Sie an den entsprechenden Stellen dieses Buches.

Checkliste

Verhandlungsgespräch

1. Vorbereitung

a) organisatorisch

- Zeitpunkt, Dauer
- Terminvereinbarung
- evtl.: Einladungen (durch wen, an wen?)
- beteiligte Personen (wer kommt mit wem?)
- Ort und Raum
- Sitzordnung
- technische Hilfsmittel bei Einsatz von Moderationstechniken
- Schreibunterlagen

b) inhaltlich

- Festlegen der eigenen Maximal- und Minimalforderungen
- Bedingungen für einen evtl. Kompromiss
- Vorinformationen sammeln zu den Forderungen der Gegenseite
- Absprache des Verhandlungsspielraumes (z. B. mit Partnern, Vorgesetzten, amtlichen Stellen etc.)
- Festlegen des eigentlichen Verhandlungsspielraumes
- Berücksichtigung etwaiger Sachzwänge (z. B. personelle/technische Kapazitäten etc.)
- Zusammenstellung der Unterlagen
- evtl. zusätzliches Argumentationsmaterial

2. Verhandlungsbeginn

- Begrüßung, evtl. Vorstellung (wer, wie, durch wen?)
- Festlegung des Verhandlungsgegenstandes (jetzt hier mit diesen Teilnehmern)
- schnelle Ausgrenzung nicht zu verhandelnder Punkte
- genaue Festlegung der weiteren Vorgehensweise, d. h. die gemeinsame Erarbeitung der weiteren Gesprächsstruktur

3. Verhandlung

- gegenseitige genaue Information über Standpunkte, Wünsche, Bedürfnisse
- Schaffen einer gemeinsamen Ausgangsbasis als Voraussetzung erfolgreichen Verhandelns
- Argumentation und Gegenargumentation:
  Was kann bewiesen, was widerlegt werden?
  Was kann toleriert, was akzeptiert werden?
- Lösungsmöglichkeiten sammeln
- Lösungsmöglichkeiten gemeinsam prüfen und bewerten
- Festlegen des für beide Seiten akzeptablen Ergebnisses

4. Verhandlungsabschluss

- inhaltliche Zusammenfassung
- Konkretisierung des gefundenen Ergebnisses, d. h.:
  „Wer macht (bis) wann was mit welchen Folgen?“ und
  „Ist das jetzt noch in unser aller Interesse?“
- evtl. Vereinbarung weiterer Verhandlungstermine
- evtl. Protokollunterzeichnung
- evtl. Vertragsunterzeichnung

Verhandeln

Formulieren Sie eine für Ihren persönlichen oder beruflichen Alltag mögliche Verhandlungssituation.

Legen Sie Ihr Verhandlungsziel mit Ihrer Minimal- und Maximalforderung fest.

Nehmen Sie die Checkliste und gehen Sie die einzelnen Punkte durch:

- Was können Sie bereits heute festlegen, planen, in Auftrag geben?
- Was müssen Sie noch vor dem eigentlichen Beginn des Verhandlungsgespräches erledigen, abklären?
- Welche Gesprächsstruktur (d. h. welche zeitliche Reihenfolge der zu besprechenden Teilprobleme) streben Sie an?

Sachgerechtes Verhandeln nach dem „Harvard“-Konzept

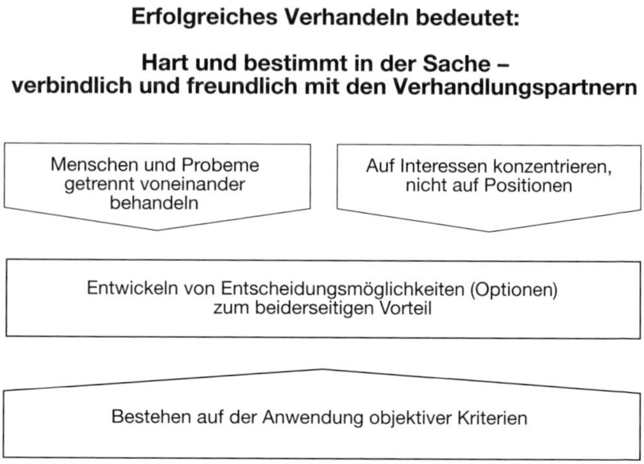

Abbildung 44: Verhandeln nach dem Harvard-Konzept

Seit den 1980er Jahren gehört das von Fisher und Ury (2004) veröffentlichte Harvard-Konzept bis heute zu den am häufigsten gelehrten Verhandlungsstrategien. Es basiert auf zwei einfachen und einleuchtenden Erkenntnissen:

!

Verhandlungserfolge sind leichter zu erzielen, wenn man

1. in Sachfragen hart und bestimmt bleibt und gleichzeitig verbindlich und freundlich zu den Verhandlungspartnern und
2. versucht, die *Interessen* auszugleichen statt die unterschiedlichen *Positionen* zu diskutieren.

Obwohl jede Verhandlung einen ganz anderen, spezifischen Charakter haben kann, gibt es für eine erfolgreiche Verhandlungsführung (nach Fisher und Ury 2004) vier Gemeinsamkeiten, die es zu beachten gilt:

1. Menschen und Probleme getrennt voneinander behandeln.
2. Auf Interessen konzentrieren, nicht auf Positionen.

3. Entwickeln von Entscheidungsmöglichkeiten (Optionen) zum beiderseitigen Vorteil.
4. Bestehen auf der Anwendung objektiver Kriterien.

Zu 1. Menschen und Probleme getrennt voneinander behandeln

Jeder Verhandlungspartner hat zwei Interessen: das eine Interesse bezieht sich auf den Gegenstand der Verhandlung, das andere auf die persönliche Beziehung zu den anderen Verhandlungspartnern. Während der Verhandlung vermischen sich die persönlichen Beziehungen mit den anstehenden Problemen. Hieraus folgt die Forderung:

Trennen Sie persönliche Beziehungen von der Sachfrage und kümmern Sie sich unmittelbar um das „Problem Mensch". Hieraus wiederum lassen sich weitere Folgerungen ableiten zu den Bereichen *Vorstellungen*, *Emotionen* und *Kommunikation*:

Zu den *Vorstellungen*

- Versetzen Sie sich in die Lage der anderen.
- Leiten Sie die möglichen Absichten des Verhandlungspartners niemals aus Ihren eigenen Befürchtungen ab.
- Schieben Sie die Schuld an Ihren eigenen Problemen nicht der Gegenseite zu.
- Sprechen Sie über die Vorstellungen beider Seiten.
- Versuchen Sie, die Vorstellungen der Gegenseite durch unerwartetes Verhalten zu durchbrechen.
- Beteiligen Sie die Gegenseite am Ergebnis: Sorgen Sie dafür, dass sie sich am Verhandlungsprozess beteiligt.
- Beachten Sie, dass jeder sein Gesicht wahren kann und berücksichtigen Sie das Wertsystem des anderen.

Zu den *Emotionen*

- Versuchen Sie, die Emotionen, die bei einer Verhandlung mitspielen, zu erkennen und zu verstehen – die eigenen und die der anderen.
- Artikulieren Sie Ihre eigenen Emotionen und erkennen Sie deren Berechtigung (für Sie selbst!) an.
- Gestatten Sie der Gegenseite, Dampf abzulassen, und reagieren Sie nicht auf unangemessene emotionale Ausbrüche.
- Benutzen Sie symbolische Gesten, die die emotionale Situation positiv beeinflussen können (und das kann ein kleines Geschenk ebenso sein wie eine – ernst gemeinte – Entschuldigung).

Zur *Kommunikation*

- Hören Sie aufmerksam zu und geben Sie Rückmeldung auf das, was gesagt wurde.
- Sprechen Sie für die Verhandlungspartner verständlich.
- Reden Sie über Ihre eigenen Absichten und Motive und nicht über die vermuteten der Gegenseite.
- Überlegen Sie, welchen Zweck das hat, was Sie gerade sagen wollen.

Zu 2. Auf Interessen konzentrieren, nicht auf Positionen

Um vernünftige Ergebnisse auszuhandeln, müssen die Interessen und nicht die Positionen in Einklang gebracht werden. Die Positionen, mit denen Partner in eine Verhandlung hineingehen, können sehr unterschiedlich sein und unvereinbar. Wichtig ist, die hinter diesen Positionen liegenden Interessen zu verbalisieren und aus der unterschiedlichen Interessenlage heraus eine gemeinsam akzeptierte Lösung zu finden.

Auch aus diesem zweiten Grundsatz lassen sich konkrete Folgerungen aus dem Harvard-Konzept ableiten:

- Fragen Sie nach, und immer wieder nach.
- Erkennen Sie, dass beide Verhandlungsseiten vielfältige und u. U. recht unterschiedliche Interessen haben können.
- Sprechen Sie miteinander über diese Interessen und machen Sie Ihre eigenen Interessen deutlich.
- Erkennen Sie die Interessen der anderen als Teil des zu lösenden Problems an.
- Argumentieren Sie in die Zukunft und nicht in die Vergangenheit.
- Seien Sie bestimmt und flexibel.
- Seien Sie hart in der Sache – aber sanft zu den Menschen.

Zu 3. Entwickeln von Entscheidungsmöglichkeiten (Optionen) zum beiderseitigen Vorteil

Um zu kreativen Entscheidungsmöglichkeiten zu beiderseitigem Vorteil zu kommen, sollten vier Grundsätze befolgt werden:

- Bei der Entwicklung von Vorstellungen wird zunächst auf deren Beurteilung verzichtet.
- Es ist eher wichtig, die Zahl der Optionen eher zu vermehren, als zu früh nach der einen, richtigen Lösung zu suchen.

- Bei der Bewertung der Optionen suche man vor allem nach Vorteilen für beide Seiten.
- Erleichtern Sie der Gegenseite die Entscheidung durch akzeptable Vorschläge.

Zu 4. Bestehen auf der Anwendung objektiver Kriterien

In der Argumentation muss versucht werden, Lösungen auf Prinzipien zu gründen und nicht auf gegenseitigen Druck. Allein sachbezogenes Verhandeln bringt auf gütliche und wirkungsvolle Weise vernünftige und dauerhafte Übereinkünfte zustande.

Verhandeln mit Hilfe objektiver Kriterien bedcutet:

- Funktionieren Sie jeden Streitfall zur gemeinsamen Suche nach objektiven Kriterien um.
- Argumentieren Sie vernünftig und seien Sie offen den Argumenten der anderen gegenüber.
- Geben Sie keinem Druck nach und bestehen Sie auf die Verwendung objektiver Kriterien.

Ausführlich und mit vielen Beispielen wird das Harvard-Konzept dargestellt in Fisher, Ury und Patton (2004).

VERKAUFSGESPRÄCH

5.2.3 Das Verkaufsgespräch

In dieser speziellen Version einer Verhandlung werden Produkte, Waren, Know-how oder Informationen einem Kunden bzw. Auftraggeber angeboten mit dem Ziel eines Vertragsabschlusses. Das Verkaufsgespräch durchläuft in der Regel sechs Phasen:

1. Kontakt
2. Informationen vom Kunden
3. Darstellung des Angebotes/Produktes
4. Argumentation
5. Auseinandersetzung mit Bedenken, Widersprüchen, Nachfragen
6. Konkretisierung und (evtl.) Abschluss

Zu Phase 1.
Vertrauen ist die Basis eines erfolgreichen Verkaufsgespräches. Vertrauen setzt ein gegenseitiges sich Kennen voraus. In der ersten Phase wird daher zunächst der Kontakt zwischen Verkäufer/Anbieter und Kunde aufgebaut; das geschieht oft schon im Vorfeld – z. B. über das Internet, bei der Terminvereinbarung etc. –, vor allem aber zu Beginn des Gespräches.

Zu Phase 2.
Diese Phase ist der wichtigste Schritt innerhalb des ganzen Verkaufsgespräches. Der Verkäufer/Anbieter muss Informationen einholen über die genauen Wünsche, Bedürfnisse, Vorstellungen, technischen oder organisatorischen Vorgaben des Kunden. Je präziser diese Informationsphase durchgeführt wird, umso gezielter kann das Angebot auf den jeweiligen Kunden abgestimmt sein.

Zu dieser Phase vergleichen Sie bitte das Kapitel zu den Fragetechniken (5.1.3) und das zum non-direktiven Gesprächsverhalten (5.1.4).

Zu Phase 3.
Das Angebot – Produkt, Ware, Know-how, Informationen – kann nun, genau abgestimmt durch die in Phase zwei gewonnenen Daten, gezielt dargestellt werden. Die Möglichkeiten des Anbieters werden erläutert.

Zu dieser Phase vergleichen Sie auch besonders die Hinweise zur Verständlichkeit (3.1).

Zu Phase 4.
In dieser nachfolgenden Argumentationsphase werden die Vorteile des Angebotes dargestellt. Auch hierfür sind die Informationen aus Phase zwei unbedingte Voraussetzung, da von ihnen die Auswahl der jeweiligen Argumente abhängt: „Gute" Argumente an sich gibt es nicht – ein Argument ist immer nur dann gut, wenn es die Bedürfnisse und Vorstellungen des Partners trifft. Aus der Fülle möglicher Argumente sind diejenigen herauszugreifen, die für den jeweiligen Gesprächspartner den höchsten Stellenwert haben und ihn damit am ehesten überzeugen können.

Zu Phase 5.
Vor dem Abschluss steht die Auseinandersetzung mit etwaigen Vorbehalten, Widersprüchen und Nachfragen des Kunden. Hierbei werden zum Teil noch einmal Argumente der vorangegangenen Phase wiederholt, zum Teil neue eingebracht oder zusätzliche Informationen weitergegeben.

Zu Phase 6.
Abschließend werden die besprochenen Punkte und das Angebot konkretisiert, die Ergebnisse festgelegt. Dies kann in einem Vertragsabschluss genauso bestehen wie in einer detaillierten Vereinbarung des weiteren Vorgehens, z. B. einer genauen Terminvereinbarung, der Vorlage eines schriftlichen Angebotes von Seiten des Verkäufers oder eben auch im Verzicht auf einen Abschluss.

Ein so geführtes Verkaufsgespräch berücksichtigt die Interessen von Verkäufer und Käufer und bereitet somit den Weg zu einem für beide Seiten befriedigenden Abschluss.

!

Ratschläge sind auch Schläge.
(Johannes Rau am 9.11.1989 in Leipzig)

Auch vom Feind kommt manchmal ein guter Rat.
(Aristophanes)

Man lässt sich gewöhnlich
lieber durch Gründe überzeugen,
die man selbst gefunden hat,
als durch solche,
die andern in den Sinn gekommen sind.
(Pascal)

5.2.4 Das Beratungsgespräch

Für viele Beratungssituationen (bei weitem nicht für alle) hat sich non-direktives Verhalten (siehe Kapitel 5.1.4) als methodisches Vorgehen bewährt. Beim non-direktiv geführten Beratungsgespräch geht man von dem Grundgedanken aus, dass der Ratsuchende (Klient) sein Problem selbst am besten kennt und daher auch selbst am ehesten in der Lage ist, die für ihn richtige Lösung des Problems zu erkennen, um seine Schwierigkeiten zu meistern.

Direkte Ratschläge haben oft nur eine kurze Wirkung, und es kann weit wichtiger sein, den Ratsuchenden durch das eigene Verhalten zu befähigen, seine Problemlösung zu finden. Man weiß seit der antiken Rhetorik um die Zusammenhänge zwischen Sprechen und Denken/Problemlösen.

Non-direktive Beratung geht auf die Alltagserfahrung zurück, nach der durch das Sprechen über Probleme diese klarer erkannt und gelöst werden können.

Man vergleiche in diesem Zusammenhang den Aufsatz von Kleist „Über die allmähliche Verfertigung der Gedanken beim Reden“, in dem bereits viele Ansätze der Theorie Rogers´ (1994; 2005) beschrieben werden. Kleist fasst seine Gedanken zusammen, indem er das französische Sprichwort „l'appétit vient en mangeant“ umwandelt in „l'idée vient en parlant“: Der Gedanke kommt beim Sprechen. Und die Erfahrung hat sicher schon jeder gemacht: Während des Erklärens einer ungelösten Frage findet man selbst zur Antwort.

Aufgabe des Beraters (Therapeuten etc.) ist es daher, durch eine akzeptierende und auf den Klienten zentrierte Haltung diesen zur Verbalisierung und damit Klärung seiner Gesamtsituation zu ermuntern. Beherrscht der Berater diese Gesprächsführung, ermöglicht er es dem Klienten, seine Gedanken und Gefühle ungehindert zu äußern und so allmählich zu einer, eben „seiner" Lösung zu kommen. Das non-direktive Gespräch wurde so zum klassischen Modell des Beratungsgesprächs.

Für ein erfolgreiches Beratungsgespräch müssen verschiedene Voraussetzungen erfüllt sein:

1. **Ernstnehmen und Akzeptieren des Ratsuchenden (Klienten),**
   z.B. akzeptieren, dass der andere anders denkt und fühlt als man selbst.

2. **Ausschließliche Konzentration**
   - auf den Klienten,
   - auf das, was er sagt,
   - auf das, wie er es sagt.

3. **Eigenes Engagement**
   - in der Situation,
   - für die Probleme, die dem anderen wichtig sind.

4. **Geduld** – das heißt manchmal: sich Zeit nehmen.
   Ein Beratungsgespräch erfordert allerdings weit mehr als nur die Anwendung einer nondirektiven *Technik*. Der Vater dieser Art des Beratungsgespräches, der Amerikaner Carl Rogers, spricht von *„Kongruenz/Echtheit"*, *„Wertschätzung/Akzeptanz"* und *„Empathie/einfühlendes Verstehen"* als Grundvoraussetzungen beim Therapeuten. Die Ausführungen hier sollen auch Nicht-Therapeuten nur auf einige Grundgedanken des Beratungsgespräches aufmerksam machen; im Übrigen sei auf die umfangreiche Literatur zum Beratungsgespräch verwiesen, vor allem auf Rogers (2005; 1994), Tausch (1990) sowie Mucchielli (1991) und Dahmer & Dahmer (2003).

Arbeitsblatt

Beratungsgespräch

Non-direktives Gesprächsverhalten, insbesondere für das Beratungsgespräch, ist nur im Rollenspiel (möglichst mit verschiedenen Partnern und wechselnden Rollen Berater/Klient) zu erlernen.

Als Anregung für das Rollenspiel eignen sich neben frei erfundenen Situationen auch Vorlagen aus der Zeitung, etwa aus der Prozessberichterstattung u. Ä.

Nehmen Sie diese Rollenspiele (möglichst auf Video) auf und analysieren Sie anschließend das Verhalten des Beraters u. a. nach folgenden Kriterien:

1. Konnte der Klient sein *Problem verbalisieren* und eventuell lösen?
2. Waren die *Paraphrasen* (Rückmeldungen) des Beraters auf Inhalt und Gefühl gerichtet?
3. Paraphrasierte der Berater mit *eigenen Worten?*
4. *Widersprach der Klient* den Paraphrasen des Beraters?
5. In welchem *zeitlichen Verhältnis* standen die Sprechzeiten Berater : Klient?
6. Welche *nonverbalen Signale* sandte der Berater?
7. Zeigte der Berater *„Engagement"*?
8. Waren die *„Grundvoraussetzungen"* erkennbar?

5.2.5 Non-direktives Interview

Interviewmethoden sind angebracht, wenn Informationen und Meinungen erfragt werden sollen. Wird nach *Fakten* gefragt, ist die Vorgehensweise des Interviewers zumeist direktiv, das Interview kann in vielen Fällen standardisiert sein, d. h. Fragen und Antwortmöglichkeiten sind weitgehend vorgegeben (vgl. hierzu die Fragetechniken, Kapitel 5.1.3).

Wird nach *Meinungen* und *Einstellungen* gefragt, bietet sich die non-direktive Interviewmethode (Kapitel 5.1.4) an. Dabei kommt der Paraphrase die entscheidende Bedeutung zu.

Die non-direktive Gesprächsführung geht zurück auf eine heute schon klassisch zu nennende, amerikanische betriebspsychologische Untersuchung aus den Jahren 1927–1932, die sog. Hawthorne-Untersuchung: Im Verlauf der Untersuchungen wurde die Methode der Befragung kritisch analysiert und geändert. Ein non-direktives Vorgehen mit weit geringerer Standardisierung revolutionierte die Technik des Interviews.

In Interviewpausen werden übliche, direkte Fragen (*Wer*, *Wann*, *Wo*, *Mit wem*, *Was*, *Warum*, *Wieso* etc.) des Interviewers ersetzt durch die Rückmeldung der letzten Partneräußerung(en). Solche Interviews, auch freie Meinungsinterviews genannt, bieten optimale Voraussetzungen, Einstellungen und Meinungen des Interviewten zu erfahren.

Der Interviewer beschränkt hierbei seine Aktivitäten vornehmlich auf das Zusammenfassungen und Wiederholungen (Paraphrasen), auf Einwürfe und nonverbales Verhalten, um den Interviewten zum Weitersprechen anzuregen; direktiv greift er nur beim Abschweifen vom Thema ein.

5.2.6 Konfliktgespräch

Wo auch immer Menschen zusammen leben und zusammen arbeiten, gibt es Konflikte. Konflikte sind nicht als bloße *Störfälle* zu betrachten.

!

Es geht nicht darum, Konflikte zu vermeiden oder alle Konfliktpotentiale im Vorfeld zu beseitigen, die zentrale Frage ist: *Wie gehen wir mit unseren Konflikten um?!*

Richtig verarbeitet können Konflikte auch eine Quelle für Innovation und kreative Ideen sein, für eine kontinuierliche Weiterentwicklung in der Zusammenarbeit.

Leider haben dennoch fast alle von uns ausschließlich negative Assoziationen zu dem Wort *Konflikt*: seelischer Stress, Wut im Bauch, die Unmöglichkeit, mit dem anderen vernünftig zu sprechen, Spannungen im persönlichen Verhältnis zueinander, Belastung des Arbeitsklimas, Ablenkung von Sachfragen hin zu Trotzreaktionen, die – fachlich gesehen – wenig Sinn ergeben …

!

Nicht der Konflikt an sich ist das Problem, sondern häufig unser Umgang mit ihm.

Was ist ein Konflikt?

Nicht jede Meinungsverschiedenheit an sich löst schon immer einen Konflikt aus. Erst wenn die Handlungsabsicht des einen der Handlungsabsicht des anderen widerspricht oder massiv behindert oder gar unmöglich macht, wird in einer solchen Situation eine Meinungsverschiedenheit zum Konflikt.

Ein Konflikt ist also

- eine Spannungssituation,
- an der zwei oder mehr Personen/Parteien beteiligt sind,
- die ein gemeinsames Ziel verfolgen (müssen) und
- die versuchen, unvereinbare Handlungsabsichten umzusetzen und sich dabei ihrer „Gegnerschaft“ bewusst sind.

Ursachen von Konflikten können u. a. sein:

- Koordinationszwang (z. B. in der Struktur der jeweiligen Organisation angelegt)
- Einengung von Handlungsspielraum
- unklare Entscheidungs- und Machtverhältnisse
- unterschiedliche Auffassungen z. B. von Arbeitserfüllung, Lockerheit vs. Penibilität
- Wegkonflikt (Wie erreichen wir das gemeinsame Ziel?)
- Zielkonflikt (Was wollen wir erreichen?)

Einen Konflikt zu lösen heißt, ihn zunächst genau zu kennen. Nicht immer ist der Kern des Konflikts offensichtlich. Einige Konflikte äußern sich in sehr unterschiedlichen Symptomen, die eigentliche Ursache liegt jedoch woanders. Daher sollte der Konflikt analysiert und sein Kern diagnostiziert werden.

Abbildung 45: Konfliktanalyse

Grundsätze des Konfliktgespräches

Damit ein Konfliktgespräch dazu beitragen kann, den Konflikt zu bewältigen und daraus evtl. sogar neue Chancen zu entwickeln, müssen viele Grundsätze bedacht werden:

Vorbereitung

- Rechtzeitig nach Erkennen des Konfliktes das Gespräch suchen – aber nicht mit der eigenen „Wut im Bauch"!
- Den Gesprächstermin nicht dem Zufall überlassen: Genau überlegen, wann ein solches Gespräch sinnvoll geführt werden kann.
- Bei der Terminvereinbarung bereits den genauen Gesprächsanlass nennen.
- Keine „künstlich gute" Atmosphäre schaffen (die nämlich in Wirklichkeit keine gute ist, weil sie von beiden Seiten nicht so empfunden wird).
- Äußere Bedingungen (Raum etc.) genau planen.

Durchführung

- Erstes und wichtigstes Gebot: Zuhören können!
- Ursachen und Gründe für den Konflikt gemeinsam erforschen.
- Immer wieder versuchen, die Perspektive des Partners zu übernehmen.
- Sachlichkeit und eigene Emotion miteinander verbinden.
- Kritik nur da anbringen, wo der andere auch etwas ändern kann.
- Kritik nie mit Lob beginnen!
- Indirekte Kritik durch Ironie, Anspielungen etc. unterlassen.
- Drohungen und negative Emotionen vermeiden.
- Reizwörter und „Tabus" vermeiden.
- Tragbare Lösungen haben keinen Sieger und keinen Verlierer.
- Transparente Protokollnotizen (siehe Kapitel 5.1.1)!

Abschluss

- Ende des Gespräches erkennen, evtl. das Gespräch ohne Gesichtsverlust für beide Seiten abbrechen und einen neuen Termin vereinbaren, nicht unter allen Umständen auf einer Lösung „hier und jetzt" beharren!
- Gefundene Lösungen noch einmal konkretisieren.
- Weitere Vereinbarungen treffen.
- Einen positiven Gesprächsabschluss versuchen: Dank für das gemeinsame Gespräch, Wichtigkeit und Wert des Gespräches noch

einmal betonen – auch dann, wenn das gewünschte Ergebnis noch nicht erreicht wurde: auch ein Teil des Weges zum Ziel kann schon ein Erfolg sein.

Gesprächsablauf zur Konfliktlösung

Abbildung 46 zeigt acht Fragen, die einen Leitfaden für den Ablauf eines Konfliktlösungsgesprächs ergeben.

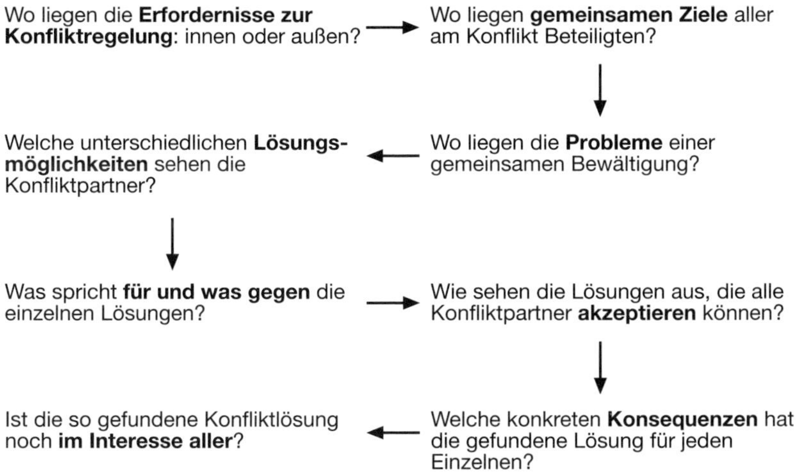

Abbildung 46: Leitfaden für den Ablauf eines Konfliktlösungsgespräches

Bleibt zum Abschluss dieses Kapitels noch der letzte der acht Schritte zu erläutern.

Wir kennen die Redewendung von einem „faulen Kompromiss“. Die häufigste Ursache für faule Kompromisse liegt darin begründet, dass der letzte, aber entscheidende achte Schritt oft ausgelassen wird: Ist die gefundene Lösung – mit all ihren konkreten Konsequenzen – wirklich immer noch im Interesse aller? Ist sie es nicht, muss das Gespräch wieder an Punkt vier aufgenommen werden, vielleicht gibt es ja noch weitere, bisher nicht ausdiskutierte Lösungsmöglichkeiten zur Konfliktbewältigung.

! Am Ende eines Konfliktgespräches muss man den Mut haben, das Gespräch unter Umständen wieder neu zu beginnen.

Und letztendlich reicht es nicht, einen Konflikt zu erkennen, zu analysieren, im Gespräch zu lösen: Die gefundenen Lösungen müssen auch (gemeinsam) kontrolliert werden (Abb. 47).

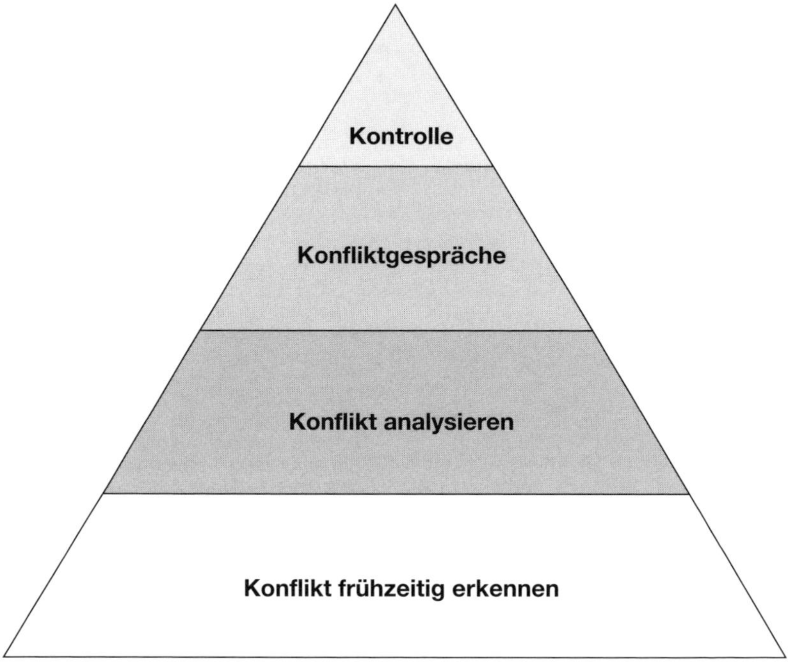

Abbildung 47: Vier Schritte im Umgang mit Konflikten

5.2.7 Kritikgespräch

Kritikgespräche sind häufig – im privaten Alltag ebenso wie im gesellschaftlichen und vor allem im beruflichen Bereich (als Mitarbeiter- und Beurteilungsgespräche).

> Kritikgespräche haben das Ziel, das zu kritisierende Verhalten einer positiven Veränderung zuzuführen. **!**

Um hierbei nicht vorschnell zu vermeintlichen *Patentlösungen* zu gelangen, die entweder nicht realisierbar sind oder vom Partner nicht akzeptiert und umgesetzt werden, müssen bestimmte Phasen im Gesprächsverlauf beachtet werden, soll das Gesprächsziel erreicht werden. Eine etwa „von oben verordnete" Lösung, die nicht von allen Gesprächsbeteiligten mitgetragen wird, geht häufig an den Gründen und tiefer liegenden Ursachen für das kritisierte Verhalten vorbei, stößt auf wenig Akzeptanz und bringt folglich auch keine dauerhafte Lösung.

Und das Wichtigste ist die Einstellung zu diesem Gespräch:

> Ein Kritikgespräch beschäftigt sich mehr mit der Zukunft als mit der Vergangenheit. **!**

Die sechs Phasen eines Kritikgesprächs:

1. Exakte Darlegung der zu kritisierenden Fakten
2. Einigung über die Richtigkeit dieser Fakten
3. Gründe und Ursachen, die zu dem kritisierten Verhalten führten
4. Aufzeigen von Lösungsmöglichkeiten
5. Diskussion und Einigung auf eine Lösung
6. Konkretisierung des weiteren Vorgehens

Zu Phase 1. Zu Beginn werden dem Gesprächspartner die gegen ihn vorzubringenden Fakten möglichst exakt und eng umrissen dargelegt. Je genauer dies geschieht, umso leichter sind sie für den anderen aufzunehmen und zu verstehen. (Also nicht: „*Sie haben des Öfteren …*“ oder „*Auch schon früher ist mir manchmal bei dir aufgefallen …*“ etc.) Die dargelegten Fakten müssen nachprüfbar und stichhaltig sein und sollten keine Pauschalierungen enthalten.

Zu Phase 2. Über die in Phase eins dargelegten Fakten muss nun zunächst im Gespräch völlige Übereinstimmung erzielt werden. Es darf über das, was wirklich vorgefallen ist, keine unterschiedlichen Ansichten geben. Die *Tatsachen* müssen von allen Seiten akzeptiert werden.

Bleiben Zweifel oder Widersprüche bezüglich der Fakten (was nicht selten der Fall ist), sollte das Gespräch hier beendet werden und kann erst wieder neu aufgenommen werden, wenn diese Differenzen geklärt wurden.

Zu Phase 3. Um eine im gemeinsamen Interesse liegende Lösung des Problems zu erreichen, ist es notwendig, die Gründe und Ursachen, die zu dem kritisierten Verhalten geführt haben, im Gespräch zu klären.

Dies ist die schwierigste Gesprächsphase. Sie kann nur durch ein situationsangemessenes Gesprächsverhalten erfolgreich gestaltet werden. Dazu gehört der Wechsel von direkten Fragen (vgl. Kapitel 5.1.3) mit non-direktivem Gesprächsverhalten (vgl. Kapitel 5.1.4). Erst nach Klärung der zugrunde liegenden Ursachen können adäquate Lösungsmöglichkeiten gefunden werden.

Zu Phase 4. Im gemeinsamen Gespräch werden nun Lösungsmöglichkeiten erarbeitet, die das anstehende Problem lösen oder zumindest die aufgetretenen Schwierigkeiten mildern könnten.

Wichtig: In dieser Phase werden verschiedene Lösungsmöglichkeiten aufgewiesen. Sie werden noch nicht hinsichtlich ihrer Praktikabilität oder ihrer allgemeinen Akzeptanz diskutiert.

Zu Phase 5. Diese Diskussion geschieht erst in Phase fünf. Hier wird *gemeinsam* im Gespräch nach der Lösung gesucht, die Erfolg versprechend ist und von allen Seiten akzeptiert werden kann. Das gemeinsame Abwägen und Festlegen ist notwendig, um die Problemsicht des anderen einzubeziehen und so letztlich eine größere Akzeptanz zu erreichen.

Zu Phase 6. Häufig werden Gespräche mit Phase fünf beendet. Es sollte jedoch immer noch eine weitere, abschließende Phase folgen, in der die getroffenen Vereinbarungen noch einmal konkretisiert werden. Die Festlegung, was wann in welcher Form durch wen zu geschehen hat, wer was wann wie/anders macht, bildet den Abschluss des Gespräches; nur dann ist die gefundene Lösung für alle Gesprächspartner bindend, so dass auch konkrete Schritte zur positiven Veränderung folgen können.

Zum Gesprächsverhalten in Kritikgesprächen vergleiche die „Zehn Regeln für richtiges Feedback“ (Kapitel 5.1.5).

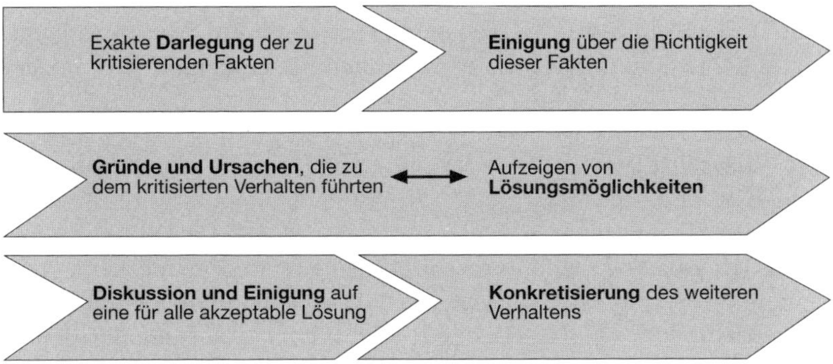

Abbildung 48: Gesprächsablauf in Kritikgesprächen. Wenn über die Richtigkeit der Fakten keine Einigung erzielt wurde, ist es sinnvoll, das Kritikgespräch abzubrechen.

5.3 Gespräche verstehen lernen

5.3.1 Transaktionsanalyse (TA)

Zur Konfliktlösung im Gespräch, zur Interpretation und Steuerung des Gesprächsverhaltens hat die von Berne begründete Transaktionsanalyse (TA) seit langem ihren festen Platz in der Gesprächspädagogik. Mit Hilfe der Transaktionsanalyse lässt sich Verhalten im Gespräch analysieren, steuern und das Gesprächsklima erheblich verändern (vgl. hier vor allem Rüttinger 2005).

Wenn auch der theoretische Hintergrund nach über 40 Jahren z. T. kritisch bewertet wird, so sind bestimmte Elemente der TA heute dennoch ein fester Bestandteil angewandter Rhetorik geworden. Die TA ist stark von dem psychoanalytischen Menschenbild Bernes mit geprägt, stellt aber eine inzwischen eigenständige Methode dar.

Der Erfolg dieser Methode liegt sicher in ihrer einfachen, griffigen, leicht verständlichen Sprache und unmittelbar nachvollziehbaren Modellhaftigkeit. So führt die TA oft blitzartig zum Erkennen bestimmter Kommunikationsstrukturen.

Nach der Theorie der TA kann sich jeder Mensch – je nach Gesprächspartner, Gesprächsintention und Situation – in drei verschiedenen „Ich-Zuständen" befinden, aus denen heraus er denkt, fühlt und handelt. Denken, Fühlen und Handeln sind dabei als geschlossene Einheit eines sog. Ich-Zustandes zu begreifen. Durch folgende drei Ich-Zustände wird die Persönlichkeit des einzelnen strukturiert:

- Eltern-Ich (EL),
- Erwachsenen-Ich (ER),
- Kindheits-Ich (K).

Diese Ich-Zustände sind symbolisch gemeint und geben keine zeitliche Entwicklung wieder: Es entwickelt sich jemand nicht vom K über das ER zum EL. Die Ich-Zustände sind immer latent in einer Person vorhanden. Sehr vereinfacht gesagt: Man verhält sich in Gesprächen oft so, wie sich Eltern ihren Kindern gegenüber verhalten bzw. Erwachsene untereinander bzw. Kinder ihren Eltern gegenüber.

!

Der Vorteil der TA liegt u. a. darin, dass bereits mit dieser simplen Grundinformation viele Menschen Gesprächsverhaltensweisen auf Anhieb interpretieren können – und nicht einmal immer falsch.

Drei Beispiele (nach Zuschlag/Thielke 1998) können die unterschiedlichen Reaktionen auf die gleiche Situation aus den verschiedenen Ich-Zuständen heraus verdeutlichen:

1. Situation:
Der Gesprächspartner kommt zu spät

a) Reaktion aus dem Eltern-Ich:
„Können Sie eigentlich nie pünktlich sein?"
b) Reaktion aus dem Erwachsenen-Ich:
„Sind Sie aufgehalten worden?"
c) Reaktion aus dem Kindheits-Ich:
„Ich bin froh, dass Sie noch kommen."

2. Situation:
Gespräch mit einem Mitarbeiter über die Beschwerde eines Kunden

a) Reaktion aus dem Eltern-Ich:
„Was haben Sie sich eigentlich dabei gedacht, so mit einem Kunden umzugehen?"
b) Reaktion aus dem Erwachsenen-Ich:
„Wie ist es zu der Auseinandersetzung mit dem Kunden gekommen?"
c) Reaktion aus dem Kindheits-Ich:
„Ich frage mich auch manchmal, was sich unsere Kunden überhaupt einbilden."

3. Situation:
Der Partner klagt über Unwohlsein

a) Reaktion aus dem Eltern-Ich:
„Bei diesem Lebenswandel muss man sich ja unwohl fühlen!"
b) Reaktion aus dem Erwachsenen-Ich:
„Was hast du denn für Beschwerden?"
c) Reaktion aus dem Kindheits-Ich:
„Dann lass uns erst mal einen Schnaps trinken."

Die einzelnen Ich-Zustände lassen sich nun genauer definieren.

So wird das sog. **Eltern-Ich** charakterisiert durch starkes Bewerten, Verallgemeinern, Kritisieren, Moralisieren, Bestrafen, aber auch Fürsorge, unangebrachte Vorsicht etc. Insgesamt ist dies in Gesprächen oftmals ein schlechter Weg zur Problemlösung, häufig auch zu vergangenheitsorientiert, statt gemeinsam in die Zukunft zu handeln.

Das sog. **Erwachsenen-Ich** zeichnet sich aus durch gutes Zuhören, angemessenes Fragen und konkretes Antworten, wertfreie Formulierungen, differenziertes Denken, Überprüfen und Hinterfragen von Fakten, Gefühlen und Normen.

Das Erwachsenen-Ich gilt als guter Problemlöser, aus ihm ist die freie Wahl des eigenen Verhaltens möglich, und es eröffnet die realistische Einschätzung des Partners.

Das **Kindheits-Ich** hingegen beinhaltet recht unterschiedliche, vor allem emotional bedingte Reaktionen. In der TA-Literatur finden sich verschiedene Unterteilungen des Kindheits-Ichs, z.B. in das angepasste, das rebellische, das natürliche (auch freie) oder das „Little-professor"-Kindheits-Ich. Entsprechend unterschiedlich sind die Charakterisierungen: gedrückt, nachgebend, unselbständig, ängstlich, passiv, verschlossen, schmollend oder aggressiv, angriffslustig, auch durch Passivität rebellierend oder spontan, impulsiv, unbekümmert, verspielt, evtl. auch egozentrisch oder intuitiv handelnd etc.

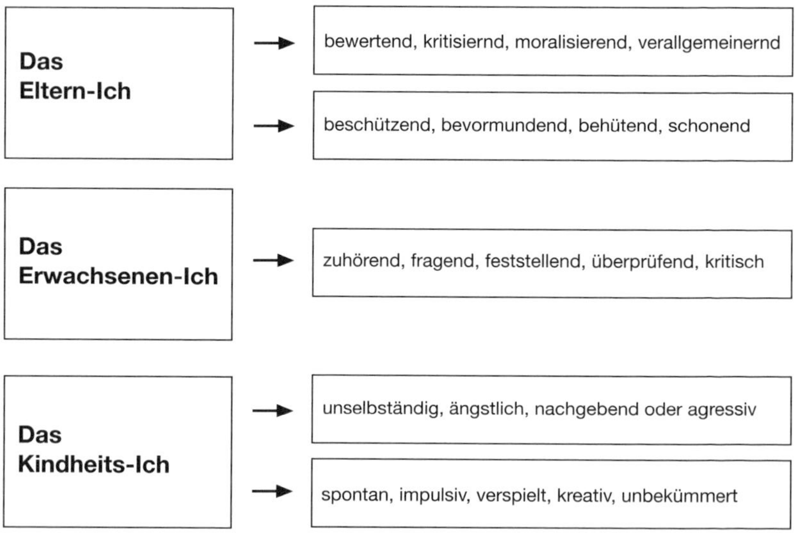

Abbildung 49: Ich-Zustände in der Transaktionsanalyse

In Gesprächen nun kommt es zu den verschiedensten Interaktionen, also dem verbalen und nonverbalen Austausch zwischen Personen, die durch diejenigen Ich-Zustände bestimmt sind bzw. interpretiert werden können. Ein Gespräch besteht dabei nicht nur aus einer Interaktion, sondern aus einer Folge miteinander verbundener Interaktionen, die zu regelrechten Kettenreaktionen führen können. Die TA unterscheidet dabei „parallele“, „gekreuzte“ und „verdeckte Transaktionen“ (Abb. 50).

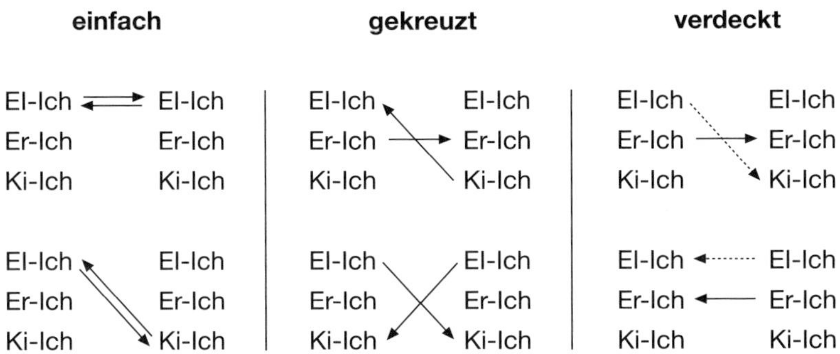

Abbildung 50: Transaktionsformen

1. Parallele Transaktionen

In parallelen – oder sog. einfachen bzw. komplementären – Transaktionen reagiert der Partner aus dem gleichen Ich-Zustand, aus dem der andere gesprochen hat. Einige Beispiele:

- ER – ER: „*Warum kommen Sie heute später?*“ „*Ich hatte noch einen Termin bei der Firma X.*“
- EL – EL: „*Er kommt aber auch immer wieder zu spät.*“ „*Die Unpünktlichkeit unserer Mitarbeiter nimmt überhaupt immer mehr zu.*“
- K – K: „*Köstlich, welche Freiheiten sich Herr X herausnimmt.*“ „*Und das in seinem Alter!*“
- EL – K, K – EL: „*Ich verstehe nicht, dass Sie heute schon wieder nicht pünktlich sind!*“ „*Also morgen bin ich bestimmt pünktlich, ganz bestimmt!*“

Für alle Beispiele gilt: Der Gesprächspartner reagiert erwartungsgemäß.

2. Gekreuzte Transaktionen
In gekreuzten (oder sog. Überkreuz-)Transaktionen kommt die Reaktion nicht aus dem angesprochenen Ich-Zustand, sondern aus einem anderen, d. h. die Reaktion ist oft unerwartet. Ein Beispiel:

ER – ER, K – EL: „*Warum kommen Sie heute später?*" „*Es tut mir ja so leid, ich bleibe heute Abend etwas länger.*"

Mathematisch sind 72 solcher gekreuzter Transaktionen möglich.

3. Verdeckte Transaktionen
Bei verdeckten Transaktionen sagen die Gesprächspartner etwas anderes, als sie meinen.

Ein Beispiel:

„*Wo ich Sie gerade sehe: Können Sie bitte gleich mal bei Frau Müller vorbeischauen?*" (ER – ER) [gemeint: „*Wo bleiben Sie denn so lange, warum sind Sie denn schon wieder unpünktlich?!*", also: EL – K!]; Antwort: „*Ich werde noch die Unterlagen in meinem Büro zusammenstellen und mitnehmen …*" (ER – ER) [gemeint: „*So eilt es nun aber auch wieder nicht, ich habe mich heute eh schon so beeilt!*", also: K – EL]. Es gibt unzählige solcher verdeckter Transaktionen.

Aus diesen Grundüberlegungen der TA lassen sich zum einen Gespräche analysieren, Gesprächsverhalten und die Entstehung von Konflikten leichter verstehen. Zum anderen lassen sich hieraus aber auch bestimmte Grundsätze für angemessenes Gesprächsverhalten und zur Konfliktvermeidung und Problemlösung ableiten.

Abschließend noch eine Warnung:

> **!** Gerade das Plakative und die unmittelbare Zugänglichkeit der TA verführen leicht, zum „Hobby-Psychologen" zu werden. Nach manchem Kommunikationsseminar glauben die Teilnehmer allzu leicht, jetzt den Schlüssel gefunden zu haben, und vergessen, dass es eben nur *ein* Schlüssel ist. Außerdem liegt in der TA die nicht geringe Gefahr der bewussten Manipulation.

5.3.2 Neurolinguistisches Programmieren (NLP)

NLP findet sich heute im Fortbildungsprogramm vieler Firmen und Institutionen. Die Flut angebotener NLP-Seminare ist unübersehbar. Welche Rolle spielt NLP in der Gesprächspädagogik, welchen Stellenwert hat NLP in der Rhetorik?

Die Methoden, derer man sich im NLP bedient, sind nicht neu. Sie wurden lange vor NLP bereits von vielen angewandt und werden auch heute von vielen eingesetzt, obwohl sie NLP weder kennen noch sich darauf berufen würden.

NLP ist der Versuch, sich „aus vielen Kuchen die Rosinen herauszupicken, um einen neuen, noch besseren Kuchen zu machen", sagen seine „Erfinder".

!

Der amerikanische Mathematiker und Computerexperte R. Bandler und der Linguist J. Grinder fragten in den 70er Jahren nach dem Grund für den Erfolg der bekannten Therapeuten Milton Erickson, Virginia Satir und Frederic Perls und entwickelten aus deren Hauptstrategien das Neurolinguistische Programmieren.

NLP findet sich heute außerhalb der Therapie in nahezu allen Bereichen rhetorisch-pädagogischer Arbeit wieder, z. B. als „rhetorische Technik zur Manipulation im Kommunikationsprozess" (Meyer 1990).

Heute ist NLP weit mehr als eine Sammlung von gesprächstaktischen Strategien, um Kontakt herzustellen, Informationen zu vermitteln oder Meinungen zu beeinflussen. An dieser Stelle sei auf die Literatur von Bandler und Grinder (2005) sowie Dilts u. a. (2003) verwiesen werden. Die Haupttechniken sollen kurz vorgestellt werden.

„Pacing", „Leading", „Reframing" und „Anchoring" sind die Schlüsselbegriffe des NLP.

!

Im *Pacing* geht man von der Beobachtung der verschiedenen Kommunikationskanäle des Menschen aus. Häufig werden diese eingeteilt in einen visuellen, auditiven oder kinästhetischen Typ. Durch Beobachtung der Körpersprache, der Wortwahl und z. B. der Augenbewegungen wird die Kommunikationsweise des Partners erschlossen. Hierzu gibt es – wie auch zu den anderen Merkmalen der Körpersprache – ganze „Augenbeobachtungstrainings“, bei denen z. B. bei bestimmten Fragestellungen die Augenrichtung beobachtet und ausgewertet wird. Im *Pacing* wird nun ein weitgehender „Gleichschritt“ mit dem Partner hergestellt.

Hat sich der Einzelne auf sein Gegenüber eingestellt, dann ist Veränderung und die Vermittlung von Neuem möglich, eben als zweiter Schritt, als *Leading*.

Dann ist vielleicht auch *Reframing* möglich: die bisherige Sicht der Dinge in einen neuen Rahmen zu stellen, sie umzubewerten. Eingefahrene Gleise können verlassen, neue Denk- und Handlungsmodelle gemeinsam gefunden werden.

Und zur Stabilisierung des neugefundenen Denkens, Fühlens und Handelns in konkreten Situationen dient das *Anchoring*, das Setzen von Ankern als handlungssteuernde Erinnerungshilfen.

Diese – nur einige der wichtigsten Hauptgedanken des NLP referierende – Darstellung macht bereits deutlich, wo überall heute NLP als gesprächspädagogische Methode angewandt wird: im Training des Mitarbeitergespräches wie des Beratungsgespräches, des therapeutischen Gespräches wie des Verkaufsgespräches, und das leider oft weder seriös noch fachkundig, noch gar im Sinn der ursprünglichen Autoren.

Dennoch: NLP-Grundsätze sind lernbar und können helfen wie schaden. Deshalb betont Meyer (1990, 12) gerade bei der Wahrnehmungssteuerung von Pacing und Leading, dass recht frühzeitig die Gesamtintention geklärt werden muss, „da die Herstellung eines gemeinsamen Nenners auch beinhaltet, dass man sich auf die Welt anderer einlässt, was zu ungeahnter Orientierungslosigkeit führen kann. Eine veränderte Wahrnehmung führt zu einer anderen Wahrheit.“ Gerade bei Seminaren mit NLP-Inhalten ist es notwendig, auf die Qualifikation der TrainerInnen besonders zu achten.

5.3.3 Kommunikationsstile

Wenn jemand spricht, nimmt er oft ein ganz bestimmtes Rollenverhalten an. Dabei nähert er sich einmal mehr dem einen, mal dem anderen der unten beschriebenen Kommunikationsstile.

Bei manchen Menschen allerdings hat sich eine dieser Rollen verfestigt, sie kommunizieren vorwiegend in einer ganz bestimmten Weise, es dominiert ein Kommunikationsstil. Oft spielt man auch nur in bestimmten Situationen eine ganz bestimmte Rolle.

Immer wenn einer der folgenden sieben ersten Kommunikationsstile dominiert, besteht die Gefahr, sich nicht mit anderen zu verständigen, sich zu zerstreiten, keine Einigung zu erzielen, aneinander vorbeizureden.

Das Wissen um diese Kommunikationsstile kann dazu beitragen, bei sich selbst die Dominanz einer der negativen Stile zu unterdrücken, aber auch, diese bei anderen zu erkennen und dem Kommunikationspartner durch richtiges Feedback zu helfen, sich von der Fixierung auf einen Stil zu lösen.

Die folgenden acht Kommunikationsstile lassen sich häufig beobachten. Sie treten oft in Kombination miteinander auf. Die ersten sieben Stile sollen eher *negatives*, der achte *positives* Kommunikationsverhalten charakterisieren.

1. Der Pseudo-objektiv-Nüchterne
Er weiß alles ganau, versucht, alles logisch und rational zu betrachten. Statt „*Ich möchte gerne ...*" sagt er: „*Es ist besser...*" Er weiß immer ganz genau, wie etwas ist – und warum.

Gefühle drückt er meist indirekt aus, die eigene Meinung wird ausschließlich objektiv begründet. Statt „*Es stört mich, wenn ...*" sagt er: „*Man sollte besser...*"

2. Der Beleidigt-Betroffene
Er bezieht Bedenken und Äußerungen anderer zumeist auf sich selbst. Er hat das Gefühl, alle wollten etwas von ihm. Er begibt sich ohne Grund in die Defensive, er wehrt sich (oft unnötig) mit Formulierungen wie „*Also meine Schuld war es aber nicht ...*"

3. Der Wünsche-Verlagernde
Er hat seine eigene Meinung und seine eigenen Interessen, aber er bekennt sich nicht zu ihnen. Lieber schiebt er sie anderen unter. Statt „*Ich würde jetzt gern einen Kaffee trinken gehen!*" sagt er: „*Ich glaube, ein Kaffee täte euch jetzt gut!*"

4. Der Aggressiv-Anklagende
Er stellt stets eine Verbindung her zwischen sachlichen Fragen und persönlichen Dingen. Er bringt bei Entscheidungen, die hier und heute ge-

fällt werden sollten, früheres Verhalten ins Spiel, greift an. Etwa: „*Ach du, du hast doch schon immer …*“, oder wenn er anderer Meinung ist, beginnt er meist schroff mit Widerspruch: „*Nein, das sehe ich gerade umgekehrt …*“ etc.

5. Der Ausweichende
Er versucht, Streitpunkten und Entscheidungen dadurch auszuweichen, dass er Nebensächlichkeiten oder völlig anderes in die Debatte wirft oder indem er Fragen und Gegenfragen stellt. Wird er direkt angesprochen, wendet er sich mit anderen Problemen fragend an die Gesprächspartner, z. B.: „*Da fällt mir gerade ein: …*“, „*In diesem Zusammenhang haben wir eigentlich …*“ oder „*Was ich noch sagen wollte: …*“ etc.

6. Der Widerspruchslose
Ihm ist scheinbar alles recht. Er widerspricht nicht, macht keine eigenen Vorschläge, stimmt auch Widersprüchlichem zu. Erst hinterher kommt sein „*Nein*“ – oder sein verständnisloses „*Was?*“

7. Der Indirekte
Er sagt selten direkt, was er meint oder möchte. Er wählt „Umwege“, die seine Gesprächspartner manchmal richtig verstehen, manchmal aber auch nicht. Z. B. statt „*Mir ist kalt, darf ich das Fenster schließen?*“ könnte er etwa sagen: „*Draußen wird es am Abend schon ganz schön kühl.*“ (Siehe oben, Kapitel 5.1) Der Indirekte verursacht die meisten Missverständnisse.

8. Der Emotional-Direkte
Er sagt, was er meint. Er teilt mit, was er fühlt. Stört ihn etwas, sagt er, dass es ihn stört. Hat er Interesse an einer Sache, sagt er, dass er Interesse hat. Wenn er glaubt, es sei nicht gut, etwas zu sagen, dann sagt er es nicht.

ROLLENVERHALTEN, VORURTEILE UND ROLLENKLISCHEES BESTIMMEN OFT AUCH UNSERE ART, MITEINANDER ZU REDEN – ODER NICHT ZU REDEN.

5.3.4 Systematische Gesprächsbeobachtung

Die folgenden Fragen zur Gesprächsbeobachtung können helfen, nach einem Gespräch Klarheit darüber zu bekommen, warum man mit dem Verlauf und dem Ergebnis des Gesprächs zufrieden war – oder nicht.

Fragen zum Gespräch

1. Unter welchen äußeren Bedingungen findet das Gespräch statt?
2. Zu welcher Gesprächsgattung gehört das Gespräch?
3. Lässt sich (von der Intention der Teilnehmer ausgehend) ein Gesprächsziel formulieren?
4. Ist der Gesprächsablauf strukturiert/nicht strukturiert?
5. In welchem Verhältnis stehen direktive und non-direktive Gesprächsphasen?
6. Gibt es einen offiziellen Gesprächsleiter/Moderator?

Fragen zum Gesprächsleiter bzw. Moderator

1. Wie wird das Gespräch eröffnet?
2. Strukturiert der Gesprächsleiter den Gesprächsablauf?
3. Gibt es sinnvolle und von allen Gesprächsteilnehmern akzeptierte Zusammenfassungen?
4. Nützt der Gesprächsleiter seine Stellung aus?
5. Wie lässt sich das Verhalten des Gesprächsleiters insgesamt beschreiben und charakterisieren?

Fragen zu den Teilnehmern

1. Was drücken die nonverbalen Zeichen der Gesprächsteilnehmer aus?
2. Hören die Teilnehmer einander zu?
3. Fallen sich die Teilnehmer gegenseitig ins Wort, oder kann jeder aussprechen?
4. Dominieren einige Teilnehmer auf Kosten anderer?
5. Kann jeder Teilnehmer seine Meinung äußern?
6. Auf welcher Ebene wird argumentiert?
7. Zeigten manche Teilnehmer einen bestimmten, das Gespräch behindernden Kommunikationsstil?

5.3.5 Interaktionssoziogramm

Die von uns entwickelten *Interaktionssoziogramme* ermöglichen eine quantifizierende Gesprächsbeobachtung, die Aufschluss über das verbale Interaktionsverhalten von Gesprächsteilnehmern gibt und innere Gesprächsstrukturen erkennbar werden lässt.

!

Erläuterung zu Interaktionssoziogramm I:

Jede verbale Äußerung wird durch einen Strich markiert, wobei aus der Richtung des Striches erkennbar ist, an wen sich die Äußerung wendet. Wird mehrmals dieselbe Person angesprochen, wird das auf dem jeweiligen Strich vermerkt.

Z. B.:

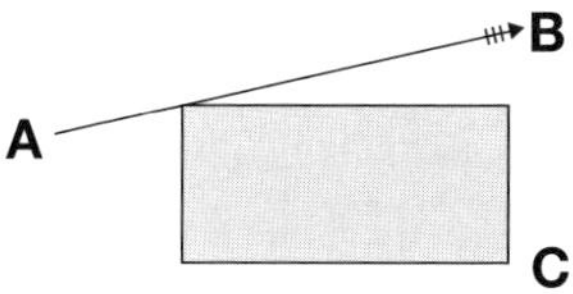

A wendet sich dreimal an B.

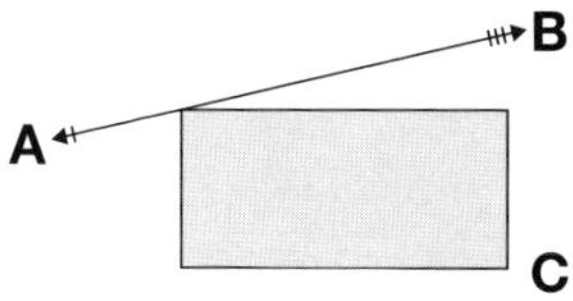

A wendet sich dreimal an B, B einmal an A.

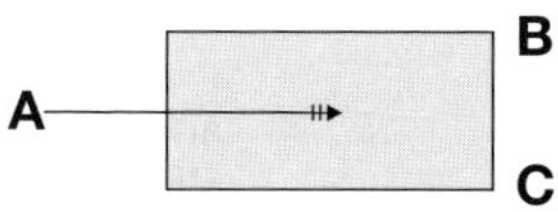

A wendet sich zweimal an alle (Symbol Tisch)

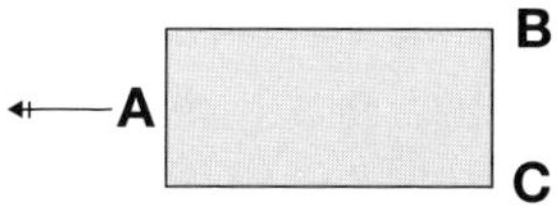

A spricht niemand an, spricht in sich heinein, nach „außen“.

Abbildung 51: Erläuterungen zum Interaktionssoziogramm I

Interaktionssoziogramm I

Fragestellung:
Wer spricht wie oft zu wem – und wird wie oft von wem angesprochen? Ein solches Soziogramm könnte z. B. wie in Abbildung 52 bzw. Tabelle 3 aussehen.

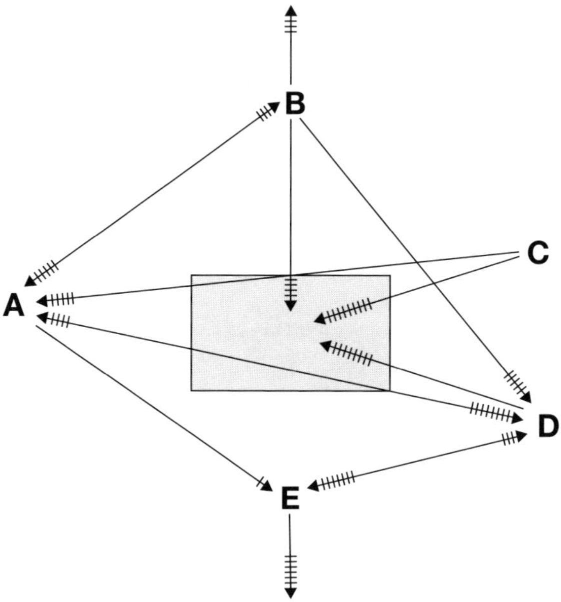

Abbildung 52: Interaktionssoziogramm I

Tabelle 3: Wer spricht wie oft zu wem?

	A	**B**	**C**	**D**	**E**	**an alle**	**nach „außen"**	**∑ aktiv**
A	–	3	0	8	1	0	0	12
B	5	–	0	5	0	4	3	17
C	5	0	–	0	0	8	0	13
D	4	0	0	–	7	8	0	19
E	0	0	0	8	–	0	6	14
∑ passiv	14	3	0	21	8	20	9	75

Erläuterung zu Soziogramm: II

Im zweiten Soziogramm werden zustimmende Äußerungen durch einen Strich, Widersprüche durch einen unterbrochenen Strich gekennzeichnet. Im Übrigen gelten die Erläuterungen zum ersten Interaktionssoziogramm sinngemäß.

Z. B.

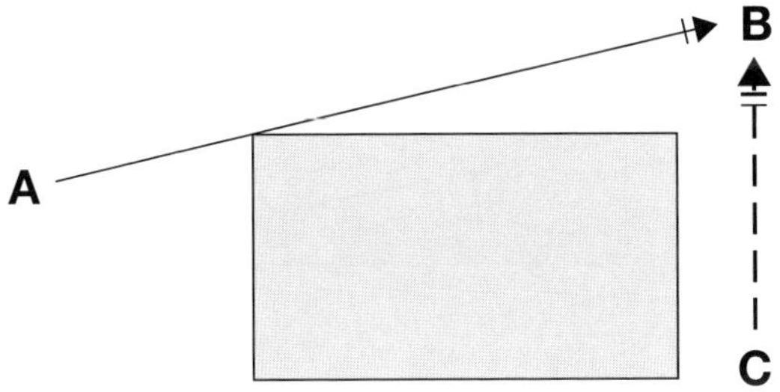

A stimmt B einmal zu,
C wiederspricht B zweimal

Abbildung 53: Erläuterung zu Interaktionssoziogramm II

Interaktions-Soziogramm II

Fragestellung:
Wer widerspricht bzw. stimmt wem wie oft zu – und wem wird wie oft von wem widersprochen bzw. zugestimmt?

Ein solches Interaktionssoziogramm könnte z. B. wie in Abbildung 54 bzw. Tabelle 4 aussehen.

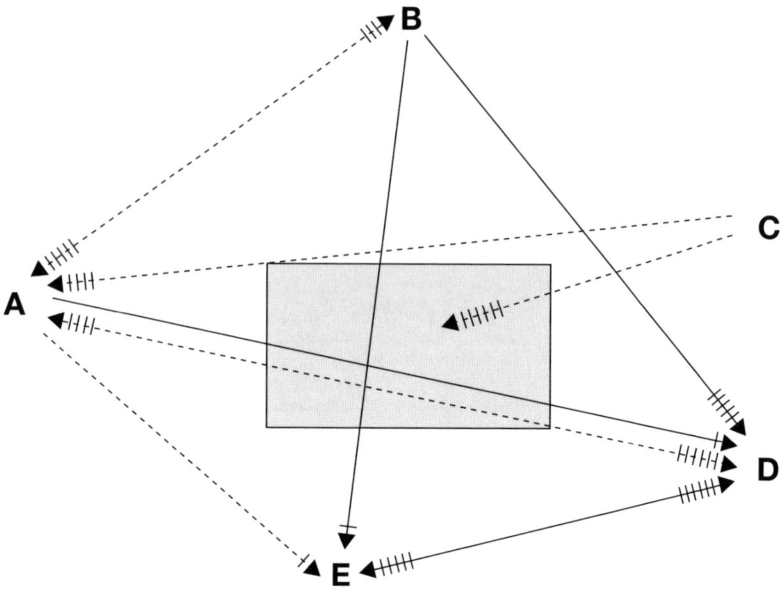

Abbildung 54: Interaktionssoziogramm II

Tabelle 4: Wer widerspricht bzw. stimmt wem wie oft zu?

	A	B	C	D	E	an alle	∑ aktiv
A		0/3	0/0	1/6	0/1	0/0	1/10
B	0/5		0/0	4/0	1/0	0/0	5/5
C	0/4	0/0		0/0	0/0	0/6	0/10
D	0/4	0/0	0/0		5/0	0/0	11/4
E	0/0	0/0	0/0	6/0		0/0	6/0
∑ passiv	0/13	0/3	0/0	11/6	6/1	6/6	23/29

Gesprächsanalyse

I.

Interpretieren Sie die beiden Beispielsoziogramme so, als hätte es sich um die Beobachtung desselben Gesprächs gehandelt.

Was kann aus den beiden Interaktionssoziogrammen abgelesen werden in Bezug auf die einzelnen Teilnehmer und die Gesprächsstruktur?

II.

Nehmen Sie eine Podiumsdiskussion oder eine Talkshow im Fernsehen auf.

Schauen Sie sich dieses Gespräch zuerst nur an und halten Ihre Eindrücke zum Gesprächsverlauf und zu einzelnen Teilnehmern schriftlich fest. Jetzt schauen Sie sich das Gespräch ein zweites Mal an und fertigen eines der Interaktionssoziogramme.

Interpretieren Sie das Soziogramm – und vergleichen Sie diese Interpretation mit Ihrem subjektiven Eindruck von diesem Gespräch.

6 Gender-Kompetenz Typisch weiblich – typisch männlich? Überlegungen zum geschlechtsspezifischen Kommunikationsverhalten

6.1 Jahrtausendealte Rollenstereotype

Bereits in der Antike finden sich Hinweise auf die Beschäftigung mit geschlechtstypischen Verhaltensweisen in Gesprächen. Bezugspunkt ist hierbei die männliche Norm, das vermeintliche weibliche Abweichen von dieser Norm wird hervorgehoben. Zu jener Zeit allerdings mündet diese Beschäftigung in verallgemeinernde Stereotype. So findet sich beispielsweise bei Seneca oder Plautus der Topos der Schwatzhaftigkeit der Frau.

Ebenfalls nicht neu sind die daraus resultierenden Ratschläge für „geziemendes" Verhalten, viel zitiert in diesem Zusammenhang das Schweigegebot aus Paulus' Korintherbrief (1 Kor. 14, 33/35): *„Die Frauen sollen in den Versammlungen schweigen. [...] Es ist nämlich schändlich für eine Frau, in der Versammlung zu sprechen."* Ebenso deutlich wird Plautus in seinem Rudens (1962, V. 1114): *„Sie schweigt, weil eine Frau, die schweigt, immer besser ist als eine, die redet."*

Über zwei Jahrtausende hinweg hatte der damit vollzogene Ausschluss der Frau aus der Öffentlichkeit Bestand, von einigen wenigen Herrscherinnen, Dichterinnen und Wissenschaftlerinnen abgesehen. Dies sollte sich auch im Zuge der Französischen Revolution nicht ändern: Während die Menschenrechte proklamiert und der Anspruch auf Gleichbehandlung aller Menschen erhoben werden, verliert Olympe de Gouges ihren Kopf unter der Guillotine, weil sie fordert, dass Frauen explizit in den Menschenrechten eingeschlossen werden.

Erst in jüngerer Zeit, insbesondere seit den Anfängen des Feminismus Anfang des 20. Jahrhunderts, wandelt sich – auch im Zuge der gesellschaftlich-wirtschaftlichen Veränderungen – das Rollenverständnis, der Verhaltenskodex wird überdacht.

Heute, zu Beginn des 21. Jahrhunderts schließlich, ist „Gender Mainstreaming" verpflichtender Bestandteil unserer Gesellschaft.

6.2 Gender und Gender Mainstreaming

Der Begriff „Gender“ bringt zum Ausdruck, dass das Geschlecht in seiner gesellschaftlichen Funktion nicht primär biologisch definiert, sondern durch Sozialisation und durch die soziale Organisation von Gesellschaft und Sexualität geprägt ist. Geschlecht wird also „gemacht“. Folge der Geschlechtskonstruktion ist ein hierarchisches Geschlechterverhältnis, das wir – vor dem Hintergrund der jahrtausendealten Tradition – als natürlich betrachten. Dieses Verständnis ist der zentrale Ansatzpunkt des Gender Mainstreaming.

Gender Mainstreaming ist ein geschlechterpolitisches Instrument, mit dem formulierte Ziele für die egalitäre Gestaltung des Geschlechterverhältnisses erreicht werden sollen. Gender Mainstreaming ist keine „Frauenpolitik“, sondern ein übergeordnetes Prinzip, eine Querschnittsaufgabe, dem sich die Europäische Gemeinschaft 1996 verpflichtet hat.

Ziel von Gender Mainstreaming ist, in alle Entscheidungsprozesse die Perspektive der Geschlechterverhältnisse (d. h. die Unterschiede in den Lebensverhältnissen, Situationen und Bedürfnissen von Frauen und Männern) einzubeziehen und alle Entscheidungsprozesse für die Gleichstellung der Geschlechter nutzbar zu machen.

Ziel ist also nicht eine Gleichmachung im Sinne einer Anpassung an eine – sei es weibliche oder männliche – Norm, sondern eine Gleichstellung im Sinne einer Gleichwertigkeit von Differenz.

6.3 Gender und Kommunikationsverhalten

Gender als ein soziales Konstrukt bildet sich auch ab in der Art und Weise, wie wir verbal und nonverbal auftreten. Wir sind in unserem Kommunikationsverhalten stark geprägt von Herkunft und Erziehung, von Vorbildern aus Familie, Freundeskreis und Beruf. Damit haben wir gerade auch kommunikative Verhaltensnormen erlernt, meist verbunden mit Geschlechterrollen. Diese unterschiedlichen Verhaltensweisen wurden in zahlreichen Untersuchungen empirisch nachgewiesen.

Dabei wird in der Begrifflichkeit unterschieden zwischen „geschlechts*spezifischen*“ und „geschlechts*typischen*“ kommunikativen Mustern:

Geschlechtsspezifisch sind Merkmale, die ausschließlich bei einem Geschlecht beobachtbar sind. *Geschlechtstypisch* sind Einheiten eines Gesprächsstils, die häufiger vom einen als vom anderen Geschlecht genutzt werden, aber prinzipiell bei beiden Geschlechtern anzutreffen sind.

Interessant hierbei ist, dass diese „typisch weiblichen" und „typisch männlichen" Verhaltensweisen in hierarchisch umgekehrten Situationen aufgegeben werden, also z. B. ein Mann im Gespräch mit einer hierarchisch höher gestellten Frau selbst typisch weibliche Verhaltensweisen übernimmt und umgekehrt diese Frau sich im Gespräch mit ihrem Mitarbeiter typisch männlicher Gesprächsverhaltensweisen bedient. Dieses Phänomen stützt die Auffassung vom hierarchisch geprägten Geschlechterverhältnis, zeigt zugleich aber auch, dass das Etikettieren von Verhaltensweisen als „typisch weiblich" oder „typisch männlich" ohne Berücksichtigung des Gesprächskontextes zu Fehlschlüssen führen kann.

6.4 Geschlechtstypische Verhaltensweisen

Die feministische Gesprächsforscherin Senta Trömel-Plötz (2004; 1996) analysierte das Dominanzverhalten von Männern und Frauen in gemischt- und gleichgeschlechtlichen Gesprächsgruppen. Analysekriterien waren dabei dominante und nichtdominante Formen des Gesprächsverhaltens.

Grundlegend stellte Trömel-Plötz fest, dass Frauen in gemischtgeschlechtlichen Gesprächsgruppen nachweislich weniger sprechen. Männer dominieren hier die Gespräche, indem sie Themen einführen und steuern, ihr Gesprächsthema durchsetzen, sich nicht unterbrechen lassen, dagegen selbst unterbrechen und von den Gesprächspartnern eingeführte Themen seltener unterstützen. Frauen dagegen stellen Fragen zu den Themen der Gesprächspartner, zeigen Interesse, regen die Gesprächspartner an, weiterzusprechen, reagieren auf das, was die Gesprächspartner sagen, unterstützen also die Entwicklung des Gesprächs. Im Einzelnen können folgende dominante und nicht-dominante Formen des Gesprächsverhaltens unterschieden werden:

6.4.1 Dominante Formen des Gesprächsverhaltens

Mit dominanten Formen des Gesprächsverhaltens werden Themen des Gesprächs gesteuert und kontrolliert; sie werden für Themenwechsel oder Sprecher(innen)wechsel benutzt, oder um Sprecher(innen) zum Schweigen zu bringen. Folgende Formen des dominanten Gesprächsverhaltens fasst Ingrid Samel (2000) in ihrer Einführung in die feministische Sprachwissenschaft zusammen:

a) *Unterbrechungen:* Trömel-Plötz beobachtete, dass die meisten Unterbrechungen von Männern ausgehen. Männer unterbrechen systematisch, Frauen hingegen deutlich seltener. Dadurch erhalten Frauen nur ein eingeschränktes Rederecht und werden nach Belieben ignoriert und unterbrochen.

b) *Redezeit, Anzahl und Dauer der Redebeiträge:* Es ist davon auszugehen, dass derjenige, der mehr Redezeit hat, auch mehr Einfluss auf den Gesprächspartner hat. Daraus kann gefolgert werden, dass Frauen im Gespräch benachteiligt sind, da Männer mehr Redezeit für sich in Anspruch nehmen, sie haben häufiger das Wort und längere Redezeiten. Trömel-Plötz wies in mehreren Beobachtungen (z.B. Diskussion „Opernhauskrawalle“) nach, dass Männer in der Regel die doppelte Redezeit beanspruchen.

c) *Steuerung des Gesprächsthemas:* Bei einer Analyse von Paargesprächen stellte Pamela Fishman (nach Trömel-Plötz 2004) fest, dass von insgesamt 76 initiierten Gesprächsthemen zwar 47 Themen von Frauen eingebracht wurden, dass dann allerdings nur 17 dieser Themen im Gespräch weiterverfolgt wurden. Hingegen brachten Männer 29 Themen ein, von denen 28 übernommen wurden. Ein ähnliches Ergebnis konnte auch bei Themenwechseln beobachtet werden: Während die Frau meistens auf den Partner eingeht – sie betreibt also „Gesprächsarbeit“ –, liegt die Themenkontrolle bei den Männern.

6.4.2 Nichtdominante Formen des Gesprächsverhaltens

Mit nichtdominanten Formen des Gesprächsverhaltens werden Gespräche nicht gesteuert, sondern aufrechterhalten. Hierzu zählen das

Herstellen von Bezügen zwischen Statements, Fragen und die Darstellung der eigenen Person bzw. Kompetenz in Bezug auf das Thema. Sie tragen in der Regel dazu bei, dass Kommunikation in kooperativer Form gelingt.

a) *Herstellen von Bezügen:* Festzustellen ist, dass Redebeiträge von Frauen thematisch weiterführend sind. Ebenfalls gehen Frauen auf die thematischen Ausrichtungen anderer ein, obwohl diese das Thema der Frau nicht beachteten. Frauen benutzen überdies Minimalreaktionen („*ja*“, „*mhm*“, „*hmm*“) zur Unterstützung ihres männlichen Gesprächspartners.

b) *Fragen:* Fragen verlangen eine korrespondierende Reaktion. Sie werden häufiger von Frauen angewendet als von Männern.

c) *Darstellung der eigenen Person bzw. Kompetenz:* Frauen zeigen im Gespräch oftmals ein unsicheres und kooperierendes Sprachverhalten. Sie neigen zu Unschärfeformulierungen („*Es scheint, dass ...*“, „*Ich würde sagen, dass ...*“, „*Ist es nicht so, dass ...*“), zeigen ein sich unterordnendes Verhalten u. a. durch einschränkende Aussagen, entschuldigen sich häufiger und bitten oftmals um das Wort, während Männer eher dazu neigen, das Wort eigeninitiativ durch Unterbrechung des Gesprächspartners zu ergreifen.

!

Insgesamt kann also tatsächlich eine Benachteiligung von Frauen im Gespräch mit Männern festgestellt werden. Dabei handelt es sich oftmals nicht um ein bewusst aggressives Verhalten der Männer gegenüber Frauen. Vielmehr lässt sich das beschriebene Gesprächsverhalten in gemischtgeschlechtlichen Gruppen durch das allgemein in der Gesellschaft vorherrschende hierarchische Verhältnis der Geschlechter erklären. Durch Sozialisation erworbene Rollenmuster werden unreflektiert praktiziert.

Zudem interpretieren beide Geschlechter kommunikatives Verhalten unterschiedlich.

Beispiele für geschlechtsspezifische Interpretationen von Gesprächsbestandteilen sind:

- Frauen verwenden Fragen auch, um das Gespräch in Gang zu halten, um den Gesprächspartner in das Gespräch mit einzubeziehen. Männer hingegen sehen Fragen als reines Mittel der Informationsbeschaffung, der fragende Gesprächspartner scheint etwas nicht zu wissen und wird deshalb belehrt. Dieses belehrende Verhalten stößt bei Frauen wiederum auf Unmut.
- Männer wechseln das Thema abrupt, sobald ein Aspekt ihrer Meinung nach ausreichend thematisiert wurde, Frauen hingegen bevorzugen eine progressive Themenentwicklung, ein abrupter Themenwechsel wird als unkooperativ empfunden.
- Frauen nehmen konfrontative Gegenpositionen als persönlich gegen sie gerichtet wahr, sie fühlen sich deshalb schneller angegriffen. Männer hingegen setzen aggressive Argumentation vorwiegend dazu ein, deutlich inhaltlich Position zu beziehen, ohne damit automatisch eine zwischenmenschliche Opposition zu markieren.

Wozu dient nun das Wissen um unterschiedliche Verhaltensweisen von Frauen und Männern?

Eine Möglichkeit wäre sicherlich, sich dem jeweils anderen Gesprächsverhalten oder einer bestimmten Norm anzupassen. Sollten Frauen also „aus Prinzip" darauf achten, Gesprächspartner gezielt zu unterbrechen und größere Redebeiträge zu erwirken? Wohl kaum, käme dies doch einem Gleichmachenwollen nahe, das die gesellschaftliche Wirklichkeit und auch das eigene, authentische Gesprächsverhalten leugnen würde.

!

Ziel einer Reflexion der unterschiedlichen Gesprächsverhaltensweisen der Geschlechter sollte vielmehr sein, das andere Geschlecht in seinem typischen Verhalten richtig einzuschätzen. Damit wäre ganz im Sinne des Gender Mainstreaming eine *Gleichwertigkeit der Differenzen* erreicht. Wenn „frau“ weiß, dass „mann“ verstärkt dazu neigt, Gesprächspartner zu unterbrechen, dann kann sie selbst auf ihr Rederecht achten, ohne Unterbrechungen als persönliche Angriffe zu werten. Und umgekehrt ist es für *ihn* hilfreich zu wissen, dass bei *ihren* Äußerungen hinter Formulierungen wie „ich weiß nicht, ob ...“ sehr wohl sicheres Wissen stehen kann. Das Bewusstsein um die unterschiedlichen Verhaltensweisen kann damit helfen, gegenseitiges Verständnis herzustellen, und so auf eine Gleichberechtigung der Geschlechter im Gespräch hinwirken.

Wer auf andere wirken will,
muss erst mal dessen Sprache sprechen.
(K. Tucholsky)

„INTERKULTI"

7 Internationale Rhetorische Kompetenz Aspekte der interkulturellen Kommunikation

Noch nie war der Kontakt zwischen Menschen verschiedener Kontinente und Kulturen so intensiv wie heute. Nicht nur das Internet verbindet über alle Grenzen, auch der berufliche wie private persönliche Kontakt hat in einem Ausmaß zugenommen, das noch vor wenigen Jahrzehnten niemand für möglich gehalten hätte und der mit dem Wort von der „Globalisierung" aller Lebens-, Wirtschafts- und Gesellschaftsbereiche nur schwach umschrieben wird.

Verhaltensweisen und Gebräuche anderer Kulturen konnten oft nur schwer interpretiert und verstanden werden. Jedoch um seine beruflichen Ziele oder persönlichen Wünsche realisieren zu können, musste man sich miteinander verständigen, man musste einander verstehen. Und hierzu reicht Fremdsprachenkenntnisse allein nicht aus. So erlebten Seminare zur „Interkulturellen Kommunikation" vor allem im grenzüberschreitenden Business geradezu einen Boom. Heute ist die Phase des „ersten Kennenlernens und Missverstehens" bewältigt.

Dennoch: In der rhetorischen Kommunikation zwischen den Kulturen schwanken wir zwischen zwei gegensätzlichen Einstellungen, die Heringer im Vorwort zu seinem Buch über interkulturelle Kommunikation sehr treffend beschreibt:

> „In der Interkulturellen Kommunikation ist man im Nachen auf hoher See. Navigation gibt es da wenig. Gefahren aber genug. Da lauert als Scylla: Der naive Optimismus, dass mit gutem Willen auch die Interkulturelle Kommunikation funktioniert. Schließlich sind wir doch alle Menschen. Und auf der anderen Seite Charybdis, die insinuiert, dass man sich eben gut vorbereiten muss und möglichst viel über fremde Kulturen wissen sollte. Das ist sicherlich nicht schlecht, aber im Sturm versagt oft genug das Navigationssystem. Dann muss man spontan gut reagieren auf neue, unberechenbare Situationen. Sonst gerät man eben doch in die Fangarme der Scylla oder geht im tiefen Strudel der Charybdis unter." (Heringer 2004, 7)

Und für die erste These gibt es ja eine Fülle guter Argumente. Das inzwischen jahrzehntelange globale Miteinander hat das Wissen um die

Unterschiede auf beiden Seiten erhöht. Wissen doch heute die chinesische Geschäftsfrau und der chinesische Geschäftsmann, dass „wir Deutschen" dazu neigen, in beruflichen Situationen gerne schnell zur Sache zu kommen, es für uns wichtig ist, zu Beginn einer Präsentation unsere Kompetenz zu zeigen – und wissen doch auch die Deutschen, dass die höfliche und bescheidene Zurücknahme und Entschuldigung der Chinesen am Anfang mit Inkompetenz wahrlich nichts zu tun hat.

Und wissen wir Deutschen doch, dass man bei einer privaten Einladung in Spanien keine Blumen mitbringt – und wissen die spanischen Gastgeber seit langem, dass man genau das in Deutschland gerne sieht.

Dass die Europäer mit Schuhen ihre Wohnung betreten, weiß heute selbst der weit in die Wüste zurückgezogen lebende Nomade – und wir Europäer wissen, dass man vor dem Zelt seine Schuhe auszuziehen hat.

Dieses gegenseitige Wissen führt zweifelsohne zu mehr gegenseitiger Toleranz: Was früher als ausgesprochener Fauxpas wirkte, wirkt heute – entweder für die eine oder andere Seite – eher belustigend.

Verliert das Thema interkulturelle Kommunikation so allmählich an Bedeutung? Oder sind und bleiben Vorurteile doch das entscheidende Hemmnis bei der gemeinsamen Verständigung? Gehen wir bei allem Bewerten von Gut und Richtig auch weiterhin von unserem Bezugssystem aus? Konstruieren und definieren wir uns womöglich neue „Kulturstandards", die unser bequemes Schablonendenken nur weiter unterstützen?

> **!** **Der Respekt vor dem kulturgeprägten Verhalten des Anderen und seinem Wertesystem führt zu gegenseitiger Achtung – und Verständigung.**

Halten wir fest: Das Wissen um die spezifischen Lebensgewohnheiten, um die kulturellen und kommunikativen Besonderheiten erleichtert die gemeinsame Kommunikation. Wer privat mit Angehörigen anderer Länder und Kulturen Kontakt aufnimmt und mit ihnen kommuniziert, kann sich manche unangenehme Situation ersparen, wenn er sich zuvor in den einschlägigen (und heute meist auch sehr ausführlich auf dieses Thema eingehenden) Reiseführern kundig macht. Für berufliche Kontakte, Gespräche, Verhandlungen bringt dieses Wissen allein allerdings meist noch nicht die gewünschte Sicherheit im rhetorischen Agieren. Das kann man am besten in speziellen Seminaren zur „Internationalen Rhetorischen Kompetenz" erlernen, die fremdsprachliches

Können mit gezieltem Training situationsangemessenen Verhaltens verbinden (Adressen: interk@irk-team.com).

Einige der in der Literatur (Thomas 1996, Markowsky/Thomas 1995) immer wieder genannten Beispiele für die kulturellen Besonderheiten seien hier beispielhaft genannt und hinterfragt.

Worüber man spricht – und worüber nicht

In China kann es Ihnen durchaus widerfahren, dass Sie in einem ersten Gespräch die Frage gestellt bekommen, wie viel Sie verdienen, vielleicht ergänzt durch Fragen nach Ihrer Familie, der Anzahl und Tätigkeit Ihrer Kinder, Ihrer Eltern, etc. In Kulturen, in denen die einzelne Person nicht als individuelles Handlungszentrum gesehen, sondern als untrennbar verknüpft mit der sozialen Gruppe wahrgenommen wird, sind solche Fragen ein probates Mittel, um zum einen eine harmonische Gesprächssituation herzustellen sowie die Position und den Status des Gegenübers herauszufinden; in anderen Kulturen sind solche Fragen ein absolutes Tabu.

Wie man eine Rede beginnt – und wie nicht

In Kapitel 3.2.1 wird für den Redebeginn empfohlen, die eigene Kompetenz am Anfang nicht durch (überflüssige) Entschuldigungen zu senken. In vielen (z.B. asiatischen) Ländern ist der Hinweis auf die eigene Unzulänglichkeit geradezu ein Muss. Wer wann wie höflich und wie kompetent eingeschätzt wird, ist sehr unterschiedlich. Aber wie nimmt man das bei Angehörigen einer anderen Kultur wahr? Empfindet nun der Asiate den Europäer als unverschämt, wenn der seiner europäischen Kultur entsprechend redet? Oder findet er die Anpassung peinlich, wenn der Europäer glaubt, so beginnen zu müssen, wie sein asiatischer Kollege es in seinem Kulturkreis gewohnt ist?

Wie nahe man jemandem treten darf – oder besser nicht

Wann hat jemand das Gefühl, man rücke ihm „auf die Pelle“? Stehen Südeuropäer im Gespräch näher beieinander als Nordeuropäer, Araber weitaus näher als Deutsche? Und empfinden Niederbayern das Distanzverhalten von Rheinländern nicht geradezu als belästigend? Dieses Beispiel ist hier aufgeführt, um darauf hinzuweisen, dass wir interkulturelle Unterschiede meist nur zwischen den Kulturen verschiedener Länder sehen, aber man könnte natürlich auch die Unterschiede zwischen Generationen, sozialen Schichten usw. betrachten.

Wen man wie lange anschauen darf – und wen nicht

Gerade in der nonverbalen Kommunikation (ausführlich hierzu: Kapitel 2) gibt es erhebliche Unterschiede in der Kommunikation zwischen verschiedenen Ländern und Kulturen. So wird sehr häufig auf den viel längeren Blickkontakt zwischen arabischen und japanischen Männern hingewiesen oder auf die Beobachtung, dass in vielen afrikanischen Kulturen langer unmittelbarer Blickkontakt als unhöflich empfunden wird. Noch stärker sind übrigens die Unterschiede, wenn wir das Blickverhalten zwischen Männern und Frauen betrachten.

Wie man nonverbal „Ja" sagt – und wie „Nein"

Immer wieder liest man, dass im Türkischen und im Bulgarischen Kopfschütteln „Ja" bedeutet. Doch gottlob das Nicken auch. Und das Kopfschütteln nur, wenn ...

Dieses Beispiel zum Schluss mit der eindringlichen Bitte, immer auch wirklich genau hinzuschauen, welche (Vor-)Urteile leider oft wenig reflektiert von Buch zu Buch übernommen werden.

Und die entscheidende Frage bleibt nicht nur hier: Stimmt das alles? Und wenn ja: Was bedeutet das für meine Kommunikation?

Hier noch einige Beispiele für den „typisch Deutschen" (aus Markowsky/Thomas 1995):

- Der Inhalt ist in der Kommunikation stets wichtiger als die Beziehung.
- Es gibt für alles eine Regel, deren Einhaltung für Deutsche als selbstverständlich gilt.
- Autoritätspersonen begegnet man mit hohem Respekt, Zurückhaltung und Scheu.
- Alles wird in eine logische Ordnung eingepasst, die Welt durch die Kraft des Gedankens erfasst.
- Die räumliche Distanz zwischen Personen in der Öffentlichkeit ist oft sehr gering.
- Die private Sphäre ist heilig und wird nach außen geschützt. „Die Deutschen schließen die Türe."
- Materieller Besitz ist Teil des Privaten und wird respektiert. So hat man Respekt vor fremdem Eigentum und pflegt das eigene.
- In der Arbeit werden Selbstkontrolle und Disziplin in hohem Maße erwartet.

Haben Sie sich/uns wieder erkannt? Oder haben Sie mehr die Gefahr gesehen, die in solchen (immer auch wertenden) Stereotypisierungen liegt?

All das will in einem Training bedacht sein, und die angeführten Beispiele zeigen bereits, dass ein Training zur internationalen rhetorischen Kompetenz immer nur sehr differenziert für ein bestimmtes Land und eine bestimmte kommunikative Aufgabe sinnvoll sein kann.

Und alles Training kann nur dann von Erfolg gekrönt sein, wenn man bereit ist,

- sein eigenes Verhalten zu reflektieren,
- über seine eigenen Werte nachzudenken,
- zu versuchen, Situationen aus der Perspektive der jeweiligen Kommunikationspartner zu betrachten,
- letztendlich unsicher und in Achtung vor dem anderen sich selbst treu zu bleiben.

> Die Unterschiede zwischen den Kulturen kennen zu lernen ist der erste Schritt; die Gleichwertigkeit dieser Unterschiede zu akzeptieren, ist der entscheidende Schritt – sich angemessen zu verhalten die (fast) selbstverständliche Konsequenz.
>
> !

ANTIKE RHETORIK

8 Zur Geschichte der Rhetorik

8.1 Die Antike

Griechenland

Die Geburtsstätte der Rhetorik ist Griechenland, gelten doch die Griechen wahre Meister im (Er-)Finden von Argumenten und in der Kunst der treffenden Formulierung. Homer (ca. 8. Jh. v. Chr.) gilt als Schöpfer der Redekunst, seine Werke „Ilias" und „Odyssee" sind wahre Fundgruben rhetorischer Beispiele.

Im 5. Jahrhundert v. Chr. entstand die eigentliche Rhetorik. Ihre Begründer waren Teisias und Korax, die diese Kunst aus der damals schon demokratischen griechischen Provinz Sizilien nach Griechenland brachten.

Mit der Einführung der Demokratie nach dem Peloponnesischen Krieg (431–404 v. Chr.) in Griechenland nahm die Bedeutung der freien Rede zu. Denn nunmehr wurden Mehrheitsbeschlüsse in der Volksversammlung gefasst. Hier konnten ökonomische, politische und rechtliche Streitfälle öffentlich ausgetragen werden. In diesen attischen Volksgerichten urteilten durchweg Laienrichter, die durch das Los bestimmt wurden. Je nach Bedeutung des Falles waren die Versammlungen mit 201, 401 oder 501 Bürgern besetzt. Jeder, der vor Gericht ging, musste persönlich seine Angelegenheit vortragen. Vertreter waren nicht erlaubt. Deshalb war für Verteidigung und Anklage eine fundierte rhetorische Ausbildung von hohem Wert, galt es doch, die eigene Sache glaubhaft und überzeugend darzustellen und die Mehrheit für sich zu gewinnen.

Dieser steigenden Nachfrage an guten Rhetoriklehrern kamen ab dem 5. Jahrhundert v. Chr. öffentlich wirkende Redelehrer, die Sophisten, nach. Sie traten als Wanderlehrer auf und unterrichteten gegen hohe Bezahlung in Rhetorik und in allgemein bildenden Fächern. Protagoras (485–415 v. Chr.) war einer der ältesten Sophisten. Er gilt auch als Entdecker der Dialektik.

Mit Gorgias (488–376 v. Chr.), dem Begründer der Stilistik, entwickelte sich die Rhetorik zu einem universell einsetzbaren Instrument des gesellschaftlichen Lebens. Er widmete sich den irrationalen Wirkungen der Rede, die sich der Mittel der Täuschung und Betörung bediente. Die Rede wurde zu einem schier allmächtigen Instrument und als „Erzeugerin von Überredung" bezeichnet. Allerdings unterscheidet das Griechische nicht zwischen „überreden" und „überzeugen".

Mit Isokrates (436–338 v. Chr.), einem bedeutenden Gerichtsredner, begann die Ära der späteren Sophisten. Das dem Anaximenes zugeschriebene Lehrbuch „Alexander-Rhetorik" (ca. 340 v. Chr.) bildete den Abschluss sophistisch-rhetorischer Theoriebildung. In diesem Werk räumt Anaximenes dem Redner völlige Gleichgültigkeit gegenüber ethischen Werten ein. Jedes Argument hat nur dann Wert, wenn es Aussicht auf Erfolg bietet.

In Platon (427–347 v. Chr.) fanden die Sophisten einen erbitterten Gegner. Er bezeichnete deren Rhetorik als „Überredung", „Scheinkunst" und „Schmeichelei" und erklärte sie untauglich zur Wahrheitsfindung. Er forderte eine fundierte Bildung des Rhetors, damit dieser mit Sachverstand reden könne, sowie eine Rückkehr zu verbindlichen, ethischen Normen. Von ihm stammt der Ausdruck *rhetorike techne*, der die Kunst und die Theorie der Beredsamkeit bezeichnet. Für ihn ist ausschließlich das dialektische Verfahren die Voraussetzung und das Wesen der Rhetorik. Denn über jedes Thema sind grundsätzlich zwei gegensätzliche Meinungen möglich, die beide Anspruch auf Gültigkeit erheben. Und mit Hilfe plausibler Argumentation kann man die schwächere Seite zur stärkeren machen.

Eine zweite Blüte verdankt die Rhetorik Aristoteles (384–322 v. Chr.), der mit seiner „Rhetorik" ein bis heute wichtiges Lehrbuch der rhetorischen Argumentationslehre schrieb und ihre Aufgabe darin bestimmte, „nicht zu überreden, sondern zu untersuchen, was an jeder Sache Glaubwürdiges vorhanden ist". Er entwickelte die rhetorischen Schlussverfahren und die Lehre von den Beweisgründen, die sog. „Topik", um strittige Sachverhalte im Für und Wider der Argumente zur Entscheidung bringen zu können.

Rom

Wie in Griechenland ging auch in Rom der rhetorischen Theorie die Praxis voraus. Bevor die ersten Lehrbücher erschienen, gab es bereits herausragende Redner. Circa ab 100 v. Chr. wurde die Rhetorik neben der Philosophie von den römischen Rednern zu dem wirkungsmächtigsten Bildungssystem der europäischen Geschichte ausgebaut. Bedeutsame Vertreter jener Zeit sind Marcus Cato, Marcus Antonius, Lucius Licinius Crassus und Marcus Tullius Cicero, der von 106 bis 43 v.

Chr. lebte. Die Redegattungen wurden nun in drei klassische Anwendungsgebiete unterteilt: die Festrede, die bei öffentlichen Feiern gehalten wurde (z. B. Grabrede), die politische Rede und die Gerichtsrede.

Als das älteste lateinisch geschriebene Lehrbuch der Rhetorik gilt die „Rhetorica ad Herennium“ aus der Zeit um 86 v. Chr. Dieses fälschlicherweise Cicero zugeschriebene Werk behandelt die Produktionsstadien und Hauptgattungen der Rede: Stofffindung und Argumentationssuche (*inventio*), Auswahl und Anordnung des Stoffes (*dispositio*), stilistisch-kunstvolle Formulierung der Gedanken (*elocutio*), Einprägen der Rede (*memoria*), und Vortrag (*pronuntiatio*). Cicero legte dagegen in seinen rhetorischen Lehrschriften („De oratore“, „Orator“, „Brutus“) die Grundlage für ein umfassendes Lehrgebäude, in dem Erziehung, Politik, Recht, Gesellschaftstheorie und Ethik zusammengeführt wurden. Keine Rede sollte ohne gründliche Kenntnis des Inhaltes gehalten werden, denn wichtig war den römischen Rhetoren – im Gegensatz zu den Griechen – eine entschieden moralische Orientierung. Der Redner sollte idealerweise ein „vir bonus dicendi peritus“ sein, „ein Ehrenmann, der gut zu reden weiß“ und seine Fähigkeiten ständig übt und vervollkommnet.

In der Zeit nach Cicero verlor die Rede allmählich ihre politische Bedeutung und entwickelte sich zur reinen Kunstübung um des Vergnügens der Zuschauer willen. Die Themen wurden immer lebensferner. Heftige Kritik an diesem Verfall übten Seneca (ca. 4–65 n. Chr.) und Quintilian (ca. 35–96 n. Chr.), der Ciceros Ideal des „guten Redners“ übernahm. Zum maßgebenden Standardwerk der europäischen Rhetorik wurde sein 12-bändiges Werk „De institutione oratoria“, in dem die Rhetorik als „Regina artis“, als Königin aller Künste und Wissenschaften, dargestellt wird.

8.2 Das Mittelalter

Erst nach einigem Zögern rezipierte das christliche Mittelalter die Rhetorik. Sie erwies sich sehr schnell als ideales Instrument gegen Anfeindungen und zur Verbreitung der Lehre, nachdem das Christentum 381 n. Chr. zur Staatsreligion erhoben wurde. Die größten und wirkungsvollsten Prediger des 4. Jahrhunderts waren Gregor von Naziano und Basileios der Große, Christen mit einer geschliffenen Rhetorik, die zudem eine ausgezeichnete hellenistische Bildung genossen hatten. Bahnbrechend aber war Aurelius Augustinus (354–430 n. Chr.), der sich in seinem 4-bändigen Werk „De doctrina christiana“

mit der Bibelauslegung und der Predigtlehre beschäftigte, womit den bisherigen drei klassischen Redegattungen mit der Homiletik eine weitere hinzugefügt wurde und ein neuer rhetorischer Theoriebereich geschaffen war. Augustinus lehnte sich in seiner Auffassung von den Aufgaben des Redners an Cicero an. Der Redner sollte belehren (*docere*), ergötzen (*delectare*) und rühren (*flectere*).

Das Bildungssystem und den Unterricht des Mittelalters prägten die „septem artes liberales", die sog. Sieben freien Künste: drei sprachliche Künste – das „Trivium", bestehend aus Grammatik, Dialektik, Rhetorik – sowie vier mathematische Disziplinen – das „Quadrivium", bestehend aus Arithmetik, Geometrie, Musik und Astronomie. Im späteren Mittelalter verlor jedoch die Rhetorik immer mehr an Bedeutung, da es für öffentliche und rechtliche Fragen kaum Betätigungsfelder gab. Dafür war zum einen die zunehmende Spezialisierung der Universitäten verantwortlich, die zu einer sektoralen Rhetorik führte. Zum anderen überlebten die Werke der antiken Rhetorik nur noch in gekürzter und zum Teil schlecht übersetzter Version.

8.3 Das 15. bis 19. Jahrhundert

Neue Höhepunkte an Geltung und Einfluss erreichte die Rhetorik in der Renaissance und im Humanismus, da die Antike jetzt wieder entdeckt wurde. Die Rhetorik beherrschte Schul- und Universitätsbetrieb, Literatur und Architektur, Gerichtswesen und Theologie.

In Deutschland trat als erster Volksredner Martin Luther (1483–1546) auf, der mit seiner umfassenden Bibelübersetzung (1522) entscheidenden Einfluss auf die Formung des Hochdeutschen ausübte. Allmählich wuchs aber auch die Bedeutung der Buchdruckerkunst.

Nach anfänglicher Stagnation während des Dreißigjährigen Krieges (1618–1648) kam es im 17. Jahrhundert zu einer regen Spracharbeit, die hauptsächlich von den Sprachgesellschaften und ihren meist adligen Mitgliedern getragen wurde (z. B. Georg Philipp Harsdörffer, 1607–1658). Diese Gesellschaften machten es sich zur Aufgabe, sich um die Pflege und Reinhaltung der deutschen Sprache zu kümmern.

Durch die Aufklärung im 18. Jahrhundert breitete sich die bisher lateinischsprachige Rhetorik in allen europäischen Ländern aus. Es entstand eine Vielzahl neuer muttersprachlicher Lehrbücher und auch die Terminologie änderte sich. So wurden in Deutschland die Begriffe

„Redekunst“ für die Theorie und „Beredsamkeit“ oder „Eloquenz“ für die Praxis der Rhetorik verwendet.

Die Kunst des Briefeschreibens etablierte sich, nach dem Vorbild des antiken Briefautoren (Plinius der Jüngere), als eigenständige rhetorische Gattung. Ein Vertreter dieser Kunst war Christian Fürchtegott Gellert (1715–1769), der mit seiner „Praktischen Abhandlung über den guten Geschmack in Briefen“ (1751) die Analyse von guten und schlechten Beispielen vorexerzierte.

Auch Johann Christoph Gottsched (1700–1766) trug zum wachsenden Einfluss der Rhetorik bei. Sein Werk „Grundriss einer vernünftigen Redekunst“ (1728) gehörte zu den wichtigsten Lehrbüchern seiner Epoche.

Bei der Vorbereitung und nach dem Ausbruch der Französischen Revolution ab 1789 gewann die Rhetorik eine neue politische Dimension – ganz unmittelbar als politische Beredsamkeit und auch durch die Entwicklung einer kritisch-bürgerlichen Publizistik.

Mit der Entstehung neuer, konkurrierender Wissenschaften (Pädagogik, Psychologie, Germanistik) und einer allgemeinen Kultur der Innerlichkeit begann Ende des 18. Jahrhunderts erneut der Verfall. Seit ca. 1830, mit Beginn des Realismus, ist in nahezu allen europäischen Kulturen der Niedergang der Rhetorik als wissenschaftliche Disziplin zu beobachten.

In Deutschland wurde zur Zeit der Romantik das gesprochene Wort sehr gepflegt, vor allem in dichterischen Kreisen. Doch schon 1812 hielt Adam Müller (1779–1829) in Wien seine berühmten „Zwölf Reden über die Beredsamkeit und deren Verfall in Deutschland“. Als Hauptgründe führte Müller die Schriftlichkeit und Selbstgenügsamkeit der deutschen Literatur, das fehlende Publikum, die fehlende Sprachkultur und die fehlende republikanische Tradition an.

8.4 Das 20. Jahrhundert

Dies änderte sich, als zu Beginn des 20. Jahrhunderts die ersten Lektorate für Stimmbildung und Vortragskunst entstanden (Emil Milan, Martin Seydel, Ewald Geißler, Albert Fischer). Diese neue „Kunde“ muss in Zusammenhang mit der politischen Entwicklung in Deutschland gesehen werden. Bestimmend für die Theorie der Rhetorik in der ersten Hälfte des 20. Jahrhunderts waren vor allem die Lektoren der Vortragskunst und Sprechkunde.

Die humanistische Bildung sollte durch eine deutsche Bildung abgelöst werden, um Deutschland, das seit dem Zusammenschluss zum Deutschen Reich 1871 in einem internationalen Konkurrenzkampf stand, zu einem einheitlichen Ganzen zusammenzuführen. Die zunehmende Verschriftlichung sollte wieder durch ein neues Bewusstsein für das gesprochene Wort abgelöst werden. Damit stand die Rhetorik unter dem drohenden Einfluss des „Dritten Reiches“, das sich vor allem der Mittel der Massenpsychologie bediente und Rhetorik zu Überredungs- und Manipulationszwecken benutzte. Rhetorik war jetzt allgegenwärtig, vor allem in Propaganda und politischer Rede sowie in den neuen Medien Rundfunk und Kino.

Das negative Image der Rhetorik im nationalsozialistischen Deutschland wirkte noch lange nach. Der Anschluss an die seit Beginn des 20. Jahrhunderts besonders in den USA einsetzende, inzwischen rege internationale Forschungstätigkeit gelang erst um 1960. Seit der Einführung des Begriffs „Rhetorische Kommunikation“ durch Brigitte Frank-Böhringer (1963) erfährt die Rhetorik wieder eine Bedeutung mit inhaltlicher, ethischer, psychologischer und gesellschaftspolitischer Orientierung. Gerade aus dem Bereich der Sprechwissenschaft/Sprecherziehung haben sich viele Wissenschaftler und Praktiker der Rhetorik zugewandt, z.B. Allhoff (z.B. 1975, 2004), Bartsch (z.B. 1985), Gutenberg (z.B. 1981), Heilmann (z.B. 2002), Lepschy (z.B. 1995), Pawlowski (z.B. 2005), Pabst-Weinschenk (z.B. 2004; 2000), Teuchert (z.B. 2001), um nur einige der wichtigsten Namen zu nennen.

Seit den 1990er Jahren ist unsere Gesellschaft vor allem von ständig zunehmender Kommunikation – z.B. durch neue Medien (Internet, DVD), intensive interkulturelle Kommunikation – geprägt. Mit dem damit einhergehenden Anspruch auf Mündigkeit und transparente Information entsteht die Forderung, auf den wachsenden Bedarf an Rhetorik überall in Wissenschaft und Pädagogik adäquat zu reagieren. Dieser Bedarf führte leider auch zu einem großen Heer selbsternannter „Rhetoriktrainer“.

8.5 Das 21. Jahrhundert

Heute wird Rhetorik wieder seriös, wissenschaftlich und praxisbezogen zugleich an vielen Universitäten gelehrt, die Universitäten von Regensburg, Halle und Tübingen sollen in diesem Zusammenhang besonders genannt werden.

An der Universität Regensburg ist es zum Beispiel möglich, im

Lehrgebiet „Mündliche Kommunikation und Sprecherziehung“ nach einem mindestens 8-semestrigen Studium ein Examen im Schwerpunktfach „Rhetorische Kommunikation“ abzulegen. Das Studium umfasst alle Bereiche der Rede- und Gesprächspädagogik und bietet neben einer fundierten wissenschaftlichen Ausbildung vor allem die pädagogische Umsetzung in die Praxis. Die Regensburger Absolventinnen und Absolventen stehen ganz in der Tradition einer emanzipatorischen und kooperativen Rhetorik, die ihre ethischen Grundlagen in Antike und Gegenwart findet.

Statt eines Nachworts

Kurt Tucholsky
Ratschläge für einen schlechten Redner

„Fang nie mit dem Anfang an, sondern immer drei Meilen ‚vor' dem Anfang! Etwa so: ‚Meine Damen und meine Herren! Bevor ich zum Thema des heutigen Abends komme, lassen Sie mich Ihnen kurz ...' Hier hast du schon ziemlich alles, was einen schönen Anfang ausmacht: eine steife Anrede; der Anfang vor dem Anfang; die Ankündigung, dass und was du zu sprechen beabsichtigst, und das Wörtchen kurz. So gewinnst du im Nu die Herzen und Ohren der Zuhörer. Denn das hat der Zuhörer gern: dass er deine Rede wie ein schweres Schulpensum aufbekommt; dass du mit dem drohst, was du sagen wirst, sagst und schon gesagt hast. Immer schön umständlich.

Sprich nicht frei – das macht einen so unruhigen Eindruck. Am besten ist es: du liest deine Rede ab. Das ist sicher, zuverlässig, auch freut es jedermann, wenn der lesende Redner nach jedem viertel Satz misstrauisch hochblickt, ob auch noch alle da sind.

Wenn du gar nicht hören kannst, was man dir so freundlich rät, und du willst durchaus und durchum frei sprechen ... du Laie! Du lächerlicher Cicero! Nimm dir doch ein Beispiel an unsern professionellen Rednern, an den Reichstagsabgeordneten – hast du die schon mal frei sprechen hören? Die schreiben sich sicherlich zu Hause auf, wann sie *„Hört! Hört"* rufen ... ja, also wenn du denn frei sprechen musst: Sprich, wie du schreibst. Und ich weiß, wie du schreibst.

Sprich mit langen, langen Sätzen – solchen, bei denen du, der du dich zu Hause, wo du ja die Ruhe, deren du so sehr benötigst, deiner Kinder ungeachtet, hast, vorbereitest, genau weißt, wie das Ende ist, die Nebensätze schön ineinander geschachtelt, so dass der Hörer, ungeduldig auf seinem Sitz hin und her träumend, sich in einem Kolleg wähnend, in dem er früher so gern geschlummert hat, auf das Ende solcher Periode wartet ... nun, ich habe dir eben ein Beispiel gegeben. So musst du sprechen.

Fang immer bei den alten Römern an und gib stets, wovon du auch sprichst, die geschichtlichen Hintergründe der Sache. Das ist nicht nur deutsch – das tun alle Brillenmenschen. Ich habe einmal an der Sorbonne einen chinesischen Studenten sprechen hören, der sprach glatt und gut französisch, aber er begann zu allgemeiner Freude so: ‚Lassen Sie mich in aller Kürze die Entwicklungsgeschichte meiner chinesischen Heimat seit dem Jahre 2000 vor Christi Geburt ...' Er blickte ganz erstaunt auf, weil die Leute so lachten. So musst du das auch machen. Du hast ganz recht: man versteht es ja sonst nicht, wer kann denn das alles verstehen, ohne die geschichtlichen Hintergründe ... sehr richtig! Die Leute sind doch nicht in deinen Vortrag gekommen, um lebendiges Leben zu hören, sondern das, was sie auch in Büchern nachschlagen können ... sehr richtig! Immer gib ihm Historie, immer gib ihm.

Kümmere dich nicht darum, ob die Wellen, die von dir ins Publikum laufen, auch zurückkommen – das sind Kinkerlitzchen. Sprich unbekümmert um die Wirkung, um die Leute, um die Luft im Saale; immer sprich, mein Guter. Gott wird es dir lohnen.

Du musst alles in Nebensätze legen. Sag nie: ‚Die Steuern sind zu hoch.' Das ist zu einfach. Sag: ‚Ich möchte zu dem, was ich soeben gesagt habe, noch kurz bemerken, dass mir die Steuern bei weitem ...' So heißt das.

Trink den Leuten ab und zu ein Glas Wasser vor – man sieht das gern. Wenn du einen Witz machst, lach vorher, damit man auch weiß, wo die Pointe ist.

Eine Rede ist, wie könnte es anders sein, ein Monolog. Weil doch nur einer spricht. Du brauchst auch nach vierzehn Jahren öffentlicher Rednerei noch nicht zu wissen, dass eine Rede nicht nur ein Dialog, sondern ein Orchesterstück ist; eine stumme Masse spricht nämlich ununterbrochen mit. Und das musst du hören. Nein, das brauchst du nicht zu hören. Sprich nur, lies nur, donnere nur, geschichtele nur.

Zu dem, was ich soeben über die Technik der Rede gesagt habe, möchte ich noch kurz bemerken, dass viel Statistik eine Rede immer sehr hebt. Das beruhigt ungemein, und da jeder imstande ist, zehn verschiedene Zahlen mühelos zu behalten, so macht das viel Spaß.

Kündige den Schluss deiner Rede lange vorher an, damit die Hörer vor Freude nicht einen Schlaganfall bekommen. Paul Lindau hat einmal einen dieser gefürchteten Hochzeitstoaste so angefangen: ‚Ich komme zum Schluss.' Kündige den Schluss an, und dann beginne deine Rede von vorn und rede noch eine halbe Stunde. Dies kann man mehrere Male wiederholen.

Du musst dir nicht nur eine Disposition machen, du musst sie den Leuten auch vortragen – das würzt die Rede.

Sprich nie unter anderthalb Stunden, sonst lohnt es sich gar nicht erst anzufangen.

Wenn einer spricht, müssen die andern zuhören – das ist deine Gelegenheit! Missbrauche sie."

Ratschläge für einen guten Redner

Hauptsätze, Hauptsätze, Hauptsätze.

Klare Disposition im Kopf – möglichst wenig auf dem Papier.

Tatsachen – oder Appell an das Gefühl. Schleuder oder Harfe. Ein Redner sei kein Lexikon. Das haben die Leute zu Hause.

Der Ton einer einzelnen Sprechstimme ermüdet; sprich nie länger als vierzig Minuten.

Suche keine Effekte zu erzielen, die nicht in deinem Wesen liegen. Ein Podium ist eine unbarmherzige Sache – da steht der Mensch nackter da als beim Sonnenbad.

Merk Otto Brahm's Spruch:
Wat jestrichen is, kann nich durchfalln.
(Tucholsky 1965, 187ff)

Reden lernt man durch Reden.
(Cicero)

Wer nicht zu schweigen weiß,
der weiß auch nicht zu reden.
(Seneca)

Wer redet, wird oft missverstanden,
wer nichts sagt – auch.

WIR WÜNSCHEN IHNEN, DASS SIE NACH DER LEKTÜRE ...

IN ALLEN REDE- UND GESPRÄCHSSITUATIONEN FEST IM SATTEL SITZEN, ...

... IN DISKUSSIONEN DIE ZÜGEL FEST IN DER HAND BEHALTEN ...

... DAMIT SIE AUCH SCHWIERIGE VERHANDLUNGSHÜRDEN LEICHTER NEHMEN ...

... UND WENN SIE BEI IHRER ARGUMENTATION DAS PFERD NICHT VON HINTEN AUFZÄUMEN, ...

... UND AUCH IM HITZIGEN GESPRÄCH DER GAUL NICHT MIT IHNEN DURCHGEHT ...

... DANN WIRD SIE SO LEICHT KEIN GESPRÄCHSPARTNER MEHR AUS DEM SATTEL HEBEN ...

... DAMIT REDEN UND DISKUTIEREN AUCH IHR STECKENPFERD WIRD!

Literatur

Alexy, R. (2001): Theorie der juristischen Argumentation. 4. Aufl. Frankfurt/M.

Allhoff, D.-W. (2004): Argumentieren. Zur Lern- und Lehrbarkeit des Überzeugens. In: Köhler, K., Skorupinski, C. (Hrsg.): Wissenschaft macht Schule. St. Ingbert

– (2001): 150 Jahre Parlamentarische Rede in Deutschland. Ein Stilvergleich in die Zukunft. In: Allhoff, D.-W.: Schlüsselkompetenz Mündliche Kommunikation. München, Basel

– (Hrsg.)(2001): Schlüsselkompetenz Mündliche Kommunikation. München, Basel

– (Hrsg.) (2001): Förderung mündlicher Kommunikation. München, Basel

– (1992): Rhetorik als Gesprächspädagogik. In: Jahrbuch Deutsch als Fremdsprache 18. München

– (1990): Redefreiheit – Redeangst. In: Geißner, H. (Hrsg.): Ermunterung zur Freiheit. Frankfurt

– (1989): Die Übungsdebatte in der Gesprächspädagogik. In: sprechen I

– (1988): Argumentationsstrukturen. Ein Beitrag zur Didaktik argumentativer Kurzrede. In: sprechen I

– (Hrsg.) (1987): Sprechen lehren – reden lernen. München

– (1987): Non-direktives Gesprächsverhalten (ndGV) in Prozessen Rhetorischer Kommunikation. In: Allhoff, D.-W. (Hrsg.): Sprechen lehren – reden lernen. München, Basel

– (1986): Zum Umgang mit Sprechangst in Rhetorik-Seminaren. In: Lotzmann, G. (Hrsg.): Sprechangst in ihrer Beziehung zu Kommunikationsstörungen. Berlin

– (1984): Beobachtungs- und Verhaltenstraining zur nonverbalen Kommunikation. In: Berthold, S., Naumann, C.-L. (Hrsg.): Mündliche Kommunikation im 5. bis 10. Schuljahr. Bad Heilbrunn

– (1984): Verständlichkeit gesprochener Sprache. Zum Stand der Forschung. In: sprechen II

– (1984): 1 : 0 für den Berater. In: sprechen I

– (Hrsg.) (1983): Sprechpädagogik – Sprechtherapie. Frankfurt/M.

– (1983): Sprechangst, Psychophysische Grundlagen und Modelle zur Reduktion. In: Allhoff, D.-W. (Hrsg.): Mündliche Kommunikation: Störungen und Therapie. Frankfurt/M.

– (Hrsg.) (seit 1983): sprechen. Zeitschrift für Sprechwissenschaft, Sprechpädagogik, Sprechtherapie, Sprechkunst. Regensburg. 2 Hefte jährlich

– (1976): Rhetorische Kommunikation. München

– (1975): Rhetorische Analyse der Reden und Debatten des ersten deutschen Parlaments von 1848/49. München
–, Allhoff, W. (1983): Zur Frauenfeindlichkeit in mündlicher und schriftlicher Kommunikation. In: sprechen II
–, Berner, W. (1983): Ursachen und Ausmaß von Sprechangst. In: sprechen I
Antons, K. (2000): Praxis der Gruppendynamik. 8. Aufl. Göttingen
Argyle, M., Henderson, M. (2005): Körpersprache und Kommunikation. 8. Aufl. Paderborn
Aristoteles (1995): Rhetorik. 5. Aufl. München

Ballstaedt, S., Mandl, H., Schnotz, W. (1981): Texte verstehen, Texte gestalten. München
Bandler, R., Grindler, J. (2005): Reframing. Ein ökologischer Ansatz in der Psychotherapie (NLP). Paderborn
Bartsch, E. (1985): Sprechsprachliche Gestaltungshilfen in einem Kurs: „Rhetorik im Umgang mit Rundfunk, Presse und Fernsehen". Unveröffentlichtes Manuskript
–, Marquart, T. (1999): Grundwissen Kommunikation. Stuttgart
Baxter, J. C., Winter, E. P., Hammer, R. E. (1968): Gestural behavior. In: Journal of Personality and Social Psychology 8
Berne, E. (2004): Was sagen Sie, nachdem Sie „Guten Tag" gesagt haben? 19. Aufl. Frankfurt
– (2002): Spiele der Erwachsenen. 5. Aufl. Reinbek
– (1975): Transactional analysis in psychotherapy. London
Berner, W. (1985): Redeangst-Abbau: Anforderungen an den Trainer. In: sprechen II
Berthold, S. (1993): Reden lernen. Übungen für die Sekundarstufe I und II. Frankfurt/M.
– (1985): Wie erkennt man, daß eine mündliche Erlebnisschilderung erlogen ist? In: sprechen I
– (1979): Methoden der Anleitung zum verständlichen Reden. In: Praxis Deutsch 33
Beushausen, U. (2004): Sicher und frei reden. 2. Aufl. München, Basel
Birdswhistell, R. L. (1970): Kinesics and context. Philadelphia
Bodenheimer, A. R. (1984): Warum? Von der Obszönität des Fragens. Ditzingen
Bühler, K. (1999): Sprachtheorie: Die Darstellungsfunktion der Sprache. 3. Aufl. Stuttgart
Buzan, T. (1998): Kopftraining. 15. Aufl. München

Cicero, M. T. (2003): De oratore. Über den Redner. 5. Aufl. Stuttgart
Cohn, R. (2004): Von der Psychoanalyse zur themenzentrierten Interaktion. 15. Aufl. Stuttgart
Cook, M. (1970): Experiments on orientation and proxemics. In: Human Relations 23

Dahmer, H., Dahmer, J. (2003): Gesprächsführung. Eine praktische Anleitung. 5. Aufl. Stuttgart

Dilts, R., Bandler, R., Grinder, J. (2003): Strukturen subjektiver Erfahrung. Ihre Erforschung und Veränderung durch NLP. Paderborn

Eibl-Eibesfeldt, I. (1998): Liebe und Haß. Zur Naturgeschichte elementarer Verhaltensweisen. 12. Aufl. München

Ekman, P., Friesen, W. V. (2003): Unmasking the face. Cambridge, MA

–, – (1978): Facial Action Coding System. Palo Alto

Festinger, L. (1957): A theory of cognitive dissonance. Evanston, Ill.

Fisher, R., Ury, W., Patton, B. (2004): Das Harvard-Konzept: Der Klassiker der Verhandlungstechnik. 22. Aufl. Frankfurt/M.

Fitzner, T. (1984): Expressives nichtverbales Lehrerverhalten. Frankfurt/M.

Frank-Böhringer, B. (1963): Rhetorische Kommunikation. Quikborn

Genzmer, H. (2003): Rhetorik. Köln

Gordon, Th. (2005): Managerkonferenz. München

Greif, S. (1991): Diskussionstraining. Salzburg

Groeben, N. (1998): Die Verständlichkeit von Unterrichtstexten. Münster

–, Günther, U. (1978): Abstraktheitssuffix – Verfahren. In: Zeitschrift für experimentelle und angewandte Psychologie. 25, 55–74

Gündel, J. (1991): Transaktionsanalyse. Mannheim

Gutenberg, N. (1981): Formen des Sprechens. Gegenstandskonstitution und Methodologie von Gesprächs- und Redetypologie in Sprach- und Sprechwissenschaft. Göppingen.

Gutzeit, S. F. (2002): Die Stimme wirkungsvoll einsetzen. Das Stimmpotenzial erfolgreich nutzen. Mit Audio-DC. Weinheim und Basel

Haft, F. (1999): Juristische Rhetorik. 6. Auflage, Freiburg/München

Hall, E. T. (1968): Proxemics. In: Current Methodology 19

Hamann, C. (2005): Übungsprogramm für eine gesunde Stimme. 3. Aufl. München

Hartmann, M., Funk, R., Nietmann, H. (2003): Präsentieren: Zielgerichtet und adressatenorientiert. 7. Aufl. Weinheim

Haseloff, O. W. (1968): Sprache, Motivation und Argumentation. Vortrag, gehalten auf dem 5. Berliner Emnid-Colloquium am 27./28.10.66; auszugsweise abgedruckt in: Teigeler, P.: Verständlichkeit von Sprache und Text. Stuttgart

Heilmann, Chr. (2002): Interventionen in Gesprächen. Tübingen

Heringer, H. J. (2004): Interkulturelle Kommunikation. Grundlagen und Konzepte. Tübingen und Basel

Jacobson, E. (1974): Progressive Relaxation. 2. Aufl. Chicago

Kelber, M. (1977): Gesprächsführung. 12. Aufl. Opladen
Klarer, M. (2006): Präsentieren auf Englisch. 3. Aufl. Frankfurt/M.
Kleck, R. E., Nüssle, W. (1968): Congruence between the indicative and communicative functions of eye contact in interpersonal relation. In: British Journal of Social and Clinical Psychology, 7
König, R. (Hrsg.) (1976): Das Interview. Formen, Technik, Auswertung. 10. Aufl. Köln
Kürstreiner, P. (1999): Reden, vortragen, überzeugen. 2. Aufl. Weinheim

Langer, I., Schulz von Thun, F., Tausch, R. (2006): Sich verständlich ausdrücken. 8. Aufl. München, Basel
La Roche, W. von (2006): Einführung in den praktischen Journalismus. 17. Aufl. München
Lausberg, H. (1990): Handbuch der literarischen Rhetorik. 3. Aufl. Stuttgart
Lemke, S. (2006): Sprechwissenschaft/Sprecherziehung. Frankfurt/M.
Lemmermann, H. (2000): Praxisbuch Rhetorik. 7. Aufl. Landsberg am Lech
Lepschy, A. (1995): Das Bewerbungsgespräch: eine sprechwissenschaftliche Studie zu gelingender Kommunikation aus der Perspektive von Bewerberinnen und Bewerbern. St. Ingbert
Lotzmann, G. (Hrsg.) (1982): Sprechangst in ihrer Beziehung zu Kommunikationsstörungen (Logotherapie 2). Berlin

Markowsky, R., Thomas, A. (1995): Studienhalber in Deutschland. Heidelberg
Mehrabian, A. (1977): Nonverbal Communication. Chicago
Meyer, A. (1990): Neurolinguistisches Programmieren. In: sprechen I
Mucchielli, R. (1991a): Das nicht-direktive Beratungsgespräch. Salzburg
– (1991b): Das Leiten von Zusammenkünften. Salzburg
Müller, A. (2002): Zwölf Reden über die Beredsamkeit und deren Verfall in Deutschland. Recklinghausen

Naumann, C.-L. (1982): Pädagogene Logophobie oder Wie die Schule zur Sprechangst erzieht. In: Lotzmann, G. (Hrsg.): Sprechangst in ihrer Beziehung zu Kommunikationsstörungen. Berlin
Neuberger, O. (2004): Das Mitarbeitergespräch. Leonberg
Neuhäuser-Metternich, S. (1994): Kommunikation im Berufsalltag: Verstehen und verstanden werden. München

Otto, G. (1976): Predigt als Rede. Stuttgart.

Paivio, A. (1971): Imagery in Verbal Processes. New York
Pabst-Weinschenk, M. (Hrsg.) (2004): Grundlagen der Sprechwissenschaft und Sprecherziehung. München/Basel
– (2000): Reden im Studium. Ein Trainingsprogramm. 4. Aufl. Frankfurt/M.
Pawlowski, K. (2005): Konstruktiv Gespräche führen. Fähigkeiten aktivieren, Ziele verfolgen, Lösungen finden. 4. Aufl. München, Basel

Plautus, T. M. (1962): Rudens. Textbearb., Einl. und Eigennamenverz. von A. Thierfelder. 2. Aufl. (Heidelberger Texte, Lat. Reihe. 13), Heidelberg
Plett, H. F. (Hrsg.) (1977): Rhetorik. München
Pusch, L. F. (1995): Das Deutsche als Männersprache. 9. Aufl. Frankfurt/M.
– (1990): Alle Menschen werden Schwestern. Feministische Sprachkritik. Frankfurt/M.

Quintilian, M. F. (1974): Lehrbuch der Redekunst, 10. Buch. Institutio oratoria X, Stuttgart

Reclam, H., Midderhoff, I. (1979): Elemente der Rhetorik. München
Reichart-Schweinsberg, I. (1974): Die Versammlung. Essen
Rogers, C. R. (2005): Die klientenzentrierte Gesprächspsychotherapie. 17. Aufl. Frankfurt/M.
– (1994): Die nicht-direktive Beratung. 10. Aufl. Frankfurt/M.
Rüttinger, R. (2005): Transaktionsanalyse. 9. Aufl. Frankfurt/M.

Samel, I. (2000). Einführung in die feministische Sprachwissenschaft. 2. Aufl. Berlin
Scherer, K. R. (1982): Vokale Kommunikation. Weinheim
–, Wallbott, H. G. (1984): Nonverbale Kommunikation. Weinheim
Schilling, G. (2003): Moderation von Gruppen. 2. Aufl. Berlin
Schultz, J. H. (2003): Das autogene Training. 20. Aufl. Stuttgart
Schulz von Thun, F. (2005): Miteinander reden. 3 Bände Sonderausgabe Reinbek
Schwäbisch, L., Siems, M. (2001): Anleitung zum sozialen Lernen für Paare, Gruppen und Erzieher. 28. Aufl. Reinbek

Tacitus, P. C. (1981): Dialogus de oratoribus. Dialog über den Redner. Stuttgart
Tarr Krüger, I. (1993): Lampenfieber. Stuttgart
Tausch, R., Tausch, A. (1990): Gesprächs-Psychotherapie, 9. Aufl. Göttingen
Teuchert, B. (2001): Wissenschaft Mündliche Kommunikation: Freiheit oder Verpflichtung. In: Allhoff, D.-W.: Schlüsselkompetenz Mündliche Kommunikation. München
– (1992): Zur Theorie rhetorischer Kommunikation. In: GAL Bulletin, 16
– (1987): Zur unterschiedlichen Perzeption rhetorischen Verhaltens in Kursen „Deutsch als Fremdsprache“. In: Allhoff, D.-W. (Hrsg.): Sprechen lehren – reden lernen. München
– (1984a): Lampenfieber in der Fachliteratur oder: der Rest ist Schweigen. In: sprechen I.
– (1984b): Wer fragt, führt. Zur Methodik von Fragetechniken. In: sprechen II
Thomas, A. (1996): Psychologie interkulturellen Handelns. Göttingen
Toulmin, S. (1996): Der Gebrauch von Argumenten. 2. Aufl. Weinheim

Trömel-Plötz, S. (Hrsg.) (2004): Gewalt durch Sprache. Die Vergewaltigung von Frauen in Gesprächen. Wien
– (1996): Frauensprache – Sprache der Veränderung. Frankfurt/M.

Völzing, P.-L. (1979): Begründen, Erklären, Argumentieren. Heidelberg

Wagner, R. (2003): Übungen zur mündlichen Kommunikation. Bausteine für rhetorische Lehrveranstaltungen. 2. Aufl. Regensburg
– (1987): Sprechen lehren in der Schule. Vorschläge zur Verbesserung der schulischen Gesprächs- und Redepädagogik. In: Allhoff, D.-W. (Hrsg.): Sprechen lehren – reden lernen. München
– (1985): Wie kann ich andere besser sprechen lassen? Das indirekt sprachfördernde Kommunikationsverhalten. In: Sprechen – Lesen – Verstehen. Heidelberg
Watzlawick, P., Beavin, J. H., Jackson, D. D. (2003): Menschliche Kommunikation. Formen, Störungen, Paradoxien. 10. Aufl. Bern
Weidemann, B. (1986): Fragen. In: Badura, B. u. C., Weisbach, C.-R. (1987): Ihr sollt nicht zuviel fragen. In: Die Zeit, Nr. 6

Weisbach, Ch.-R. (1987): Reden und Verstandenwerden. Ein Lese- und Übungsbuch. Frankfurt/M.
Wittsack, R. (1935): Lerne reden. Leipzig

Zelazny, G. (2005): Wie aus Zahlen Bilder werden. 6. Aufl. Wiesbaden
Zuschlag, B., Thielke, W. (1998): Konfliktsituationen im Alltag. Ein Leitfaden für den Umgang mit Konflikten in Beruf und Familie. 3. Aufl. Göttingen

Kontakt & Training

! Sprechen und Reden lernt man nicht durch Lesen. Hier helfen nur intensives Training und der Besuch qualifizierter Seminare.

Zudem ist es recht schwierig, das eigene Verhalten gerade im Kommunikationsprozess richtig einzuschätzen. Stimmgebung und Aussprache, das eigene Auftreten, aber auch die eigene Wortwahl etc. sind so „vertraut“, dass man auf die gemeinsame Arbeit mit anderen und das Gespräch mit einem Trainer / einer Trainerin angewiesen ist.

Bei dem Wunsch nach vertiefenden Informationen und bei der Suche nach qualifizierten Trainern und Trainerinnen oder nach speziellen Seminarangeboten helfen wir Ihnen gerne:

dieter.und.waltraud@allhoff.de.

Adressen können Sie auch abrufen unter *adressen@irk-team.com*.

Übung macht den Meister.
(Deutsche Redensart)

Sachregister